從漸凍進化到終極自由，全球首位完整半機器人回憶錄

我是賽伯格
彼得2.0

Peter 2.0
The Human Cyborg

彼得．史考特－摩根 Peter Scott-Morgan
孟令函 譯

臉譜書房 FS0142

我是賽伯格——彼得2.0：

從漸凍進化到終極自由，全球首位完整半機器人回憶錄

Peter 2.0: The Human Cyborg

作　　者　彼得・史考特－摩根（Peter Scott-Morgan）
譯　　者　孟令函
副總編輯　謝至平
責任編輯　鄭家暐
行銷企畫　陳彩玉、楊凱雯

編輯總監　劉麗真
總 經 理　陳逸瑛
發 行 人　凃玉雲
出　　版　臉譜出版
城邦文化事業股份有限公司
臺北市中山區民生東路二段141號5樓
電話：886-2-25007696　傳真：886-2-25001952

發　　行　英屬蓋曼群島商家庭傳媒股份有限公司城邦分公司
臺北市中山區民生東路二段141號11樓
客服專線：02-25007718；25007719
24小時傳真專線：02-25001990；25001991
服務時間：週一至週五上午09:30-12:00；下午13:30-17:00
劃撥帳號：19863813　戶名：書虫股份有限公司
讀者服務信箱：service@readingclub.com.tw
城邦網址：http://www.cite.com.tw
香港發行所　城邦（香港）出版集團有限公司
香港灣仔駱克道193號東超商業中心1樓
電話：852-2508623　傳真：852-25789337
電子信箱：hkcite@biznetvigator.com
新馬發行所　城邦（馬新）出版集團
Cite（M）Sdn. Bhd.（458372U）
41, Jalan Radin Anum, Bandar Baru Sri Petaling,
57000 Kuala Lumpur, Malaysia.
電話：603-90578822　傳真：603-90576622
讀者服務信箱：services@cite.my

一版一刷　2022年1月
城邦讀書花園
www.cite.com.tw

ISBN 978-626-315-058-4
ISBN 978-626-315-061-4（epub）

定價：420元
定價：294元 (epub)

國家圖書館出版品預行編目資料

我是賽伯格——彼得2.0：從漸凍進化到終極自由，全球首位完整半機器人回憶錄／彼得・史考特－摩根(Peter Scott-Morgan)著；孟令函譯. 一版. 臺北市：臉譜，城邦文化出版；家庭傳媒城邦分公司發行, 2022.01
面；　公分. --（臉譜書房；FS0142）
譯自：Peter 2.0 : the human cyborg

ISBN 978-626-315-058-4（平裝）

1.史考特-摩根（Scott-Morgan, Peter）
2.運動神經元疾病 3.科學家 4.回憶錄 5.英國

784.18　　110019922

獻給

和賽伯格結婚的法蘭西斯

♥

彼得和法蘭西斯

♥

手牽手

♥

戰勝這世界

目次

輯二

彼得的宇宙第二定律

輯三 彼得的宇宙第三定律

輯四 二十一年後

謝辭

為了我自己，這本書我決定要來玩點手段。以前雖然寫過許多書，我卻從來沒遇到真正讀過那些作品的人，不單我身邊的親友裡完全沒人讀過，就算是真的讀過我著作的那些人，也不是為了作品本身有趣而讀，更可能根本沒有從頭到尾讀完。所以這次這本書裡會出現許多親朋好友，而且我肯定不會犯身為作者的初級錯誤，在書的一開始就洩漏誰會現身。如果我這麼做，可想而知他們會有什麼反應。其實現在想想，把這整件事想成一種社會實驗，那種騙人的感覺也就沒這麼強烈了。

而且這麼做的好處是，我可以避免這段謝辭變得像普通的頒獎典禮感言；我打算反其道而行，直接跳到致詞即將結束，情緒到達高潮的部分。我想跟大家介紹兩個人以及他們各自的團隊，沒有他們，我跟各位讀者就沒有機會相遇：傑出的蘿絲瑪莉，以及同樣傑出的丹。

蘿絲瑪莉．史庫勒（Rosemary Scoular）是我的經紀人，她是規模龐大的聯合經紀公司（United Agents）裡的重要人物。

關於經紀人這種職業，各位得了解，他們跟個性好鬥的羅威那犬其實意外地相似；而女性經紀人通常又是最令人害怕的一群——她們根本就是腳踩高跟鞋、塗著唇膏的羅威那犬。我要說的其實是，如果蘿絲瑪莉真的偷偷隱瞞了她身上的犬類基因，那一定是從忠誠的梗犬身上複製的基因序列。這種狗就算正充滿愛意地搖著尾巴，也不可能輕易放開口中緊咬的獵物。簡而言之，蘿絲瑪莉絕對是個好人，同時驚人地傑出，她的工作團隊也同樣出色。而我堅定、樂觀地真心希望，即便是在很久以後，就算我對她的工作來說已經沒有用處了，我們依然還會是彼此忠誠的好友，還是會在見到彼此時互相熱烈地搖動我們那不存在的尾巴。

丹尼爾・邦雅德（Daniel Bunyard）是我的出版商，他是大出版社企鵝藍燈書屋（Penguin Random House）的領導人物。

先跟各位提一下，自從我長大成人後，一直都在跟出版社打交道。但我從來——從來沒有——跟這樣出色的人合作過，丹尼爾非常有同情心，同時才智過人、慷慨大方，不僅胸懷真知灼見，也願意給予作者全心支持，他勇敢、有創意、啟發人心又願意接納我的各種瘋狂點子。簡單來說，他真的棒到不行。例如這本書裡有三個章節對我來說是極大的賭注（等各位讀到的時候就知道了），我很愛這幾個章節的內容，它們不僅打破了我們所認知的常規，更創造了新的可能性。我原本預期這些內容會超乎丹的想像，同時也會影響我和周遭親密親友的關係；然而丹立刻就跟我一樣，也對這些內容充滿熱情。我永遠為這一切感謝他。

跟丹的團隊合作也是一個同樣令人心曠神怡的體驗。我在出版界從來沒有遇過能夠如此極致發揮創意專業素養，又才華洋溢的出版團隊。老實說，我從來沒有寫書寫得這麼開心過，這是絕無僅有的美好經驗。

接著，來到我倒數第二波的感謝了，我要暫時打破自己原本定下的規則，在謝辭裡提及我的親友。

我有三個超棒的姪子——李、大衛、安德魯——他們各自用不同的方式幫助我好好活下去。不過安德魯是真正付出心力為我完成這本書大半的人——在我因為癱瘓無法動手打字後，就由他按照我的口述完成本書。

最後，我要把最誠摯的感謝獻給某個人，接下來你們也會深刻認識他。他是這本書背後的匿名大功臣，是我心中真正的耀眼之星。各位現在或許還無法理解我訴諸於文字的那種重要性，但我可以大膽地說，如果要論一個人能夠包容的限度，這位**真正的**阿瓦隆證明了自己的能耐，他比青少年時期的彼得所能想像的一切都來得更加勇敢、忠誠、有英雄氣概……

二〇二〇年於英格蘭　托基，彼得2.0

輯一

彼得的宇宙第一定律

科學是通往神奇境地的唯一道路

終曲

「所以最近你名字後面有哪些縮寫？」安東尼（Anthony）問我。他會這麼問是為了表現善意，因為我才剛問起他的大英國勳章頭銜。

「博士、倫敦帝國學院文憑持有人、工程學理學士、特許IT專業人員、特許工程師、英國電腦學會專業級會員、媒體藝術學位、英國倫敦城市行業教育協會準會員。」我喃喃地唸出這一長串，不假思索地回想起校園生活時期的彼得，試著跟老朋友炫耀自己的成就。不過已經長大成人的彼得會嘗試挽回局面，因此我說：「但大英國勳章絕對比這些都了不起。」

我跟安東尼一起仔細統整了日程表，這樣我們才有機會在同一時間途經倫敦。他是芝加哥抒情歌劇院的負責人，因此總是行程滿檔，得在國際間飛來飛去。法蘭西斯（Francis）和我則早在大約十年前結婚之後，就把我們大部分的時間都花在四處探索世界，造訪所有夢想中的異域。不過我跟安東尼無論如何都會找出一天聚一聚，於是我們選擇在今天碰面彼此聊聊近況、回憶往事。

「所以其實我當初錯過的不只是你們獲得了法定伴侶身分，而是實際結婚了？」

「沒錯！去年他們又修法讓伴侶關係可以更進一步。不過其實也沒差，因為這個法令可以追溯既往，所以我們的結婚證書上的日期是二〇〇五年十二月二十一日。我跟法蘭西斯在不知不覺間已經結婚快九年了呢。」

「你爸媽可以在有生之年見證這件事真是太棒了。」

我父母在三個月內相繼過世——去世時，兩個人都將近一百歲。法蘭西斯和我一起照顧他們，陪他們走過人生的最後兩年。

「跟我說說你們在印度蜜月旅行的事吧。柯林（Colin）跟我計畫最近去印度旅行，看看有沒有什麼旅遊重點可以參考。」柯林是安東尼的老公——他們已經在一起幾十年了。「你們就是在那趟旅程開始對旅行上癮的吧？」

「沒錯。我們有一天聊起：『我們為什麼不要一直到處旅行就好了呢？』我和法蘭西斯存了不少錢，雖然我知道錢永遠不嫌多，但夠用就知足也很好。而且我們覺得能夠在相對年輕時共處的時光才是永遠也不嫌多。所以我——」我彎了彎手指，做出引號的手勢——「『決定退休』。」

「在你四十幾——」

「是剛好四十歲！」

我仍繼續擔任許多不同公司及組織的顧問，我非常喜歡這項工作。

「一定也很喜歡你的『退休生活』吧！」他模仿我做了空氣引號的動作。

「退休生活再好不過了！我趁這段時間多寫了幾本科學書，不過基本上就是在嘗試補足學生時期錯過的地理、歷史及藝術體驗。我們都熱愛冒險，也計畫起碼在未來十幾、二十年都要持續探索世界；最後，一切都將十分完美……」

在一趟追尋極光的冬季旅行中，我在比極圈更北的地方泡了個舒服的熱水澡，我起身站在浴缸的熱水裡，把膝蓋以上的身子擦乾。我抬起左腳抖抖水滴——就像狗不小心踩到東西的動作那樣——踩上腳踏墊，接著抬起右腳。突然，我顫抖了一下，當下我只能猜測這是偶爾發生的不連續性，但從此之後，我發現自己朝著全然未知的陌生未來疾速前進。

我的右腳沒辦法好好動作，能夠動彈的幅度很小；而且我的動作很像加拉巴哥群島上的古老大陸龜抖腳的樣子，充其量只能算是慢慢地晃動。我抱持著科學家對於一切都無比好奇心的態度，即便注意到事情有點不對勁，最後還是踏出了浴缸。

後來這種情況又發生了幾次，我覺得自己可能是其中一隻腳比較沒力；可能是肌肉拉傷了吧，沒什麼大不了。也因為我潛意識裡已經做出完全合理的假設，因此對這件事也不是很在意，就這樣過了整整三個月。後來有一天，我人在羅德島，努力地一路往上爬到景色壯觀且保存得很完整的古希臘神廟時，我竟然開始顫抖。

我先說，當下其實沒什麼太戲劇化的事情發生，但只要我突然移動或是用特定姿勢坐下，右腳就會不時出現明顯的顫抖。但並不是每次都會發生，顫抖的狀況也不太容易察覺。兩個禮拜後，我找了物理治療師諮詢右腳無力的狀況。他碰觸、拉伸了我的腳，寫了一大堆筆記。沒錯，很可能是深層肌肉拉傷，或許還有輕微撕裂傷。還有其他症狀嗎？我提到腳會顫抖的症狀。

「我沒發現任何——」

「要這樣才會出現，你看……」

「啊。」

這是那種略帶不安的「啊」，這表示你不見得會想知道發出這個聲音的人到底在想什麼。不過當然了，**我想知道**。

「所以……如果出現這種症狀，通常是什麼問題的徵兆？」我當下直覺地換上專業口吻，抽離個人角色降低敏感度，並且用同儕般的平等語氣跟對方討論，以模糊抽象的方式陳述現象。這樣你就可以了解得更多、更快。

「一般來說這是陣攣的跡象。」

即便我大概記得上千個醫學術語，卻對這個詞一點概念也沒有。因此我有點傲慢地自顧自假設這一定是罕見的狀況。我於是想都沒想就脫口而出：「神經受傷？」

「你說的沒錯！這是上運動神經元受傷的跡象。我立刻寫封轉介信給你的家庭醫師，這樣他就可以為你轉診到神經科醫師那裡做磁振造影。」

走出物理治療師的診間時，我拿著他匆促準備要給我家庭醫師的轉介信，就像手裡緊握著護身符，腦中則閃過幾種可能會影響脊髓及大腦的顯著「損傷」（這才是物理治療師措辭的真正意義）。物理性傷害明顯是一種可能，但我只有在接近二十歲那陣子練過空手道，在那之後我的身體就從未受過重擊，怎麼會現在才出現損傷？

可想而知，一定是癌症吧。可能是腦瘤，可是我又沒有其他症狀。是在脊柱上的局部性腫瘤嗎？我開始思考成功切除的機率有多大。是小中風嗎？如果這是更多後續症狀的前兆，那可不太妙。不會是腦性麻痺，雖然典型症狀的確是無法控制肢體動作，但會在童年時期就發作。是多發性硬化症嗎？這種疾病蠻常見，可能會在中老年時期出現且無法治癒。很有可能就是它了，但還是比罹患腦瘤來得好。

十天後，我躺在一塊狹窄的平臺上，慢慢倒退，滑進像甜甜圈一樣的高功率磁振造影機器裡。我以前從沒做過磁振掃描，所以對這臺設備很感興趣。磁振造影技術運用液態氦冷卻的超導磁體，它的能量相當巨大，因此能夠讓人體各部位發出微小訊號，經處理後就能建立出3D立體影像。另外，磁振造影的過程非常吵。

就算已經戴上醫護人員給我的強效耳罩，「刺耳」仍然不足以形容到底有多吵。每秒鐘都會有數次巨大磁力造成的敲擊聲響，所有設備同時受到撞擊，而此時你也躺在這臺儀器裡，所以你其實也正在受到撞擊。比較小的敲擊聲聽起來像是有人想用氣動錘敲破你頭上戴著的金屬頭盔；比較大的敲擊聲則聽起來（也感覺起來）像被大砲攻擊一樣。這種醫學成像的程序就像一場震撼教育，而我得經歷數小時的轟炸。

我總是覺得自己對解讀別人的心思很有一套，但我從眼前的神經科醫師身上找不到蛛絲馬跡。我知道這是怎麼回事：他們因為時常得向病人宣布壞消息，所以習慣擺出這種撲克臉。他指示我在巨大的電腦螢幕前坐下，接著走到診間角落拿另一張椅子給法蘭西斯，等我們兩個都坐定後，他自己才坐下，這時他才突然換上笑臉。

「在解釋掃描結果以前，我想先讓你們知道這次掃描沒有出現異常。所以你們可以先放輕鬆了！」

我這時才發現自己其實一直大氣都不敢喘一下。我感覺到自己體內的科學家彼得在「判決」出爐以前，往血液裡注入了大量腎上腺素，伴隨而來的麻木感出現時，我專業偽裝自我的本能就出現了。

「哦，那真是太好了。」我的聲線冷靜、低沉，彷彿他只是在跟我說他以往得獎的牽牛花今年又開得很好。我的人生伴侶實在太好奇我身上到底發生了什麼事，因此覺得自己有必要挺身而出發問。

「那到底是出了什麼問題？」

神經科醫師帶我們端詳我的大腦。

「你的大腦很漂亮，」他的語氣裡帶著一股驕傲，彷彿這個大腦有一部分為他所有。「你們看……在頭骨裡……那裡什麼都沒有……」我不太確定這句話適不適合寫在我的任何一本著作封面當作讚辭，但我知道他是好意。

我們慢慢往下看到脊髓，首先是令人安心的黑灰色圓圈，周圍則是我的脊椎骨，灰色與白色的波浪狀輪廓一路往下延伸。除了我以前沒發現的輕微脊椎側彎（脊椎朝其中一側彎曲）以外沒有什麼異常，倒是脊椎側彎解釋了我青少年時期的疑問——我一直不解為什麼我有其中一邊的骨盆總是比另一邊略高一點。

結論是一切都沒問題。沒有腦瘤，沒有脊髓腫瘤，沒有多發性硬化症的跡象，沒有漸凍症，甚至沒有神經根病變的跡象。一切都沒有問題。我的神經科醫生排除了所有明顯的可能性，因此他告訴我的家庭醫生，我可能得了什麼罕見疾病。接著，我們就像踏上尋寶之旅，醫生為我安排了一連串愈來愈深奧複雜的檢查。

我們從一般的胸部X光開始，緊接著進階到囊括了各種檢測的抽血檢查。我一邊在心裡翻譯著表格上看似無害的各種標示時，不禁注意到其中有三項檢查是關於愛滋病造成的感染——自體免疫疾病有時候會出現神經性疾病的表徵，的確合理。

然而所有檢查結果都是陰性，我們只好再提高檢查的層級。這次連醫院的抽血人員看到檢查清單後都不禁脫口而出：「天啊，希望你沒有得這些病，這些病都超可怕！」後來，這些檢查結果也都是陰性，接下來的血液檢查項目就一路從本來深奧複雜的程度升級到超現實等級了，但還是什麼結果都沒有。不久，醫生又為我安排了基因檢測（依然沒有問題），我的神經科醫師一頭霧水。我覺得他應該是因為束手無策（只是隱藏得不太好），才向我提出他保證是最後一套的檢查清單。結果，剛成為我至交好友的抽血人員也陷入一臉茫然。

「這裡大部分的檢查我根本連聽都沒聽過。」她一邊確認電腦裡可以選擇的血液檢查選項，一邊說著。其中兩項檢查在電腦系統裡根本選不到。在她打了幾通電話以後，終於說服了幾間不為人知、也不知道位於何處的實驗室為我做血檢，她從實體檔案櫃翻出所有需要的資料後，才把血液樣本送出。

「好啦，這下我們應該終於可以搞清楚你到底怎麼了吧。」

我真心希望如此。我一直很小心地觀察自己的症狀；隨著每週過去，我身上的問題雖然進展緩慢，卻絲毫沒有停止的態勢，逐漸在腳上蔓延開來。在獲得診斷結果以前，我們根本沒辦法阻止情況惡化。兩個禮拜後，結果出來了。

甜蜜十六歲

改變宇宙是每個人與生俱來的權利。

雖然我早在十六歲生日就下了這項結論，也樂於為了改變宇宙打破常規，但我當時還不是非常明瞭其中的真正意義。話又說回來，如果我沒有一個月後在五月一個陽光燦爛的下午直覺地反抗現狀，或許我根本活不到今天。

所以我得先感謝我的老校長——這件事有點諷刺，因為不管是把他當作一位老師，還是只是一個人，我都從來沒有評斷過他，但他卻視我為人神共棄之物。儘管如此，我覺得該稱讚的還是得稱讚：如果他那天沒有介入我的人生，或許我現在就是建制派[1]的忠實成員了。我或許也已經死了。

那件對我人生產生關鍵影響的重大事件，大約發生在下午十二點二十八分；那時已經接近英語課的下課時間。我站在老舊的課桌椅後，對著同學高聲朗讀題目為「未來」的作文。

垂垂老矣的老師鼓勵地對我點點頭。他心情愉快，準備為我的作文打上A^+，同時熱切地稱讚我：「真是奇幻的想像；還好你的預言只是天馬行空！」老師對我的文章下了這段評語，但他忽略了我的作文其實是非虛構文體，我文中所寫的一切都不是憑空捏造出來的。不過就算是我媽，可能也犯了同樣的

1　譯註：指支持傳統與主流、主張維護現有體制的政治勢力；用於描述控制政體或組織的統治集團或菁英階層。

錯誤；我在她過世後發現，在所有我帶回家的作文裡，她獨獨保留了這一篇。

「我的大腦與電子腦連結，結合這兩種力量，我們將會比身體其餘的所有部位加起來都還要聰明。結論是，我的五——」

午餐時間的鐘聲響了。但沒有人移動——畢竟鐘聲只是用來提醒老師、給學生參考。老師輕揮手腕示意我繼續。

「結論是，我的五感會藉由無數的電子零件強化，我的自我意識與人類身分也會隨之進化。與其像現在一樣開車或駕駛巨大船隻，未來我將直接**化身**為車子本身；**化身**為船隻本身。」我抬頭看向老師，讓他知道我讀完了。

「史考特，很有想像力，你未來可以寫科幻作品了！非常好。」他看向期待下課的學生們，宣布：「下課！」

「你**真是個**學人精！」辛普森（Simpson）從課桌椅後面站起來走到我左邊，他老是喜歡損我。「你根本就是照抄《神祕博士》（*Doctor Who*）。」

我一邊把東西收進抽屜，一邊覺得有必要出言反駁：「其實《神祕博士》自從一九六三年十月二十三日星期六晚上五點十五分開播以來，就沒有任何一集的內容跟我經過觀察所推斷出來的內容有關聯。」

「真的嗎？」瘦小的康諾（Connor）這時出聲，他在走去教室路上加入我們的談話，我實在搞不懂為什麼他會跟我和辛普森成為朋友。不過我喜歡康諾，很喜歡。

「有時候你真的超欠打。」辛普森對我說。

「我的確是，」我直言不諱地承認。「而且一天會『打』好幾次呢！」我自信地對康諾露出調皮的笑容，掩飾接下來準備脫口而出的：「也歡迎你加入……」

康諾回我一個欠揍的笑容，好像有點受寵若驚但又帶著一絲取笑的意思，用他美麗的綠色眼睛給了我一個白眼。

「*Podex perfectus es!*」他深深看進我的雙眼說出這句話，語氣彷彿是在說「我愛你」。遺憾的是，這句話的意思其實是：「你是個臭屁精。」

「*Podex perfectus habes!*」我溫柔地回應，一方面想挽回局勢，一方面也要秀一下我的拉丁文──「你的屁眼超讚」。

「你這個同性戀。」他笑著回嘴。

「你這瘸子同性戀！」佛斯特（Foster）熱烈地加入我們的對話。他身材壯碩，還硬生生比我高出五公分左右，也因為這樣，即便他這人不怎麼樣，我還是格外尊重他，畢竟他習慣用拳頭說服人。

我有完整的午休時間，所以打算去做自己的事。我快速穿過大走廊盡頭的巨大雙扇門，走出大禮堂迎接陽光（我總覺得這裡有點像紅磚搭成的大教堂）。在我眼前鋪展開來的巨大網球場後面可以看到廣闊的運動場，場上草皮修剪得整整齊齊。我知道在右手邊一路延伸的科學實驗室另一側是運動場，直到游泳池都是運動場的範圍。而在我背後，大禮堂另一側，則是溫布頓公地私立預備學校的腹地。我就讀的是伊頓組織裡的倫敦國王學院學校，這座紅色磚牆搭建起的壯觀建築悄悄地占據了上層中產階級盤踞的溫布頓郊區裡最昂貴的一塊土地，當時的我把這一切視為理所當然。

我以前從不知道這種生活跟別人有什麼不同，我的世界就是如此運轉。從我三歲起，就在為進入倫敦國王學院學校做準備的小學讀書。七歲時，我跟班上大部分同學就只是換到李奇路（Ridgway）的另一邊上課，然後把灰色的外套換成紅色的而已。直到現在我才開始意識到，自己是特權階級的一員（特別是看到我爸在工黨政府的政策下，必須支付百分之九十五的所得稅），而我因為幸運生長在建制派的家庭裡，才能獲得如此優良的教育——就如同我所有親戚一樣。

我也一直覺得家族親戚都是富裕又有人脈的重要人物是理所當然的；這裡一個高等法院的大法官，那裡又是幾個大人、夫人，還有局長、院長，以及多不勝數的常務董事和主席。他們都聲稱——雖然是用相對保守的方式——他們愛我，但其中有些人在幾年後的行為卻是與原來說過的話大相逕庭。

我一邊走，臭佬（Stinker）剛好經過我旁邊，抽著菸斗。不知道在幾十年前，這個菸斗為他從中學部的學生口中掙來「臭佬」這個綽號。

「午安，學代！」

「您好！」我當學生代表都已經是三年前還在念中學部時的事情了，所以我很開心他現在還這麼叫我。這也讓我更有信心，覺得六個月後自己一定會再度成為高中部的學生代表，他也就可以順理成章地繼續叫我學代了。這裡的男孩子當兩次學生代表很正常；而且我預期自己在幾天內就會獲指派為級長，這就意味著我有了競爭成為學生代表的資格。

透過小禮堂的窗戶，我可以從其中一端看見整座禮堂舞臺，十三歲的時候我是中學部學生代表，每次集會都和老師一起站在臺上。我獲選為學生代表的那個時代，學生代表幾乎已經只是一種儀式性的角色，雖然我們（我跟其他級長們）還是有時不時祭出申誡卡的權力，學生會因為申誡卡被校長責打——不過七歲的小朋友很少真的受這種處罰。

時代變了。某些資深老師帶著對過往的嚮往告訴我，以前有位學長曾經把每位級長都送去給校長責打過；輪到我擔任學生代表時，這種送人去受罰的機會已經不再是這份工作令人心動之處了。

沿著其實很大的小禮堂走過去就能接近修道大樓，這時威基（Wiggy）踩著他的破腳踏車轉彎過來，絲毫沒有放慢車速，擋住我的路就算了，還差點撞到我；我趕緊跳開，等著看他自己撞車。

幸好他及時把龍頭轉到另一側，不過也因為他只用單手抓著腳踏車龍頭，另一隻手忙著（每次騎腳踏車他都這麼做）壓住假髮，所以依然狠狠地撞上牆壁。一邊滑行時，他的假髮也跟著飛了起來；不過這景況已經比前幾個禮拜來得好了，當時他的化學實驗室發生爆炸，我親眼看到那頂假髮被炸飛。

「小心！」他大聲叫嚷著，明明是他來撞我，這樣大叫大嚷根本不公平。

「先生，你才小心！」我則忿忿不平地回應。

我安然無恙地走到音樂大樓，看到一輛黑色的古董勞斯萊斯停在拱廊下，於是直接走進去找這輛車的主人。我走進熟悉的大教室，我是頌歌合唱團的成員（我加入的四個合唱團之一），所以每天都會在禱告開始前在這裡練習一個半小時。

沃特斯先生（Mr Waters）對我溫暖地笑著。

「午安，彼得，什麼風把你吹來了？」

老師會用名字直接稱呼學生其實很少見，不過沃特斯老師私下都這樣叫學生。

「我可以把我的雙簧管放在這裡，明天再來拿嗎？」

「當然沒問題，**親愛的**。」

跟老師閒聊一陣後，我起身離開，直接沿著修道大樓旁邊那條路走，經過藝術與工藝大樓後走進美術大樓。升上高中以後，除了把制服外套換成西裝外套之外的另一個好處，就是不用參加午餐會。樓上的美術教室裡有一張為我保留的大桌子上，上面用布蓋著的就是我花費了八個月的午休時間換來的成果。對當時的我來說，那已是我最珍貴也最親密的寶貝。

歡愉

我從手提包裡拿出三明治，用羽毛筆仔細地在不到三公分的微小圖案上寫字。這個圖案實在太小，在長寬都達一公尺左右的厚手造紙上幾乎看不見。我往後靠，仔細端詳整體效果。

「真美！」賴瑞．費許（Larry Fish）在我身後發出一聲讚嘆。

他是學校的美術老師，年約四十，身材纖細又打扮有型，再加上依然單身，我猜他是同志。

「你剛剛寫字的時候我沒出聲，怕吵到你。安那烈斯之火（Flame of Analax）**到底是**什麼啊？」

無論費許先生是不是同志，我知道他都會為我保守祕密，所以我老實告訴他。

「那是阿瓦隆大人跟雷蘭陷入熱戀的地方。」

「如果我的印象沒錯，雷蘭就是你對嗎？」

「算是吧……」

這事有點複雜。三年前，我開始創造另一個世界，那個奇幻世界裡大部分的故事都發生在撒拉尼亞王國（Realms of Salania）境內。我創造了那裡的地形、各種文化、語言以及字母，同時也創造了屬於當地的草寫字體及符號。十四歲那年，我把暑假大部分的時間都花在建造這個王國上，還雕刻出撒拉尼亞豎琴，直到現在，我依然以這座豎琴雕刻為傲，它就擺在我的辦公室裡。最重要的是，我還創造了屬於撒拉尼亞的神話、傳奇、民謠。我熱愛托爾金（Tolkien）的作品，但我的英雄奇幻故事還囊括了兩個男人之間的愛情故事。如果我舉目所見的周遭世界缺乏兩個男人之間熱烈、戲劇性又浪漫的愛情關係典範，我就自己創造，補足這份缺憾。

這張華美的地圖——奇幻的中古世紀手繪風格——記錄了我創造出的每一個地點、我夢想中的每一則故事。每個地名都有其由來，每個角色也都各有來歷。那幾個月我詳實地記錄了這些細節，費許先生看到地圖上出現了某個他覺得有趣的字眼就會開口問我那是什麼。他知道我覺得自己就是金髮的魔法師學徒雷蘭，我則滔滔不絕地跟費許老師傾訴關於雷蘭和有著凱爾特人（Celt）外貌的阿瓦隆之間的故事，這是我第一次直截了當地對別人說雷蘭和阿瓦隆是情侶。我還對費許老師敘述了他們的結婚儀式，他們向在場所有人宣告對彼此的愛意之後，就在眾人面前相吻，從此以後，全撒拉尼亞王國上下都知道他們是締結了婚約的愛侶。

費許老師對我說的這些細節表現得再自然不過。

「你一定會成為與眾不同的人。」費許老師和善地說著。「我記得我說過，你竟然能在九歲就贏得學校的藝術獎，我覺得你沒選擇藝術作為進階專攻[1]科目很可惜。」

「我們一年前就聊過這個話題，那時我得選三項科目作為高中的進階專攻科目。」

「還有英國文學，我的天啊，」他繼續說道，又談起那個老話題。「你在藝術的世界一定會如魚得水。你可以當作家，**或是**……」他彷彿想起了什麼地停頓了一下，「……也可以成為演員。羅傑斯先生還念念不忘你演的牧師約翰。[2]你到底怎麼有辦法每晚演出時都在觀眾面前演出崩潰的樣子……」

「我只是在所有人面前大哭而已，這連小嬰兒都辨得到。」

「我覺得他明年會選你當主角。」接著他突然又說：「或者你也可以當導演，拍電影、電視劇之類的！」費許老師的表情五味雜陳，又惱怒、又不好意思，還帶著一股激情。「你一定很**適合**那個圈子！」

費許老師為了努力傳達言外之音，連表情都扭曲了。

我猜我大概知道他的意思，但還是繼續當作我們只是在討論對於專攻科目的選擇。

「我知道。我愛戲劇社。我也很希望可以把藝術和英國文學，**還有**地理和歷史都當作專攻科目。我之前跟你說過我覺得自己生錯時代了，像達文西這樣的人就從來不必為了科學放棄藝術！我也很遺憾自己只能選擇數學、物理、化學這三科，我甚至不能選擇生物——這樣我就不能當醫生了。」

「我只是覺得你可以遇到更多……」他慢下語氣，小心選擇用詞，「……在藝術圈裡能夠遇到更多跟你有**類似想法**的人。」

「但我注定要走科學這條路，一直以來都是如此。我七歲就會因為只是覺得聽起來很有趣，就引用愛因斯坦的時間膨脹公式。」

「什麼？」

1 譯註：普通教育高級證書（General Certificate of Education Advanced Level），簡稱 GCE A-Level 或 A-Level，為英國普通高中的課程，學生可憑藉最終測驗成績報名英國與世界各地英語系國家的大學，更是就讀英國頂尖大學的最主要途徑。大部分學生會自由選擇專攻三項科目，使學生得以專精自己所選擇的科目。

2 譯註：為英國／愛爾蘭劇作家蕭伯納（Bernard Shaw）的戲劇作品《聖女貞德》（*Saint Joan*）中的人物。

「就是相對論的物理公式，表示移動速度愈快，時間愈慢。」費許老師臉上的疑惑不減。「如果我搭火箭從地球出發，繞行地球一整年，前六個月持續以重力加速度加速，接著用同樣的速率減速返回地球，等我回到家，我的朋友早就都死光了，因為地球上的時間已經過了**一百年**。這種現象就跟變魔術一樣，卻是科學事實；這也就是我為什麼熱愛科學：『就算能夠以科學解釋原理也無法抹滅它的神奇之處。』」

「你看，這就是我想表達的意思！你嚮往科學世界，但你其實更適合充滿浪漫和愛與奇幻的世界，而這一切與科學**恰恰相反！**」

「重點就在這——我不覺得它們**恰恰相反**，只是用不同角度看待同一件事罷了。」

費許老師停頓了一下，似乎發現自己說不過我，所以更直接地好意提醒我：「你知道你在那裡找不到太多跟你有相同價值觀的人吧……」

我不太確定該把這句話當成對我的觀察、讚美還是批評。

「那也不錯！反正如果我真的遇到這些人，我已經設計了一種簡單的方法辨別對方是怎麼樣的人。我稱這個測試為卡美洛測試。[3]」

費許老師沉默地抬抬眉毛示意我繼續說下去。

「假設你可以選擇當卡美洛裡的任何一個人，你會選誰？亞瑟王[4]還是蘭斯洛特[5]？」

「我猜大部分的人都會選擇當亞瑟王？」

「可能吧，不過我會選擇梅林。[6]」

他漸漸露出笑意。「好吧，我想我懂你的意思了，我只是想確認你的想法。」他看看手表，說道：

「話說回來，你不是還有學院盃要比嗎？」

我看看手表。「天殺的！」

「別擔心，快去吧。」

我抓起手提包就熱切地跑向，怎麼說呢，五十年後依然是我人生中最慘的經歷。

我們學校的六個學院每年都會舉辦一年一度的擊劍比賽。比賽就快開始了，我應該要上場比賽，但糟糕的是，我身上還穿著西裝。

3 譯註：卡美洛是亞瑟王傳說中的宮廷與城堡，也是他深愛的家園；此處作者意指想要加入圓桌武士的行列，就必須通過卡美洛測試。

4 譯註：不列顛王國傳說中的國王，為圓桌武士的首領，更是一位近乎神話傳說角色的英雄人物。

5 譯註：為亞瑟王傳說中圓桌武士的一員，出現在許多文學作品中，其中對蘭斯洛特的描述是最受亞瑟王信賴的偉大騎士，為亞瑟王的勝利付出諸多貢獻；然而亞瑟王最終失利也是因為蘭斯洛特與亞瑟王之妻關妮薇（Guinevere）之間的關係破壞了亞瑟王朝廷的團結所致。

6 譯註：為英格蘭及威爾斯神話中的傳奇魔法師，法力強大又無比睿智，同時可預知未來、隨意變形，因助亞瑟王登上王位而聞名於世。

我衝進幾乎已經空無一人的更衣室，從架子上抓了擊劍袋就開始換裝。

「阿，我知道，技術性的小遲到是吧。」安東尼一如往常地嘴賤，笑著晃過來跟我打招呼。

「只要能打敗尼可森（Nicholson）都好！」

安東尼體格強壯，大我一屆也跟我分屬不同學院，父母都是匈牙利人（他媽媽待過奧斯威辛[7]）。他的志向在法律界，因此對科學沒什麼興趣，對擊劍更是沒什麼想法，而且他不僅交了女朋友，還交了兩個；然而他同時也是我的摯友。不知道為什麼我們就是很合拍，而且他還是個壞心的模仿大王。

「史考特！」他誇張地模仿著我的學院院長，我們都很討厭他。「又遲到！丟臉，丟臉！丟學院的臉，丟學校的臉，丟全世界的臉！」

我們笑成一團。這時我正好扣上白色的擊劍保護衣肩膀上的最後一顆釦子。

「都穿好了吧？」

安東尼快速掃視我的裝備。

「一身白，」他把這就當作是沒問題了。「祝你好運！」

「我不可能擊敗尼可森，但我會努力別輸得太難看……」

我抓起面罩和花劍，跑向擊劍場。

約莫兩小時後，我竟然已經一路過關斬將來到決賽，準備迎戰尼可森，他大我一歲，還是擊劍隊的隊長。尼可森的實力絕對比我更強，但教練刻意避免我們在前面的比賽就對上——這大概就是我能一路打到決賽的原因。

結果我那天剛好狀態不錯，尼可森則表現失常，所以我們才會打得不相上下，再得一分的人將會成為今天的贏家。我站在劍道底端等待下一回合開始，粗喘著脫下面罩散熱試著好好思考，我的每個計謀他都有辦法破解，他出手速度快、腦袋聰明又有豐富的比賽經驗，我覺得決勝分十之八九會由他拿下。

於是我深吸一口氣逼自己冷靜下來。快想！從根本上來看，擊劍就只是速度極快的棋賽。想要得分就得把對手的劍引開夠久才有機會擊中對方；這就是撥擋–還擊的技巧。撥擋也只有兩種方式：直接將對手的劍撞到另一側，或是繞過對手的攻擊再撥開對手的劍。問題就在於，你的對手也知道這些技巧，因此可以根據這些技巧予以還擊，而且尼可森的動作非常快，我要如何才能快他一步呢？

接著我就想起了他擊劍的模式，每次新回合一開始，尼可森的動作似乎都是隨興而至；但只要他感受到壓力就會開始仰賴身體直覺，而他似乎最喜歡用畫圓防守這招。沒時間再想了，我立刻戴上面罩。

「預備！開始！」

我立刻開始勢不間斷地撥擋和還擊，把全身的力氣都投注在快速動作上，我知道自己沒辦法維持這種速度超過三十秒。這一招不成功便成仁。

我大膽向前踏，將尼可森逼到劍道底端，接著他連續使出兩次畫圓防守，我賭他會再用第三次，所

7 譯註：納粹集中營，位於波蘭。

以我先他一步躲開攻擊，擋開他的劍並向前衝。

他向後跳，恰恰好就在我的劍端碰不到的地方落地。但我因為腳生得長，剛剛又全力衝刺，於是向前衝的勢頭正好將我整個人往前帶，我把重心放在右腳，又往前了幾公分。

「得分！」教練聲音裡透出的興奮之意跟我不分軒輊。我和尼可森同時脫下面罩與對方握手。他微笑著恭喜我，我則模模糊糊地感覺到場內所有人都在一邊歡呼，一邊衝向我們。

「表現得很好，史考特！把位子交給你一定沒問題。」尼可森的表情看起來真心誠意。

我滿心歡喜又以自己為傲。我在公立學校擊劍比賽一路打到四強之前的資格賽時，有人告訴我這次比賽正是接下尼可森在擊劍隊位置的最佳時機，這樣他正好可以專心準備一個月後的專攻科目考試。這場比賽出現了這樣的結果，正好就是他從擊劍場上非正式引退的時候了。

這時，我們學院的院長——體格高大，一頭白髮，令人望而生畏——推開人群；我完全不懷疑他應該是來不甘願地向我道賀，然而他避開了我的眼神轉而向教練示意。他們走到角落交頭接耳，所有人看完決賽後都圍繞著尼可森和我，所以我根本沒注意到院長這時走了回來。

「史考特！跟我來。」

我跟著他走出擊劍場，進入更衣室。

「把東西放在這。」他一邊命令我，一邊指著我左手臂夾著的花劍和面罩，接著根本不管我有沒有跟上就大步踏出更衣室。

我們沉默地往前走，直到走到網球場他才回答了我沒問出口的疑問。

「你得跟我去見校長！」

這句話其實說得很委婉。學校的老師不管資歷長短都很重視管治學生的自治權，其中，特別是學院院長格外重視他們自治管理學院的權利。他們有極大的權力管教學生，可以動輒對學生體罰；甚至有些老師（特別是年紀大的老師）還會用硬底拖鞋或舊運動鞋揍學生。但到了這個時代只剩下校長有權責打學生。事實上，對我們這些學生來說，除了在朝會上露臉以外，責打學生似乎就是校長的**唯一**職責。

我的腳步依然穩健，卻突然覺得很不舒服，張嘴露出驚訝的表情。

「我可以問為什麼嗎，先生？」

「是紀律問題。」他對我吼著聲說道。

身心障礙

我那些稀奇古怪的血液檢驗結果都回來了，一切正常。往好處想，我已經幾乎把現有的所有血液檢驗項目都做完了，結果毫無異常；往壞處想，已經沒有其他檢查可以做了，但我身上的毛病依舊存在，而且持續削弱我的身體能力。現在的症狀已經不只是我的腳趾會不自然地抽動而已；對寫作當下的我來說，要爬上墨西哥瑪雅金字塔神廟的長階梯已經是會威脅到我健康安全的難事了。

在我第一次出現症狀的半年後，原本只有右腳部分癱瘓的情況向上蔓延到膝蓋；同時也出現在另一側——也就是說，我右腳出現的所有問題，都鏡像反射在左腳上。有天我和法蘭西斯在挪威的峽灣旅遊，那時我才意識到自己已經明顯舉步維艱。

回到英國後，我的醫療團隊規模不斷擴大，他們卻還是對我到底得了什麼病毫無頭緒——不過從正面的角度來看，至少我們已經排除一大堆可能性。他們或許是受到一直無法得出正確診斷的恥辱刺激，因此後來至少為我做了一件好事：默默地為我的症狀取了一個令人印象深刻又名副其實的名字，從此以後，我正式成為「痙攣性輕癱」的患者——意思就是腿部肌肉僵硬造成部分癱瘓。

這件事讓我想起了以前的老同學佛斯特和他的哥兒們，我記得當時他跟那群為數不多卻愛起鬨的朋友給我取了個綽號——「瘸子同性戀」。當時我只把這當成幼稚的玩笑，但老實說，現在**這組**詞都可以完美描述我現在的情況……還真巧，是吧？

到了這個階段，我跟法蘭西斯出門時，他愈來愈常在我看起來需要幫忙時主動伸出手臂讓我扶著。我想任何跟我們一樣，從長大成人以後就一直朝夕相處的伴侶都會這樣下意識地扶持彼此；我也的確常常看到老太太像我扶著另一半那樣挽著老公的手臂慢慢走，就像我老爸和老媽生前那樣。

不過話又說回來，爸媽那時已經九十幾歲了，我現在才五十幾歲，而且我身材勻稱又四肢健全。我慢慢才發現（不僅是陌生人臉上出現超乎常理的關心或略為反感的表情時），路人在猜測我們的身分時，並沒有把我們和那些在托基[1]（Torquay）濱海步道上慢慢散步走向長椅的老夫妻歸為同類。他們甚至不會把我們視為一對老同志伴侶，因為他們根本不覺得我們在交往。在這些人眼中，法蘭西斯似乎理所當然是我的個人看護。此外也有好幾個月的時間，我竟然在渾然不覺下被認為是有學習障礙的成人。這也就是我的新身分：身心障礙人士。

我至少有四個月的時間都在否認這件事實，過了一段時間才願意接受這可能已經不只是我人生當中的短暫階段了。或許我無法把身體出問題這件事當成自己只是體驗了一陣子身心障礙人士的生活，而是再也無法回到一般大眾那種行動自如，也讓人更容易接受的生活品質。或許我從今以後就是身心障礙人士了。我鼓起勇氣跟我最好的朋友（當然就是法蘭西斯）坦白，我覺得自己可能真的無法行動自如了；我的意思是，自己將成為**真正的**身心障礙人士。而法蘭西斯則說他早就想到了，這讓我大大地鬆了一口氣，法蘭西斯的這種態度對我來說也非常重要。我記得我們曾經在直接面對他人的忽視與偏見時這樣激

1 譯註：英國西南部得文郡（Devon）的濱海城市，為作者居住地。

勵過自己：「幸好只有腳出問題，對吧？」

結果，承認自己是身心障礙者跟我當初出櫃的體驗不太一樣，承認自己的身體障礙反而使大家對我相當友善。當然我也可以理解其中原因，畢竟身心障礙也沒什麼值得討厭的地方，對吧？後來我在伊比薩（Ibiza）這個地中海島嶼清楚見識到人性中大愛的那一面。

當時我和法蘭西斯正準備穿越一條交通繁忙的馬路，但我們動作很慢。我抓著他的手臂，而交通號誌——這裡的交通號誌時間長度只適合年輕有活力的玩樂咖——大聲作響，試圖趕我們快點過馬路，卻徒勞無功。我們走到一半時，已經落後同時起步的人群一大截；這時和我們步伐差不多慢的，只剩一位臉上滿是皺紋又身穿寡婦黑衣的老太太，她很明顯想在被車潮輾過之前快點通過馬路。就連她都走得比我們快。

緊接著號誌一變，我聽見兩側傳來引擎的加速聲，好幾臺機車緊催油門，競相在交通號誌剛換燈號的那一刻就朝我衝過來，這下可好了。

到這一刻，如果你覺得跟我們一起過馬路的老太太（毫無疑問，她已經很習慣當地逞兇鬥狠的交通狀況了）會使盡吃奶的力氣衝過馬路也不奇怪，畢竟邏輯上來說，只要她跑得比身後這對情侶快，摩托車就會先撞上我們停下來，而不會撞上她。

然而這位老太太卻在交通號誌愈響愈大聲的時候停下腳步，回頭幫忙扶住我的另一隻手。法蘭西斯跟她就像被以慢動作播放的保鏢，把不請自來的訪客抬出私人土地一樣，一路護送我過馬路。他們把我安全抬到對面的路緣石上以後，老太太咧開已沒有任何牙齒的嘴對法蘭西斯笑了笑，喃喃說了一串西班牙文後轉身蹣跚離去。這段時間內，老太太與我絲毫沒有眼神接觸；這是我人生一個重要的分水嶺，這時我才發現，原來我在毫無察覺又非出於自願的情況下，正式走入了兩個重要階段。第一，我人生直到這一刻為止，都因為我有著聰明的大腦而備受包容，現在卻被當成根本不值得旁人理會的白癡；第二，我的人生竟然已經走到連老太太都要扶我過馬路的地步。

我得改變這種情況，而我也出於直覺地想用科技解決問題；不久後我就發現，拐杖的設計和製作技術在維多利亞時代晚期被紳士用來當作配件使用時，就已經達到高峰。在我看來，這種優雅又精細的設計無人能出其右——回到英國後，我請物理治療師幫我量身訂做助行器，結果他借給我一支國民健保署提供的拐杖；實際用了以後才知道，以前那種紳士用的拐杖設計得有多好。

我拿到的「助行器」基本上就是一根寬口徑、可調整的鋁管，上端有直挺挺又堅硬的灰色塑膠把手，底部則套著巨大的橡膠套環。這支拐杖不僅沉重還很難平衡，只要多施加力氣，把手就會握起來很不舒服。整根拐杖看起來就像業餘的水電工設計出來的產品。

不僅如此，這根拐杖還很吵。拄著它走路的時候，會一直發出聽起來很悲慘的聲音；這讓我只能猜測，當初拍板定案這款設計的人，應該從來沒有在公共場合使用過這款拐杖。另外，我剛買了一支有著完美平衡感的銀首烏木骨董枴杖，它的設計出自福爾摩斯的時代，通身展現出溫文儒雅又精緻的氣質，與國民保健署提供的枴杖散發出的悲慘氣息截然不同。即便是過了一百二十年後的現在，這支古董拐杖依然不費吹灰之力就勝過現代那些就算撇開外型不談，也根本不好用的醫療用拐杖。

我第一次拄著全新的老拐杖出門散步——那對我來說是相當重要的時刻——我猜我的姿勢看起來應

該有點跩；不過話說回來，那可能只是因為我走起路來一跛一跛。無論如何，大家終於都可以看出來我有明顯的肢體障礙，因此不會再誤以為是其他問題了。也正因如此，路人終於開始願意跟我短暫地進行眼神交流，也會對我露出微笑。光是靠對世人呈現正確的身分類別就能產生如此巨大的差異，這讓我覺得真是不可思議……

疼痛

我甚至已經不記得我們到底是怎麼走到校長辦公室外的等候廳了。我唯一的記憶是院長大步跨進那扇雙開彈簧門，接著憤怒地發現小小的房間裡已經有另外兩個低著頭的男孩在。

其中一個人我很熟。坐在牆邊長椅上的是跟我同一屆的羅林斯（Rawlings），他身穿紅藍夾雜的橄欖球衣及沾滿爛泥的靴子，看來是才剛從球場上下來。而坐在他旁邊的正是我親愛的朋友康諾，他剛跑完越野跑，身上還穿著白色的運動服。他們同時抬起頭，被闖進來的人嚇了一跳。但在與我意味深長地交換視線幾秒後，他們又低下頭，試圖讓自己堅強起來。

羅林斯長得高又身材壯碩，看起來比實際年齡大上兩歲，他看起來正在努力控制情緒；小康諾則是比我還矮小瘦弱，似乎已經要哭出來了。這讓我不由自主地開始可憐他。與此同時，院長用一副房間裡沒有其他人的姿態大喇喇地站著。透過通往校長辦公室的那扇門，我聽見有人在說話的細微嗡嗡聲。

門突然打開了，我看見體型跟羅林斯差不多的貝爾錢柏（Bellchamber）——也穿著一樣的橄欖球裝，不過他有著毛茸茸的雙腿——眼睛裡盛滿了淚水。校長就站在貝爾錢柏背後，老校長的身材高瘦，頭髮灰白又稀疏，有著細長的雙眼，皮膚的質地就像剛曬過太陽的爬蟲動物。

「下一位！」

羅林斯雙眼發直地站起身，被校長推著肩膀要他往前走。他腳步蹣跚地略往前挪了挪，雙腿的膝蓋好像被卡死了一樣無法彎曲。貝爾錢柏微微地對羅林斯搖搖頭，這可不是好兆頭。羅林斯的海軍藍橄欖球裝短褲質料厚實，明顯會使他即將受到的懲罰變得有失公平，所以校長要他把褲子脫下來。

門在羅林斯的面前關上。說話的悶響再次出現，接著一陣沉默。我的心砰砰亂跳就像打鼓，臉頰摸起來卻一片冰冷。

咻！

一片寂靜。

咻！

還是一片寂靜。我突然覺得一陣熱，好像快要吐出來了。

咻！同時傳出一聲痛苦的嚎叫。

又是一片寂靜。左邊傳來的啜泣聲促使我轉頭一看，發現親愛的小康諾一臉驚恐。我很想抱抱他。我出於直覺地想要好好保護他，他看起來這麼瘦小又如此脆弱。過去一整年來我都暗戀著他，但現在我只感覺得到他的極度恐懼——因為我自己也很害怕。

我以前從來沒被責打過，但我們都聽過身邊朋友形容被打的感覺。校長會先叫你趴在椅子上、看向窗外，然後就得靜靜等，每個人都說那段等待的時間最可怕；接著就是第一下，打下去的那一刻很痛，但兩秒後才是真的痛入骨髓；再來第二下，不管你多堅強，打到第二下都一定都會哭出來；最後是第三下，通常會跟第二下間隔久一點，大部分的男孩也都是在這一下才會叫出聲來。最後，你要站起身，伸出手跟校長握手，還得說：「謝謝校長。」

門再度被打開。「下一位！」

康諾蒼白細瘦的雙腿站了起來，卻因為太驚嚇而根本動彈不得。羅林斯動作僵硬地走出雙扇門，臉紅得發亮，鼻子周圍卻有奇怪的白色棉絮和乾掉的血跡。他緩慢地像一隻鳥跳著腳走，橄欖球靴上的釘子讓他走出等候廳的腳步聲更加明顯。康諾動也沒動。

「快進去，小子！」院長格外惱怒地叫著。校長也皺著眉看康諾。

就是因為這樣。

我雖然還是滿心恐懼，但這是我人生第一次感覺到有股奇怪的情緒蓋過了恐懼。

我心裡湧現一股想要對抗現實的憤怒，我對不公平的現狀感到氣憤，我痛恨這個殘酷的體制。一股異樣的冷靜情緒麻痺了我原先的慌亂。儘管我無能為力——我著實沒有任何能力在此時拯救康諾，也沒辦法讓自己逃過勢必得承受的體罰——但我心底逐漸升起一股決心、一份責任感，我願意為他犧牲，我心中油然而生一股力量。

這番情緒五味雜陳，我不知道該拿這份心情怎麼辦才好；但我也很慶幸當下的自己不再只能感受到害怕的情緒。就在康諾走進辦公室，門關上的那一刻我才意識到，如果真的可以交換，我絕對願意代替康諾受罰。我在乎他，而且我也比他強壯。我的心靈覺醒了，覺醒的心在大聲喊著：「力量愈大，責任愈重。」

但我心裡還有另一部分卻反駁：「**你什麼也不能做。**」嗡嗡的說話聲傳了出來，我咬緊牙關。

裡面一陣沉默，我僵著臉動也不動。

咻！哭叫。

滿心怒火。

咻！一聲更響亮的哭叫。院長悠閒地看了看手表。

憤怒。

憤怒。

憤怒。

咻！短促的尖叫。

恨意蔓延。

我心裡充滿怨恨。狂怒、氣憤、憎恨。至少現在一切結——

咻！又傳出一聲急促的尖叫。

我的天！不！他怎麼可以這樣？

咻！一聲長嚎後，接踵而來的是啜泣聲。

我**恨**你！

接著是一陣大哭。

我身體的每一吋神經都盈滿**恨意**。

咻！響起一聲高頻的尖叫後，接續的是在十六歲男孩身上已經很少見的大哭，不可抑制的哭叫聲從他喉嚨裡冒出，聲音的質地介於男高音和孩童的尖細嗓音之間，小康諾彷彿回到了孩提時代，正在崩潰哭泣。

拜託，神啊，拜託，別再打他了！無計可施之下，我只好向我知道根本不存在的神靈乞求。拜託。求你了。

又傳出了悶悶的說話聲。

這是不是代表康諾的痛苦終於結束了？我無法承受再繼續聽他哭了。

沉默。

門後傳出更大的說話聲。

門終於打開，美麗的康諾就站在那。但他現在看起來一點也不美麗，他的嘴角往下撇，變成一個不可思議的半圓，綠色的大眼充滿血絲，蒼白的臉頰不斷淌著淚水，在我們面前繼續哭泣更加強了對他的羞辱。

我的直覺要我緊緊抱住他，吻去他臉上的淚珠後告訴他一切都沒事了，對他說我會保護他、不再讓這種事發生。

但我沒有這麼做，他的眼神與我對上，在那短短幾秒內，我試著用溫暖的微笑和輕微的點頭向他傳達我的心聲。他幾乎是下意識地點點頭回應我，接著就轉過頭去努力走出門外。

他像鴿子般跳著走向門外的自由。他背對著我走近對開彈簧門，停下腳步把門推開，我看見他一邊的短褲下透出了淡淡的血印。

我希望我的表情沒有透露出情緒，當下我滿腦子都忙著調整心情，根本沒有餘裕控制臉部肌肉。在我與世俗社會隔絕的世界裡，校長就是理所當然的領導者，但現在他對我來說就像是恐怖統治下殘忍又專制的暴君。我的人生一路走來都被教導、洗腦要接受這種建制派的菁英圈才是優良、高貴、得體的代表。但突然間，我徹底憎恨這整個階級都對體制性的霸凌行為與殘酷作為不為所動。

我完全知道自己對接下來即將發生的一切束手無策；但就像雷蘭和阿瓦隆上戰場時的心情一樣，我絕不會對敵人投降；絕不會讓他們嗅到我有一絲一毫恐懼，我絕不屈服，我會堅強；為了康諾而堅強。

我揚起嘴角，轉頭直視校長的雙眼。

「下一位！」

「電」出驚人發展

遲遲沒有獲得正確的診斷開始讓我覺得膩了，於是我決定做點有趣的事。我們開始用更先進的科技進行一系列檢查，諸如閃燈、電極和電腦螢幕等各種電子儀器——就像好萊塢電影那樣。

第一種測試幾乎**只用**到閃燈。我們做了視覺誘發電位檢查，藉此確認我的眼睛和大腦之間的神經傳導是否出現問題。選擇這項測試對我來說相當合理，畢竟這是檢驗是否罹患多發性硬化症的其中一種常見測試，我一直懷疑自己其實得了多發性硬化症，現在這個疾病是角逐「我有什麼毛病」的競爭者之一。

技術員把看起來很厲害的電極貼在我的腦袋上，遮住我其中一隻眼睛之後就留我單獨待在安靜的房間裡，坐在椅子上注視以特定模式閃動的燈號。接著，他走進來換遮住另外一隻眼睛。這種測試不禁讓我聯想到蘇聯時代用來控制思想的洗腦實驗。

接下來的檢查，是名字聽起來更酷的體感覺誘發電位檢查，藉以確認身體和大腦之間的神經傳導有沒有出問題；很快地，我就發現這種檢查根本就是來自蘇聯時代的**訊問**技巧，此外，技術員還把許多電極貼在我身體的各個部位。

一秒兩次的電擊馬上開始了，雖然有點刺痛，但我還可以忍受。

「感覺還好嗎？」醫生這時開口問我。她很年輕，我還能從她身上看見新手醫師的熱情。

「目前還好，謝謝。」我聽過很多人做體感覺誘發電位檢查的心得，不過我覺得自己撐得過去。

「太好了！現在還只是測試，所以電擊強度只開了一半；因為你身材比較高，正式檢查時可能會把電壓再調高一點點。你願意讓我這麼做嗎？」

她的誠懇感染了我，於是我咬著牙回答：「好……當然沒問題。」

人被電擊的時候，通過身體的電流可能會奪走你的性命，但電壓才是讓肌肉收縮的真正關鍵。在我那年輕有熱忱的檢查醫師調高電壓後，我的肌肉開始抽搐；不適感愈來愈強烈，但她根本還沒把電壓調到最大。

「現在請你放輕鬆。」她清脆的嗓音響起。

我看著她的表情，想確認她是不是在開玩笑，但很可惜，我看得出來她絕對是認真的。

「我想問一下。我現在人躺在病床上，身上接著電線，況且你接下來就要把電壓開到最大（甚至還因為我身材比較高所以可能會再調高電壓），這樣你還希望我放輕鬆？」

「沒錯，如果你可以做到就太好了。其實如果你可以的話，我希望你保持肌肉放鬆，讓我盡量調到最高電壓，這樣才會得出最好的檢查結果。不要繃緊肌肉，讓它們自然抽搐就好。那樣是最完美的，你能配合嗎？」

在她說出「最好的檢查結果」這個有魔力的字眼時，想當然耳，科學家彼得很自然地答應了：「當然沒問題，你就直接來吧。」

正當通過身體的電壓從「令人不適」增強到「令人印象深刻」時，我突然想再多問一點關於這項檢查的事情。

「我們還要再輸出幾次電脈波才會結束？」——不知道為什麼，我覺得「電脈波」聽起來不像「電擊」那麼令人不安。

我試著讓語氣聽起來像是隨口問問，但我其實超想知道答案。

「大概還要六百發。」她似乎對自己的回答很滿意。「然後我們會換個部位繼續做。」

「這樣啊，好樣的。我們準備要做幾個部位的檢查呢？」

「四個。」她回答。語氣隨意到彷彿只是在說她的行刑室總共有四面牆。

通過我身體的「電脈波」現在已經從「令人印象深刻」升級到「令人永生難忘」。為了尋求慰藉，我開口問醫生現在進行到哪裡，畢竟從開始到現在，我已經被電擊至少五分鐘了。

「所以……我們要先檢查哪裡？」

她笑了笑。穿越層層疊疊的電腦螢幕、各式旋鈕、按鈕和各種長得像刑具的儀器，我看得見她的表情。

「別擔心，再過一分鐘，我們就要正式開始了……」

體感覺誘發電位檢查結束後兩個禮拜，我就收到正式檢查結果，雖然醫師已經盡可能仔細檢查，卻依然沒有從我身上得到任何結論。我早知道會這樣，因為檢查的時候我一直在跟「施刑」的醫師聊天——雖然中間有幾次我因為電擊太痛而叫出聲——問她檢查結果如何。然而就跟視覺誘發電位的檢查結果一樣，一切正常。最後她終於願意接受自己無法檢查出任何異常，放我離開，那時的她沮喪地就像洩了氣的皮球。

我早該猜到這些研究機構勢必不會輕易放棄。才過一個禮拜，他們再度找上我。這次他們終於決定接受我根本沒有罹患多發性硬化症的事實，轉而針對別的疾病做檢查；但在我問他們這次要做什麼檢查時，他們卻又答不上來。他們說希望可以「徹底排除漸凍症的可能性」，而我告訴他們，我認為很久之前做的磁振造影結果就已經排除這項可能性了，他們也同意。但無論如何，他們還是打算讓我做肌電圖檢查，看看到底還有什麼原先沒發現的問題。

肌電圖是一種診斷神經肌肉疾病的工具，但我覺得它比較適合出現在007電影中壞人的豪華老巢，而不是Q先生[1]的實驗室。我相信大家都看過這種畫面：高科技儀器竟然不切實際地裝著電池，白色病床不合時宜地占據了有著挑高天花板和木質飾板的優雅書房。這一切結合起來，完全就是壞人準備要折磨正派角色的場景。不出意料的話，過程還會由沉默得令人不安的中年女性執行，臉上不會有任何彩妝，身上則穿著老氣過時的衣服。

很巧的是，我現在就身處這種場景裡。豪華老巢換成湯頓（Taunton）郊區的鄉下小醫院，施刑者則改穿著一身專業醫療人員的白袍。她對我悄聲說話，聲音裡帶著一種我認不出到底來自哪個國家的東歐口音。

以受刑犯人的表面角度來看，體感覺誘發電位檢查跟肌電圖其實驚人地相似。唯一不同的，其實只是電擊**方式**不一樣而已。肌電圖就像最陽春的訊問手法，也會在身上合適的位置裝上電極，卻不像體感覺誘發電位檢查是把電極貼在頭上，而是採用更可怕的電極針——也就是要將一根一根的電極針慢慢刺進皮膚、推進肌肉。接著在肌肉裡擺動電極針，同時讓電脈波持續無情地電擊你的肌肉。

這次的檢查人員一定是收到體感覺誘發電位檢查人員的事先警告，才會在我因為「訊問」過程太痛苦而不斷找她聊天時，依然殘酷地拒絕與我對話。她專心盯著螢幕，讓電擊針持續進出我的肌肉，停留，接著繼續電擊我的身體。最後，她明顯是得出了什麼令人滿意的成果，因此終於願意拔出電擊針；接著轉而輕柔地安撫我另一條肌肉，再把電擊針慢慢插進去。在她總算對我的雙腳失去興趣後，輪到雙手和雙臂了。我已經不打算提醒她其實我的手根本沒有任何問題，因為我覺得她無論如何都還是會繼續檢查。

我對這份檢查結果特別感興趣，那是一封長達五頁，內容充滿專業術語的信。其實他們本來只打算寄給我的神經科醫師，但我主動要求也想收到檢查結果。讀到信的第三頁，我發現這次檢查結果依然是一切正常。簡而言之，我的下運動神經元（也就是從脊柱延伸出去連接肌肉的神經）周圍的絕緣物質完全沒問題。所以這項檢查的結果排除了罹患漸凍症的可能性，就跟當初磁振造影得出的結論一樣。

信中又繼續羅列透過肌電圖檢查結果確定排除的各種疾病，我愈看愈覺得無聊；就跟我當初預想的沒兩樣，這份已排除的疾病清單裡有肌肉萎縮性脊髓側索硬化症（amyotrophic lateral sclerosis，ALS），

---

1 譯註：007原著小說及電影裡的虛構角色，Q為Quartermaster第一個英文字大寫，意指「軍需官」，Q先生是007系列作品中英國祕密情報單位中虛構部門Q部門的領導者。

也就是漸凍症。更精準一點來說，我依稀記得ＡＬＳ是其中一種漸凍症——比較糟糕的那一種，也是目前最常見的一種。這種病在美國也被稱為路．蓋里格氏病[2]（Lou Gehrig's disease）。不過我認識的醫護人員通常不會這樣稱呼它，他們通常都直接用「漸凍症」或「ＡＬＳ」這兩種名稱。

所以這麼說來，我並沒有罹患ＡＬＳ／漸凍症，這並不令人意外，所以我跳過剩下的內容沒看。等等，這是什麼？突然間，我的視野裡忽然出現了吸引我目光的內容，我全神貫注地閱讀著。信中還列出其他可能的初步診斷結果，包括一種從來沒人跟我提過的疾病。一組深奧難解的醫學名詞映入眼簾，我確定自己以前從來沒聽過它：原發性側索硬化症（primary lateral sclerosis，PLS）。

2　譯註：路．蓋里格（Lou Gehrig）是美國職棒大聯盟球員，後罹患ＡＬＳ。

我的懲罰

我以少年王子走上處刑臺的方式闊步走進校長辦公室，彷彿什麼都不怕；但我卻得不斷壓抑內心最原始的恐懼和令我大腦一片空白的怒火，盡可能以意志力平衡體內這兩股難以抑制的力量，讓它們維持微妙的平衡。我還太年輕，也不夠世故，所以不善於維持內心平靜。但也因為年輕，我才能夠盲目地相信自己的力量——我深信自己有足夠的意志力。

學院院長跟在我身後進入校長辦公室，順手關上了門；校長的臉頰略為脹紅，他走向桌子，桌面上放著的正是那條將近一公尺長、跟我的手指一樣粗，專門用來懲罰高年級男孩的藤條。

校長轉向我，背對著一扇巨大的窗戶，窗外是公立學校裡彷彿田園詩歌一樣的自然景色，就像我過去的人生。校長盯著我看。

「校長！」

院長從我背後出聲。

「校長，你應該記得……」

「記得，記得，這是非常糟糕的問題，史考特。相當不妥，你徹底令我失望。」

「校長，到底是什麼事？」

他似乎在思考該如何措辭；校長的雙眼眨也不眨，就像等待時機攻擊獵物的蛇；終於，他想到如何開口，於是用比平常大上一倍的音量對我說。

「你**想**成為人神共棄的罪人嗎？史考特。」

幹！

我從沒想過會是這件事，所以根本沒有半點準備。而且除非是刻意引用《利未記》[1]裡面的句子，不然根本不會有人會沒事說出「人神共棄」這個字眼。

「到底是怎樣？」

我腦中一片空白。在所有被叫來校長辦公室的可能原因裡，這絕對是最糟糕、最慘的一種。於是我不假思索地回答。

「絕對不想，先生！」

可能是出自於不相信或是不屑，校長搖了搖頭。

「我聽到的可不是這樣，史考特。你們院長聽到的也不是這樣。」

院長把這句話當作是在邀請他發言，於是站到校長旁邊——那根藤條現在躺在他們兩人中間。

「校長，他在其他學生之間的名聲相當不妥。不僅是在他們那一個學年，年紀比較小的寄宿生也在晚餐時間公然開一些玩笑。非常非常不得體。史考特為全校學生做了非常糟糕的示範！」

我的大腦疾速運轉，試圖解讀他說的話。至少我現在知道院長的消息是從哪來的了。國王學院的學生大部分都是一般日校生，但有一小部分的男孩是以寄宿生的身分就讀，康諾就是其中之一。他當然會開我的玩笑，我們也常常互嗆。他當然也會跟同學說八卦，我自己就超愛聽他說八卦，當然其他男孩們也勢必會聽到這些八卦。

就現在的情況來看，八卦似乎還傳到老師耳裡了。

但這不是康諾的錯。

「史考特，你應該知道**雞姦**、**孌童**、**同性**戀都是人神共棄的行為吧？」校長在每一個字都加重語氣刻意強調。

我把視線撇向桌上的藤條，悄悄深吸一口氣讓自己冷靜下來。這個問題有點棘手。「與男人共枕」在聖經裡只出現過兩次，兩次都是在《舊約》[1]裡，而且都是在令人難以忍受的《利未記》裡提到的——在《利未記》裡面，甚至連食用貝類和刺青都被視為人神共棄的行為，除此之外，經卷裡還堅持無法婚前守貞的新娘和對長輩不敬的青少年都應該遭到石刑[2]的懲罰。

「我想這些事情應該只出現在《利未記》裡吧，先生。」

「我不管它出現在聖經的**哪裡**，小子！這些行為違背了禮義廉恥，也違反上帝所制定的自然規律，是噁心的變態行為！」他停頓了一下。「你應該**相信**有上帝吧，史考特？」

又是個難以回答的問題。

「怎麼說呢……我相信不可知論[3]，先生。」

1 譯註：《舊約》聖經的其中一卷書，利未記第十八章中提到許多被認為不潔、遭憎惡的性行為，例如：亂倫、獸交及同性性行為。

2 譯註：以石頭丟擲受刑者使其死亡。

這個回答是個徹頭徹尾的謊言。不可知論者不確定世界上到底有沒有神，但我十五歲的時候就覺得「祂」根本就是人類創造出來的形象。

「啊！」校長恍然大悟，轉向院長說道。「難怪他的道德操守會出問題。」

接著回頭對我說：「就算是這樣，你至少知道那是**非法行為**吧！」

真可憐，校長這話說得沒錯。早在六年前我就已經認清這項事實，並開始為此所苦了；當時我年紀還小，雖然對同性戀的概念有模糊的理解，但還沒發現這件事其實跟我切身相關。同性性行為即便已經除罪化，卻只限於成年人之間，而且還必須私下進行；你得鎖上門、背著人，偷偷做這些事。而當時的我還離成年的二十一歲生日遠得很。

「是，我知道。」

「你或許有聽說在某些特殊情況下，這些變態已經不必坐牢了；但你應該了解，有些事情就算合法，也不代表它為世人接受，你理解嗎？」

他彷彿覺得自己是詮釋法律意義的專家；當下的我進入哲學辯證的思考模式，所以誠實回答道。

「不，**我不懂**。」

這個回答顯然稍微撫平了他的憤怒。

「聽我說，史考特，我知道你現在可能覺得很困惑。現階段的你會對其他男孩產生強烈的友誼是再自然不過的反應，但相信我，這個階段一定會過去。十八歲以後，你就會離開學校，會找到你的真命天女然後跟她結婚。她會為你生孩子、照顧家庭、等你下班回家，也會滿足你身為男性的自然慾望。這就是自然法則，是真男人應該遵守的人生規則。」

這大概是校長針對男子氣概這個議題講過最長的一段話，但我發現自己的內心卻無比抗拒他提到的每一個人生階段假設，而這種感受這也讓我更加堅定自己內心的想法。我不帶任何情緒地望向校長，不過我的反應似乎反而鼓勵了他。

「反之，同——性——戀就是一種病，是最糟糕的一種**性病**。它絕對會讓你變得悲慘又卑微。你知道同——性——戀是不為這個世界所接受的行為吧，史考特。」

他停下來讓我思考他口中的「鐵律」，我則是藉此機會審視一番自己到底有多憎恨眼前這個人。我恨他腦袋裡的思維，也恨整個建制派社會都在促使像他這樣的人掌握大權。

「我不知道，校長，我不懂。」

「反正事實就是如此。」他聽起來沒有要結束這個話題的意思，這番大道理似乎只是其中的一小部分。「很高興我們有了共識。你應該知道這就是人生的選擇。能在處罰你之前跟你這樣聊聊很好。」

我的心突然狂跳了起來；保持冷靜，彼得，你早就知道接下來要面對什麼，只是你一時忘記了。堅強一點，記得你有多恨他，想想康諾。

「這次的懲罰會很嚴厲，史考特。我希望你能記住這次教訓，希望這次教訓能夠在你未來面對人生選擇時提醒你，希望這番痛苦回憶能讓你理解做出**錯誤**決定的後果。從今天起，我希望你的人生能夠活

3 譯註：不可知論是一種哲學觀點，新信認為如鬼神、來世、上帝是否存在存在等形而上的問題是不為人所知或根本無法得到答案的問題。

在道德操守的規範之下。我知道處罰會讓你很痛苦，但在你往後的人生裡，我希望你記得今天就是你振作起來、重新做人的一天。你懂吧？」

勇敢一點，想想雷蘭這時會怎麼做。

「是，校長，我明白。」

校長轉身走向藤條擺放的位置，院長則移動到另一邊。

憤怒、生氣、憎恨、康諾。

這一切太不公平了。

要勇敢。

「這封信……」校長又轉向我，手裡拿著一張信紙。「這是教練寫的信，他推薦你成為擊劍隊隊長。但現在的情況明顯不適合讓你當隊長了，如果讓你當隊長代表學校，會產生不好的影響。」

就這樣，短短幾句話，他毀了我的世界，而且他語氣裡的熱忱就跟他責打男孩們時的態度沒兩樣。我熱愛擊劍，那是我唯一擅長的運動項目。他明明知道。

勇敢一點。

「此外，我希望你馬上退出戲劇社。你不適合參加。」

又是一記迎頭痛擊，正中我的痛點。

雖然還沒從前兩次的痛擊中恢復，但我突然搞懂校長現在的行為模式了。他停頓了一下，他總是在打第三下之前停頓；但第三下總是最痛，會讓你哭出聲來。

要勇敢。

沉默。

一定要勇敢。

「最後我還要告訴你，你們院長跟我都同意在這種情況下，不可能再讓你當級長，真的非常遺憾，我本來認為你非常有可能成為明年的學生代表。我對這件事感到相當失望，也為你的父母覺得可惜。」

我已經沒什麼感覺了。短短幾秒內，他輕輕鬆鬆地摧毀了他明知道我所重視的一切。所有讓我覺得自己跟別人不同的一切，我自傲的一切。

他伸出手。

「就這樣吧。」

懲罰結束。

我回握校長的手。

「謝謝校長。」

自我覺察

我慎重評估了自己的狀況。八個月以來，我的雙腳逐漸癱瘓，但一切可能的病因卻都已被剔除。我大腦和脊椎的磁振造影沒有異狀，愈來愈全面又稀奇古怪的各項血液檢驗也都正常，我的基因檢測，甚至是視覺誘發電位檢查和體感覺誘發電位檢查也都沒問題，肌電圖（合法施行加強版訊問刑求的絕佳形式）也是。

也因為剔除了這麼多選項，剩下的就只有PLS這個可能性了——這種疾病非常罕見，病程發展緩慢，而且是漸凍症中不會危及生命的一種。酷！真是太神奇了。如果是得到這種病，我就可以跟它共存，跟它一起活下去。而且這種病很罕見，目前醫學界對它的了解也非常有限，對我來說，這倒是一大加分。我感覺如獲大赦，我終於沒事了。

接下來就是我可以發揮的地方了，身為科學家的習慣促使我立刻開始深入研究PLS。這個過程有點像我攻讀博士學位，一開始為了要做研究而閱讀大量文獻的那段時間。當時我面對攻讀博士的挑戰，非常期待自己能夠在那段過程中發揮創造力，也把我的研究進一步寫成《機器人革命》（*The Robotics Revolution*）這本書，我在書裡第一次向大眾讀者提及我對人工智慧未來展望的看法。不過比起過去，這次的研究更加急迫，幸好，針對PLS寫作的文獻實在不多。

從本質上來說，PLS其實是只發生在**上**運動神經元的疾病，而ALS（雖然更常見，卻是會致命的漸凍症類型）則是會**同時**摧毀上、下運動神經元。簡單來說：神經元其實就是「神經細胞」，而**運動神經元**又細又長（就像電線），從大腦連結到每一條肌肉，讓我們可以用大腦指揮身體行動（運動神經元的英文是motor neurones，連醫學專家都用了「motor」[1]這個像是機器人學家會使用的字來指稱運動神經元）；每一條**下運動神經元**都從特定的肌肉連結到脊椎，而脊椎的功用就像接線盒一樣，負責把下運動神經元連接到對應的下一條線路——也就是上運動神經元——**上運動神經元則**一路往上延伸到脊髓，並連接大腦控制自主運動的腦區。

所以用白話來說，就是有些從我大腦連接出來的電線慢慢開始損壞；以身體結構來看，這部分的損壞我還能承受。但失去**下**運動神經元則會使肌肉失去功能，如果不介入治療，就會因為肌肉失去功能而無法進食或呼吸，也會因此死亡。PLS的情況則相反，患者甚至可能可以走路。這是絕佳的好消息，法蘭西斯和我都很開心——彷彿我們無意間幸運躲開了淬毒的子彈。

研究三個月後，我覺得自己對PLS的了解已經跟我見過的那些疾病專家一樣多，也覺得我已經專業到可以跟他們以同儕學者的身分討論了。但我還是很困惑，不是因為不懂，而是因為**透徹**了解某件事，才意識到其中的矛盾。

這種感覺已經伴隨我多年，而我熱愛這種感覺，它也正是我當初踏入科學領域的原因。只要這個感

1 譯註：意指「發動機」、「引擎」、「馬達」。

覺出現，就代表你可能要發現某些令人驚喜的新事物了。如果你的推論沒錯，也得到其他學者和世人的肯定，就能夠改寫未來。這種感受無與倫比。不然那些書呆子為什麼要沒事把人生都泡在實驗室裡？所以只要我一感覺到這種困惑，就會潛心投入做研究，努力找出解答。但這次不一樣。

問題就在於，啟人疑竇的矛盾點不是出在PLS，而是ALS（比較常見的那種漸凍症）；不過那並不是我有興趣研究的主題。就算我真的認真研究了ALS，也不是刻意為之，而是因為PLS實在太罕見了，基本上沒有專門研究PLS的論文。眼下的情況是——就算極少數的論文中有提到PLS，也把它當作一般漸凍症的**一部分**順道討論，通常是在談論ALS時順便提及。

簡而言之，想要單純深入了解PLS，卻想避免**不斷吸收**關於ALS的資料基本上不可能，所以我也只能接受現實。在第一次出現症狀後十一個月，我已經熟記能挖掘出所有關於PLS的一丁點資訊——卻同時成為ALS的專家。我也因此才知道，大家對於漸凍症的了解和這種疾病**本身**的真實面貌其實有很大的差異，但這些差異對病人來說卻非常關鍵。

例如，漸凍症一直被大家定位為罕見疾病，但只要深究流行病學數據就會發現，其實你我在一生中罹患這種疾病的機率是三百分之一，對我而言，這個機率並不算特別罕見。我相信大部分家長或老師都不知道，就讀英國國內一般中學的學童中，每一天大約都有三個孩子，在人生最終死於漸凍症。用這種方式描述患病機率，漸凍症聽起來就一點也不罕見了。

更令我困惑的是死亡數據：百分之三十的患者會在一年內死亡；百分之五十的患者會在兩年內死亡；五年內的死亡率更高達百分之九十。這怎麼可能？儘管大家都說，得了漸凍症就「必死無疑」，但這不是事實；甚至大家都以為漸凍症「無法治療」，也並非絕對事實。

我想表達的是，罹患漸凍症的人——嚴格來說是指罹患ALS患者——占據了大部分的統計數字，也就是較常見的漸凍症型態。這些患者最終多死於飢餓（因為無法吞嚥食物）或窒息（因為無法自主呼吸）。但為什麼會發生這種事？

他們的消化道還能正常運作，所以只要用再常見不過的胃造口管進食就能延續生命；這些患者的肺臟功能依舊正常，只是負責使肺臟充氣的肌肉變得虛弱無力，所以只要使用呼吸器就可以輕而易舉地替代肌肉功能為肺臟充氣。這些患者的死亡並非醫學因素，而是遇到了工程技術上的困難。

對我來說，只要運用正確的科技，漸凍症似乎比較像是一種慢性病而不是致命疾病。只要用對技術，患者可能根本不會死於漸凍症，比較可能因為心臟病或癌症去世。

儘管如此，為什麼還是有這麼多患者很快就死亡了呢？漸凍症的患者不知道為什麼，就是想不到可以運用科技讓自己活下來；是因為他們不知道有這些技術存在？或是經濟上負擔不起？還是他們根本**不想**活下去？

我至少可以理解最後一個原因。從歷史上來看，漸凍症確實是種很邪惡的疾病；如果你運用生命維持系統活下來，也會漸漸被困在自己的身體裡動彈不得，最終只能移動眼球，就算躺在病床上也只能盯著天花板看。但多虧這世界上出現愈來愈多全新科技，當然也就能夠改變這種情況。最新的科技進展之大，讓連像史蒂芬·霍金（Stephen Hawking）這種大師所使用的設備都看起來不夠高科技了。大家不都知道科技在疾速進步嗎？

我沒有繼續浪費時間思考這件事。即便這個問題發人深省，但因為它跟我的ＰＬＳ無關。不過這**依然**值得思考。因為沒有其他人可以讓我分享這些絕妙（至少對我來說）卻明顯對我個人來說不太重要的見解，於是有天晚上，我一邊喝著紅酒，一邊跟法蘭西斯細細解釋——儘管關於罹患漸凍症後病程的進展充斥著各式各樣的假資訊——如果真的想與漸凍症共存，從現實層面來看其實非常有可能做到。法蘭西斯也同意我的看法，這項事實沒有更多人知道的確很奇怪。然而更重要的是，為什麼關於ＰＬＳ的資訊這麼少？

我一直想著這件事：三個禮拜後，法蘭西斯和我飛了三百多公里到倫敦，花了幾天做重複的檢查。從我第一次出現症狀後已經過了將近一年，而我們這趟旅程就是要再鉅細靡遺地檢查，想辦法找出問題所在。但還是沒有任何一項檢查出現異常結果，因此我請我的家庭醫生核准我使用國民保健署提供的特殊服務（大部分的人似乎都不知道這項服務的存在）——也就是申請者可以在國內的任何地方接受治療。

我選擇前往國家神經病學與神經外科醫院看診，這家醫院是我的不二選擇。世界各地的患者都大老遠跑來這家醫院，希望得到正確診斷，我們也認為值得跑一趟讓醫生確認我是否罹患ＰＬＳ。診斷過程需要重複我之前做過的所有重要檢查。對了，他們為求診斷精準，還會為我做腰椎穿刺。

我用像胎兒一樣的姿勢蜷曲側躺著，這是人類剛出生、對外界還毫無抵抗能力時所呈現的姿勢，這個姿勢可以保護人體的重要器官，抵抗接下來這個男人要對我身體進行的各種淩虐。

醫生拿著巨大的針筒，針筒上面還插著又長又粗、看起來很可怕的針頭。我之所以會知道這根針有多粗，是因為醫生在一分鐘前才驕傲地向我展示他接下來要用的針具——就在我簽完免責聲明之後（基本上就是保證如果他等一下在檢查過程中不小心害我癱瘓，我也不會告他）。

據我所知，大家通常都很怕做腰椎穿刺。因為你得讓一個陌生人（老實說，你根本無法確定在背後操作的人是不是路上閒晃的神經病，在偷了白袍後就溜進檢查室）在背後看不到的地方，把像縫衣針一樣的針頭刺進下背尾椎附近的位置，接著等腦脊髓液慢慢滴進小玻璃瓶裡。整個過程都讓人對腰椎穿刺印象很糟，也因此大家都極力避免做這項檢查。好萊塢電影描繪腰椎穿刺的方式也會讓你把它想得跟限制級恐怖電影一樣可怕，就像噩夢裡會出現的情節。

但我對腰椎穿刺的印象卻很不錯。局部麻醉後，我感覺得到針插進脊椎的壓迫感，也可以感覺到針頭在身體裡探查（我清楚記得醫生警告我「千萬不能動」，我忍不住想，那如果我的身體剛好痙攣了怎麼辦），接著聽到醫生問我：「還好嗎？」（我猜他的意思應該是：「你的腳還有感覺嗎？」），就結束了。

檢查的過程很輕鬆，讓我差點忘了還有檢查結果這回事——基本上就是要檢視有沒有多發性硬化症的跡象——但依舊一切正常。這根本是在浪費時間，只是讓我更加肯定自己罹患了PLS。再做一次磁振造影檢查得到的結果也跟之前一樣——沒有異常。因為什麼都檢查不出來，我不得不再次測試自己忍痛的極限，也就是我的檢查清單上隱晦列出的檢查名稱：「肌電圖複檢」。

但至少這次我知道接下來會發生什麼事。

年輕的醫師引導我走進她的實驗室，立刻展現出跟我聊天的意願。我也沒多想，就跟平常一樣用彼此都是專家的口吻跟她交談。為什麼選擇研究神經病學？她期待職涯往什麼方向發展？肌電圖儀器有多敏感？任何只要能夠轉移我的注意力，不要讓我覺得自己是個病人的專業議題都行。

也因為這樣，我很快地就跟這位醫師建立了友好關係，而她正好就是決定我在接下來四十分鐘的檢查中是否舒適的關鍵人物。她快速地向我解釋之前的檢查結果，我們同時還討論了檢查時運用的科學技術，這樣比只是傻傻地等下一次電擊到來好多了。

「啊，這裡的神經有點萎縮了。」她盯著插進我小腿肚的針頭說道。基本上，這就表示從我脊椎裡的接線盒，一路連接到小腿肌肉的神經的絕緣能力開始出問題。它已經開始損壞了。

「酷斃了！」我這麼回答她。嗯，是真的蠻酷的；幾個月前我第一次做肌電圖時一切都還正常，當時我的神經絕緣能力應該還沒問題才對，真是出乎我的意料之外。我們繼續聊關於神經訊號衰減及髓鞘形成的話題。

「嗯，好像又出現另一處萎縮。」

「真的嗎？這就有趣了。情況絕對是在過去幾個月改變了。」我表現得很冷靜，而且我也真的是以一種幾乎完全客觀的態度對這種狀況感到驚奇。不過另一部分的我則在心裡跟自己對話：「哇！真沒想到，對吧？如果以定義來看，我得的就不會是PLS了，所以可能性就只剩下糟糕的ALS。不過還只是可能而已，還沒確定……」

我繼續一邊被她電擊，一邊跟她聊天，大概有十分鐘沒有再出現其他變化，沒有再出現神經萎縮。直到檢查到我右手大拇指和食指之間的肌群。她用手上的鋼針刺進去，稍稍擺動，一邊聆聽從某處的擴音器傳來的靜電干擾聲響。我知道聲音出現得愈快、愈大聲就表示情況愈好——因為她接下來就停止擺動那根天殺的鋼針。

彷彿為了讓我自己不要注意到她正準備換個地方下針，我一邊說話，一邊向她展示我有限的解剖學知識：「啊，是第一骨間背側肌！大家都會檢查這裡……」的確是這樣沒錯，這是在比較嚴重的ALS患者身上都會出現的症狀，拇指和食指之間的間距會因為第一骨間背側肌萎縮而變大。

「對，」她開口肯定，「絕對不會錯，絕對是神經萎縮。」嗯，就是這樣沒錯。

我的大腦還來不及想其他事，滿腦子都圍繞著這個明確的結論，於是立刻回答她：「所以，根據愛斯科里奧標準來看，就是早期的ALS了。」愛斯科里奧標準是國際間診斷ALS的通用標準的簡稱。例如，患者如果除了出現上運動神經元衰退的跡象之外，還在身體其他三個以上的部位出現下運動神經元衰退的跡象（像是由肌電圖檢查出來的神經萎縮），就可以確定罹患ALS。

她毫不遲疑地答道：「對，一點也沒錯。」那語氣就像只是在確認一個醫學生的診斷無誤一樣。而這就是我想要的回應。

一秒。兩秒。

「噢！我的天啊！我不該這麼說的！真的**非常**抱歉！你沒事吧？」

接下來的一分鐘，我都在安慰我那被罪惡感淹沒的醫師，跟她保證我真的沒事，還騙她我早就就猜到這個結果，只是想跟她確認而已，畢竟她的確為我找出正確的診斷，我真心感謝她。

我的確非常意外診斷結果是ALS而不是PLS；但我也已經在大腦中列出我認為要與這個疾病共

存所需的一切事物（也就是胃造口管跟呼吸器），以及與疾病共存時依然能夠使生活跟過去一樣有意義的配備（也就是五花八門的超酷炫高科技設備）。

於是我躺回診療床，肌電圖檢查終於伴隨著意料之外的診斷結果結束了。我記得當時我腦子裡想著兩件事。第一，我得開始列出我未來需要的所有高科技儀器和一切安排細節；第二，我要怎麼向法蘭西斯解釋診斷結果，又要避免他因為太難過而延遲我們約好要去看醫院附近皮特里古埃及文物展的計畫。

幸好我們之前就討論過許多次，法蘭西斯也在網路上看了很多資料——最重要的還是因為他這個人太棒了——法蘭西斯的個性跟我一樣很實際。我們在走去皮特里博物館的路上達成共識，診斷結果的確很嚴重，但也不像大家以為的那麼嚴重。

隨後，我們在倫敦大學學院中不為人知的隱密展間裡，愉快地花兩小時參觀靜靜隱身在校園裡的上萬件古文物。我們非常享受這次的參觀體驗，甚至買了無比昂貴的展出品手冊。總之，這天過得很有教育意義，還帶點「塞翁知馬，焉知非福」的複雜意味。就某種層面來說，也算得上是幸運的一天。我還記得回到附近的下榻旅館時，心裡想著：我的ＡＬＳ一定會是史上最不悲慘的那一種。

但這種不可一世的心情只維持了正好九個半小時……

人生選擇

我用僵硬、緩慢、像僵屍一樣的步伐走回擊劍場，看起來一定跟康諾那時候很像。雖然我的短褲上沒有血跡，但我還是覺得很痛苦——那是心靈上的痛。即便已經走出校長辦公室，我依然在思考像康諾那樣被用力責打是不是還比較好。至少他受到的羞辱在當下就會結束，但我遭受的恥辱卻似乎會如影隨形、直到永久。我深入思考自己所受到的懲罰，支撐著我特權階級人生的框架開始崩塌；一切都不再真實，通往我美好未來的關鍵元素已經消失。

更衣室空蕩蕩的，只有我那彷彿已經躺在地上許久的衣服，不斷提醒我過去那無憂無慮的生活。我雖然開始換裝，心思卻已經飄去別的地方。院長跟在我身後靜靜離開校長辦公室，準備走進學生禁止入內的教師休息室前，轉過來警告我：「別那麼**招搖**，史考特！」就消失在我眼前。

「啊，我想你也該回來了。」教練對我說。我看不出他臉上的表情是什麼意思，惱怒？丟臉？還是兩者皆有？「我很遺憾你的擊劍隊長資格被取消了。我知道這個處罰一定讓你非常失望，不過你也得從學校的角度想想，如果讓你當隊長會給其他男孩傳達怎麼樣的訊息，還會影響校譽。他們的想法確實有點八股，這我同意；但畢竟做決定的是學校高層。」

我意外卻愉快地發現，自己竟然可以立刻朝氣蓬勃地回應他。

「是，教練！當然！我完全理解！」

「不過，你也知道，恐怕不是每個人的想法都跟我一樣。」

他靜靜地站著，想了想還有沒有什麼話要說，接著決定點到為止；他掏掏口袋拿出鑰匙。

「請在離開時將門鎖上。」

我把這當成是教練給我的道別禮物，畢竟通常只有隊長能負責鎖門。

「謝謝教練。」

終於換好衣服。我把擊劍袋甩上肩，將更衣室上鎖，接著沿著運動場走向學校引道的入口。這條窄路是就算位於私人土地上也有路人通行權的引道，可以直接穿越校地，引道兩側都有高高的圍籬，從這裡可以抄近路回家；我看看手表，現在是五點十五分。

抵達家門口只花了我三分鐘。我打開光潔明亮的雙扇門，走進這棟一九三〇年代老建築的門廳，這是我從小住的地方。我搭著歷史悠久的電梯上頂樓，走進我爸媽的公寓。

我迅速地親了一下媽媽的臉頰，告訴她我要花三小時做功課後就躲進的房間裡。即便腦中還是一片混亂，我仍然強迫自己專心寫物理作業，試圖藉此忘卻煩惱，卻還是不斷想起我那已經七零八落的現實人生。我爸在走進主臥室換下外出服時對我揮手打招呼，他在一家小型創投公司任職，每天都開著他的戴姆勒（Daimler）汽車去上班。他一回家就代表準備吃晚餐了；沒過多久，我便聽到他再次經過我房門口的聲音，於是我跟著他走到飯廳，媽媽這時正準備把晚餐端上桌。

我母親在醫學院受過訓練，但婚後就放棄了從醫的目標。從我有記憶以來，她就是家庭主婦，每天會根據在溫布頓村買到的蔬菜和從哈洛德百貨公司生鮮超市送來的肉品為我們準備菜餚。今天是星期三，所以晚餐是紐西蘭小羊排、馬鈴薯泥、紅蘿蔔還有碗豆。

用完甜點後，我趁著他們還沒開始聽廣播前想問他們某些事，或者應該說，有些事我想告訴主動他們；可能是因為剛剛發生的事實在令我太震驚，我才因此鼓起勇氣，決定逼自己勇敢嘗試跟他們聊一些我以前完全不敢、也完全不需要提及的話題。但現在情況跟以前不一樣了，我的世界如今已天翻地覆，我需要找到全新的方向和定位。

「我們今天在學校進行了一場很有趣的辯論，雙方要討論贊成或反對。其中一方認為：『同性戀是正常現象。』另外一方則提出：『同性戀是人神共棄的行為。』我想問問你們的看法，因為兩邊都提出很有力的論點。」

我媽立刻就露出擔憂的神情。每當她覺得孩子需要自己的時候，她一定會充滿母愛地支持孩子；我爸也是如此。他們時常擁抱我、親吻我，我們的親子關係就是如此。聽完我說的話，他們立刻切換到保護孩子的模式。

「真的嗎？親愛的，**雙方**都提出強烈的論點嗎？太令人失望了，是吧？爸爸。」她看著我爸，期待得到回應。

「嗯，沒錯，應該是。」媽媽繼續期待地望著爸爸，直到他又補了一句，「我是說，當然，絕對是太令人失望了。」

「我希望沒有任何老師對雙方論點都提出意見，親愛的！」

「可是他們確實對雙方論點都略有討論。」

「這太可怕了！**太可怕了！**真的，這對某些男孩來說實在太不公平了，這種討論會讓孩子們產生錯誤的思維；或許我明天應該打給校長申訴。」

「不用啦！真的沒必要！就只是辯論而已。」

「好吧，如果你真的這麼認為就算了。但我覺得讓男孩子面對這種討論根本是犯罪，這些思維很可能傷害他們。」

「嗯，如果他們不像我有這種家庭支持，或許真的會有點令人擔心吧。」

「為什麼？親愛的，發生什麼事了？」

媽媽很聰明，總是反應很快，有時候甚至反應得**太**快了。突然間，我們觸及到某個微妙話題的邊緣。

「沒有，沒什麼啦！我只是說，如果這些男孩沒有家庭的支持，或許會覺得很困惑吧。」

「別擔心，爸媽都會保護你！」

媽媽終於鬆了一口氣，我也放下心中的大石頭，我爸則如往常一樣地輕鬆。這時，媽媽握住了我的手。

「你永遠、永遠都不必擔心。」媽媽全心全意地向我保證。「這種事真的沒有什麼好困惑的，老爸也能保證，**沒有**什麼好疑惑的。同性戀毫無疑問是人神共棄的行為。對吧，親愛的？」

「當然了！」

「別擔心，」媽拍拍我的手說道，「我們家族裡絕對不會有人跟同性戀有任何瓜葛。」她抬起手舉到胸前，做了個誇張的發抖動作。「天啊，太羞恥了！遇到這種事當父母的一定會覺得很丟臉吧，所有人都會可憐這些父母。特別是當媽媽的一定更難過。最近才有研究說，就是因為媽媽太強勢、爸爸太軟弱，才會造成同性戀。這真的太丟臉了，你不覺得嗎，親愛的？」

我告訴他們我作業還沒寫完，帶著微笑走上樓進房間、鎖上門後就開始哭了起來。我為這一切不公平而哭，我為殘忍的一切而哭；我也為失去以往熟悉的世界，失去使我成長茁壯的校園而哭。以前的我可以驕傲地走在校園裡，現在一切都變了；我更為剛剛確認了爸媽根本不了解我，也視跟我一樣的人為罪人而哭。

那晚，我幾乎沒睡，不斷思考並重整思維，想拋開某些想法卻又沉浸在痛苦之中。我清楚記得在清晨五點還清醒著看日出的感覺。這漫長的一夜過去後，我終於下定決心。

我決定照著校長的建議做。

三十六小時後，我跟安東尼在課後的合唱團練習結束後走在一起。

「新造型欸！」他模仿著美國電視廣告裡的語氣。我立刻擺出姿勢。「新髮型**還有**新西裝。」

我梳了個中分頭，穿著有型的海軍藍西裝外套，外套上有大翻領和寬大的衣襬。

「我打算把頭髮留長。你覺得我的高跟鞋如何？」

我拉起褲管，讓安東尼看看我腳底下踩著超過五公分高的跟鞋。穿了這雙鞋，我的身高立刻突破一百八十公分。安東尼立刻誇張地模仿院長的反應。

「丟臉！太丟臉了！小子，你到底在**做**什麼？」

「我**只是**比照大人說的話辦理啊，安東尼。我要『重新做人』。」

「你看起來很棒。」安東尼的語氣聽起來很真誠。

「這還只是開始，我還有更多計畫呢！」

「哇，我好期待！快把所有細節都告訴我，你可以明天擊劍練習的時候跟我說。」他停頓了一下，換上他自己原來的聲調跟語氣。「你不能當隊長我真的很難過。」

這似乎是讓安東尼知道最新發展的絕佳時機。我們沿著學校的主要幹道走，才剛走到一半——我們要到李奇路才會分道揚鑣，還有足夠時間告訴他重點。

「其實我明天不會去擊劍練習，我不打算回去擊劍隊了。」

「**什麼？**」安東尼突然停下腳步。

「前幾個月的某幾天傍晚，我去了一家很棒的道場——也就是日文中『學校』的意思——道場的主理人是在日本國境以外獲得最高級黑帶資格的高手。那裡學的是空手道裡最困難的一種：極真會，他們練的是全接觸[1]對打類型的空手道，不管是出手還是踢擊都不會只是點到為止。」

「然後呢？」

「然後我已經說服教練每個禮拜讓我在道場練習十小時，取代過去練習擊劍的時間。我有跟他解釋我沒有足夠的時間同時練習兩種運動，所以要放棄擊劍。最後真正說服他的，是我跟他說最遺憾的事情就是自己無法再代表學校出賽！可能就是這點提醒了他吧，總之他聽完就退讓了，還鼓勵我一番呢。」

「他們失去你這個好手真是活該。所以你說的這個『格鬥天堂』到底在哪？」

「在雷恩斯公園，騎腳踏車只要二十分鐘。而且那裡都是**真實**世界的人；我敢保證我一定是那裡唯一讀公立學校的男生，而且他們年紀都比我大，總之，我很喜歡那裡。」

「**很有**李小龍風格……」那時功夫電影很紅，《龍爭虎鬥》裡性感的李小龍在當時更是功夫金童。安東尼終於繼續往前走。「那戲劇社呢？你打算拿你被腰斬的戲劇生涯怎麼辦？」

「整個世界都是舞臺[2]，親愛的！」

「男男女女也都是戲子，親愛的！這我知道，但如果不參加戲劇社，你打算幹嘛？」

「我打算研究電腦！電腦科學就是人類的未來。」

「**電腦？**」他再次停下腳步。

「我要參加電腦研究社。」

「你該不會要告訴我，我們雖然沒有電腦研究社，但你打算去紐約找一個來加入吧？」

「我們**以前沒有**，但比林斯先生（Mr Billings）有管道可以弄到一臺IBM電腦，我們幾個人每週都可以使用一次。」

「所以那臺電腦在什麼鬼地方？」

「麥頓理工學院。」

1 譯註：全接觸空手道為一種空手道類型的統稱，對打時允許直接打擊對手。

2 譯註：此句與下句皆為莎士比亞戲劇作品《皆大歡喜》中的臺詞。

「**理工學院！**」他又開始學院長的腔調了。「丟臉！太丟臉了！他們根本不學拉丁文，講話亂用文法就算了，甚至**根本**不知道牛津兩個字怎麼寫……」

「對啊，但你不覺得這樣很棒嗎？我搞不好會愛上那些傢伙！」

「我覺得他們比較可能把你打爆，彼得！」

「所以我學了空手道……」

安東尼終於漸漸搞懂我的性傾向、我全新的反叛方式，以及選擇了新的運動項目這些事的關聯，於是慢慢露出笑容。

「學校根本不知道自己惹到誰了！」

「說真的，我覺得自己終於掙脫束縛，終於自由了。我要重新創造自己的身分。」

話說出口的當下，我就知道這一切再真實不過。我很珍惜安東尼充滿熱忱的回應，他給了我當下急需的信任和信心。

「你準備要蛻變了！」

「**沒錯！**蛻變。就是蛻變。建制派的社會不喜歡以前的我；好吧，那就讓他們看看我會蛻變成什麼模樣！給他們看看前所未見的我，他們根本不知道自己惹到誰了！」

「你該不會要跟全校槓上吧？」

「當然不是。」我為了營造戲劇效果刻意停頓了一下，「我是要跟全世界槓上！你知道嗎？教練曾經跟我說：『彼得，你一定要把目標放遠，先把努力的目標訂在遙遠的星球上，這樣你至少可以確保自己一定能抵達月球。』我愈想就愈覺得，我對月亮那顆灰撲撲的大石頭根本沒興趣，我要搭上由曲速引擎[3]推進的飛行器極速前進！」

這次安東尼一語不發地停下腳步，帶著滿肚子疑問看向我。

「從現在開始，我拒絕再忍受不公平的事情，我要改變現狀。我拒絕再忍受有人用體罰逼迫我屈服，剝奪我的選擇權，逼我順從；我要把曾經是身上沉重負擔的一切都轉變成我的資產，創造出全新的選擇。還有，我絕對不會再向霸凌屈服——不管這股欺壓我的力量看起來有多正統，我都不會忍受；我一定會還擊，還擊，再還擊；不斷還擊，直到有一天終於換他們屈服。」

「這樣就可以互相妥協，求取平靜。」

「不！我會不斷奮鬥直到獲得對方無條件的退讓！」

安東尼心花怒放，他顯然很愛我的這番話。我們繼續往前走，他歡快地下結論：「這下，皇家戰役要開始了！」

我停下腳步，他也跟著我停下腳步。

「戰役？」我假裝難以置信的樣子，大聲對他宣告：「這是全面的**戰爭**！」

3 譯註：是一種假想中的超光速推進系統，常出現於科幻小說的設定。

那夜過後

我突然醒來，瞇著眼看向床邊的鬧鐘，鐘面上顯示：03:05。我立刻徹底清醒，彷彿被現實摑了一巴掌後才認知到，醒來是惡夢的開始。

在我的腦海裡，十六歲永遠都會讓我想起那股充滿無力感的恐懼。在校長的辦公室外等待受罰，臉色蒼白、張著嘴感受胃裡翻騰不斷，心臟一面狂跳，一面仔細傾聽門後傳出來的悶聲對話——喃喃的說話聲、沉默、第一下、第二下、第三下、喃喃說話聲、開門、「下一位！」。

像夜驚一般的感覺毫無預警地襲來，接著又是一股驚恐湧上心頭，如此反覆，直到恐懼壓垮我。

你就要死了！

不，我不會死。還有胃造口管跟呼吸器可以讓我活下去。

這答案真是悲哀——只有這些東西根本不夠。如果真的能夠這樣存活下去，那些得了漸凍症的人早就這麼做了；但他們卻都死了。這就是你要面對的現實。這些人跟你不一樣，他們至少有勇氣接受自己無可避免的命運。

才不是無可避免！只是一般病人不會在還沒被困在身體裡動彈不得之前，就主動選擇繼續活下去。

別傻了，這一切只是你的胡思亂想，自以為是又不切實際的幻想！你的作為對科學界來說根本就是恥辱。數據會說話——你的生命很可能在兩年內畫上休止符，就跟其他患者一樣。

如果史蒂芬・霍金可以活下來，我當然也可以。

啊，果然提到這個了。偉大的史考特－摩根博士拿自己跟舉世聞名的宇宙學家相比呢！太傲慢，太無所不用其極了吧！

他在一九八五年就已經裝上呼吸器了。

他是在比你年輕的時候就罹患漸凍症，而且病情惡化的速度比你慢，他也比你有錢，所以可以負擔全天候的照護服務。你跟他根本不能比，你也永遠不可能成為他那樣的人，你們根本無法相提並論。你會平凡地死去，誰也不會注意到。

就算我真的早早就死了，應該至少可以再撐五年，有百分之十的患者熬過五年。

這樣說是沒錯，但你又不知道他們得的是不是比你輕微的漸凍症，你病情惡化的情況可能會比別人快。而且就算真的撐了五年，你也會全身癱瘓，只剩下雙眼能動——什麼也不能做；活得愈久，就會被困在像屍體一樣失去自由的軀殼裡愈久。

其他人都可以面對！

但你沒辦法，別忘了你有幽閉恐懼症。記得你還是無所畏懼的大學生時，本來想要爬過狹窄的洞穴，結果卻嚇到動彈不得嗎？你總是對自己能夠冷靜想出解決辦法引以為傲，但這次不管你怎麼想也沒有用。你聰明的腦袋和從小到大受過的昂貴教育也無法改變現實一絲一毫，不是嗎？

對，沒辦法。

你根本連從此以後不能再講話的困境都應付不來。那些以前得忍受你一直講、一直講、永無止盡講

個不停的人，一定很開心你終於能永遠閉嘴了。但你一定無法忍受這種事。

我不知道……

你也會毀掉身邊所有人的人生。你應該知道，你不會是唯一無法忍受這種生活的人吧？一年前你才剛開始出現症狀，現在就已經沒辦法好好走路了。你跛著腳走路就會讓所有人別開眼神，看著你實在太令人難堪了；你會讓法蘭西斯難堪。

我知道。

他跟你在一起可不是為了面對這種事。

我知道。

儘管如此，因為你實在太驕傲又執意追求自己的目標，以自我為中心地堅持無論如何都要活下來——你這樣會不知不覺地間接傷害身邊的人，傷害那些最愛你的人。

對。

他值得更好的生活。

沒錯。

如果你真的愛他，真的像你自己說的那麼愛他，就不該延長他的痛苦。你不該讓他忍受非得看著你慢慢動彈不得，漸漸再也不能做你們曾經一起做的每一件事，直到你離開他的那一刻。如果你真的愛他，就應該保護他。

對。

不然他未來一定會恨你，然後就會離開你，把你丟到充滿老人尿騷味的療養院，讓你孤孤單單地死去。

等等，這也太荒謬了吧！現在是大半夜，我的潛意識第一次有機會好好處理診斷出爐後對我的人生產生的各種影響。好好深呼吸，冷靜下來，努力想出辦法解決困難。

慢慢地，我注意到身邊的法蘭西斯正輕柔地打呼，那令人安心的呼嚕聲總是陪在我身邊。不管要面對什麼戰鬥，法蘭西斯和彼得都一定會攜手面對這個世界。我的心跳聲終於不再像擂著戰鼓一樣強烈，呼吸節奏總算恢復正常，在陰影中蟄伏的恐懼也終於消失。

但取而代之的是更令人憐憫的情緒。

我的潛意識和理智繼續在腦海裡對話一陣子，就像兩個個性徹底不同的角色在演對手戲。我的潛意識似乎變成一個半大不小的男孩，比我當初被迫在校長辦公室外等待受罰的年齡小了幾歲。他赤裸著身子縮在角落，顫抖著環抱雙膝，就跟還是發著抖一身冷汗的我一樣。

我很害怕。

我知道你很害怕，害怕也沒關係；面對這種事情會害怕很正常。但只要到了早上，太陽就會出來，法蘭西斯也會醒來，我們可以一起吃頓豐盛的早餐，就會覺得好多了。然後法蘭西斯就會跟我一起面對這個世界，我們一定會戰勝。但現在，我們得堅強一點。

但漸凍症更強大。

才不是這樣！漸凍症只是另一個欺壓我們的壞蛋，是建制派社會最惡劣的霸凌者。我相信你一定知道，史考特－摩根家的人絕不屈服於霸凌之下。

但這種病根本沒辦法治療。

這種病其實有各式各樣、五花八門、可能行得通的治療方式。只是這些治療都要運用高科技，並不是一般的醫學治療方法，所以大家都忽略了它們的潛力。漸凍症長久以來把病人嚇得毫無還手之力，所以大家都被這種疾病帶來的恐懼制約了。所有患者都只能傻傻地等待奇蹟般的治癒方法出現，拯救他們於水火之中；但我相信這世界上一定有其他可能性、其他全新的方法、其他超乎想像的方式。只要運用前所未見的科學技術，把科幻小說情節化為現實，我相信一切都有可能。

那這些事情好不好玩？

什麼？

當我的大腦面對這個跟剛剛的思路截然不同的疑問時，忽然措手不及。大概有十秒鐘的時間，或許長達二十秒，我細細品味著兩種極端情緒出現在內心的感受：我依然感到恐懼、憤怒、絕望，但同時——同樣強烈——我的心裡湧現了興奮、愉悅、希望的情緒。

接著，這些全新的正面情緒開始主宰我的身體。我感覺到一陣溫暖，有股**力量**從我身體的核心湧出。讓我拋開心底最後一絲恐懼。

雖然淚痕已乾，淚水依然在我的皮膚上留下刺癢的感覺；但我發現自己已經能夠露出微笑，我覺得全身精力充沛。

未來一定會出現「最好的時刻」，也會有「最糟糕的時刻」，但我確定接下來的生活一定會精采得不得了！我們也得在宇宙某個小角落裡的這顆地球上，努力找出最酷炫、最先進的科學技術。

這是一場大冒險！我們愛冒險！

世界。根據預測數據，我離死亡還有兩年。這也表示我們有整整兩年的時間可以改寫未來，甚至改變這個世界。

一路上我們勢必會面對許多戰鬥，最終還得面對生死關頭；我們可能會贏得這場戰役，這樣就可以改變**一切**，也有可能在眾目睽睽之下面對失敗的命運；但我相信後者不會發生。這種事一翻兩瞪眼，沒有模糊地帶。

漸凍症要我去死。

但我拒絕。

也拒絕「活得」生不如死。

此外——那些原本只是在我腦海裡醞釀的念頭，如今變得再清晰不過，我徹底醒悟了——我要幫助每一個人，讓他們不必再被只剩兩年餘命的死亡宣告嚇得六神無主，不但害怕面對死亡，也不敢活下去。我們要團結、集結成軍，我們要立刻行動、起身反抗！

而且這一切不只跟我或漸凍症患者有關。如果能夠善加利用最先進的科技，我們就能為其他苦於各種極端肢體障礙的人找出好好生活下去的方法；不管是因為疾病、意外還是老化造成的身體障礙，都可以獲益。所有覺得自己的開放心靈受身體限制所困的人，都是我們的伙伴。所有青少年——當然也包括大人——所有想要讓生命更豐富、更美好、更有所不同的人，都是我們的一分子。

我們要**改變身為人類的定義**。

我不要再浪費一分一秒糾結怎麼樣才能活下去，我現在對「只是存活下去」已經沒有任何興趣。今晚，我和法蘭西斯要打開家裡**最高級**的香檳好好慶祝，現在的我再也**不**想探究怎麼樣才能繼續「存活」了。

我要找出讓我們都能夠真正活得**精采**的方法。

兩百週年

灰狗巴士在一號高速公路上疾駛過一個坑洞，讓我因為頭撞上座位旁的窗戶而再次醒了過來；之前買的廉價空氣枕因為無法消受幾千公里的路程，又消氣了，但我臉上仍舊掛著笑容，因為我剛剛又夢到布萊德了（Brad）。

清晨的天光漸漸露出，海面上可見粼粼的波光，於是我決定再撐一下，或許等一下就可以看到日出。我小心翼翼地伸展身體，以免吵醒把頭靠在我肩上睡的安東尼。我們說好每晚輪流睡靠窗的位置。

我們像這樣旅行了兩個月，那是一九七六年的夏天，正好是美國獨立建國兩百週年紀念，境內所有的消防栓都漆成紅、白、藍三色。我們從紐約出發，在兩百週年的七月四日當天抵達費城，與當時的總統福特一起慶祝國慶日，接著繼續搭巴士旅行，繞了美國大半圈前往西岸，再回到美東，我們沿路還遍了佛羅里達的每一座主題遊樂園；此外，對我來說格外重要的是造訪卡納維爾角（但我覺得這個地方還是應該叫做「甘迺迪角」，它在我的心裡永遠和阿波羅登月計畫密不可分）。我們目前正往美國本土最南端前進——也就是地處熱帶的基威斯特（Key West）。

纖瘦又年輕的布萊德在聖路易（St Louis）悠閒地搭上我們這班巴士，他身穿緊身牛仔褲搭配牛仔靴，上身則是一件蓋肩袖的緊身T恤，頭上戴著一頂真正的牛仔帽。他抬起行李袋，將它放上架子，一屁股坐在與我和安東尼剛好隔一個走道的座位。幸運的是，今天晚上輪到安東尼坐靠窗的位置了。

巴士繼續前進了幾百公里，落下的太陽也讓車內的視線愈來愈暗，布萊德這時開始跟我聊天。後來安東尼說他想瞇一下，於是我換到布萊德旁邊的位置，讓安東尼好好睡覺。那年，布萊德十九歲，剛好大我一歲。他跟我截然不同，會表演牛仔競技，還會騎真正的野馬，是個徹頭徹尾的美國大男孩，超級可愛。在他身邊坐了半個小時後，我發現他開始摸我的腿。

巴士上伸手不見五指，對我們來說正好，安東尼呼呼大睡更是絕佳的時機，我和布萊德很快就開始接吻。這是我人生第一次跟男人接吻——除了和我的親戚以外的第一次（而且跟親戚的親吻不會用到舌頭）。這個大男孩是個真正的牛仔，布萊德全程都戴著他的牛仔帽。

夜半時分，巴士開到了堪薩斯城（Kansas City），布萊德下車。他在我的窗外直挺挺地站著，像座雕像一樣動也不動，等到巴士再度開動才帶著微笑對我輕輕點頭，碰了碰牛仔帽的帽沿向我無聲道別。他一直站在原地看著我離開，直到巴士轉彎才從我的視線中消失。這時我才意識到，在我享受第一次正式接吻帶來的刺激感時，我竟然完全沒想到自己也可以摸他的大腿，更別說想到要觸摸他細瘦腰肢底下的任何部位了。

這時，我聞到一股像是汙水處理廠散發出來的味道，卻發覺公路兩側都是海，心想似乎不太對勁，於是用手肘推了推安東尼把他叫醒。

「你放屁！」

他眼神矇矓地找著眼鏡。

「我們到哪了？」

「我猜我們應該快到七哩橋了。它是世界上數一數二長的大橋，值得一看。欸，你看日出！」就在幾分鐘前，天空開始染上珊瑚般的橘紅色，剛剛還灰撲撲的大海則突然轉為深青色。我從來沒看過這種風景。

「我沒看過這種景色！」安東尼說出了我的心聲。「此外，我正式否認閣下指稱在下製造惡臭的惡意誹謗。」畢竟安東尼是法律系學生！我們一起把之前在邁阿密（Miami）裝進保溫瓶的咖啡喝掉，雖然都已經冷掉了，但咖啡因似乎還是對他的大腦發揮了作用，「你離開國王學院以後還有回去過嗎？有沒有遇到老朋友跟校長？」

「沒有，我才沒有回去玷汙那個神聖的地方。」望著珊瑚色的大海在窗外快速後退，我突然想起：「倒是有些老師邀請我去課外活動，不過兩次我都拒絕了——你絕對猜不到是誰！我**還**跟另外三個老師親密地喝酒吃晚餐，所以我也愈來愈擅長在晚餐後告訴對方——飯後甜點很好吃，但我不可能跟你酒後亂性……」

聽完所有八卦細節後，安東尼陷入沉思，接著說：「我還是搞不懂你說的那個機器智慧！」我忍不住想，如果這是華格納歌劇裡彎彎繞繞的情節，他肯定早就立刻搞清楚了；但我還是向他再解釋一次。

「我已經說過**好幾次**了，意思就是」——只要談到這個話題，他都會表現出一副很無辜的樣子——「電腦會變得愈來愈聰明，最後我們會無法分辨在提出各種疑問後，電腦上出現的解答到底是出自於人類還是機器。」

「圖靈測試！」[1] 安東尼熱切地喊出聲，彷彿要證明我前幾次解釋的時候他真的有在聽。

「沒錯，就是圖靈測試。目前大家都認為只要有聰明的機器（或是很多臺聰明的機器），就能夠打造出更聰明的機器，然後周而復始地進展下去。」

「對，對，這些我都懂。最典型的發展就是機器會變得擁有超乎想像的智能，最後就會掌控一切。不過如果是**你**，擁有超人智慧的你，會希望這些機器成為——」

「它們應該要成為增強人類智能的工具！」我脫口而出。

「對，你覺得將人類大腦**結合**機器腦才是比較好的選擇，這就是人類演化的下一步，我們可以藉此無限增加人類的智商，**也可以**無限延長壽命，可以在各個星球之間旅行、繁衍人類種族，就跟那些科幻故事裡演的一樣。好，這些我都懂。那問題出在哪？我知道因為現在的科技發展限制，就算是最好的電腦，還是只跟蛞蝓差不多聰明而已，但除此之外還有什麼問題呢？」

安東尼對電腦科學所展現出的知識已經遠遠超過我對歌劇的了解（即便他一直在灌輸我關於歌劇的知識），所以我決定好好跟他解釋。

「我甚至不太確定現在的電腦是不是真的可以跟蛞蝓相提並論，但我們先不討論這點……我認為問題在於，少數支持增加人類智能這個發展路線的科學家其實都搞錯方向了。他們宣稱我們未來可以掃描人類以碳元素構成的生物腦，再把大腦裡的資料傳輸到以矽構成的機器腦裡，從此以後，人類就不必再受限於生物的壽命。」

「這樣有什麼問題嗎？」

「問題是這樣根本行不通！」

「現在這些概念的確都行不通，但或許只是需要時間讓科技發展跟上？」

「我的意思是，這種方式**根本不可能**行得通。理論上根本做不到。」

「你怎麼**知道**？」

「因為這麼做就只是在**複製**人類大腦。這些科學家興致勃勃地談論的矽質永生大腦其實就只是**複製**人類原本的生物腦，機器腦的確會因此擁有原本人腦的所有記憶，而且**它**也很有可能真的能夠永遠存在，但如果你的意識是留在生物腦裡，就還是會死去。更糟糕的是，掃描的過程有可能摧毀人類的腦神經，讓神經在傳輸過程中死亡！**這**就是所謂的『上傳出錯』。」

「啊，這就是為什麼你昨天一直在碎念寇克艦長（Captain Kirk）每每被從企業號（*Enterprise*）傳輸出來一次就死一次嗎？」

「**沒錯**！這兩件事背後的原理一樣。傳送器在掃描人體的時候，會讓人體喪失原本的物質型態，接著在太空中傳送資料，最後才在要去的星球上重新組成人體。」

「我**有**看過《星際迷航記》（*Star Trek*）好嗎……」

「我小時候就知道，每次傳輸後重新組成的寇克艦長其實都只是**複製品**。如果他們沒有先分解原本那個寇克艦長，最後就會出現**兩個**寇克艦長。一個在企業號上，一個則在寇克艦長被傳送到的星球上。

1 譯註：為英國電腦學家亞倫・圖靈（Alan Turing）於一九五〇年提出的思想實驗，目的在測試機器是否能表現出與人類相等或無法與人類區分的智慧。

而且某一集裡**還真的**發生這種事，所以甚至連編劇自己都清楚，他們其實每一集都把寇克艦長和其他成員殺掉一次。」

「請這些演員肯定不便宜——」

「你看！有鵜鶘！」

我們深深為基威斯特著迷，連那裡的巴士站都也比我們之前已經習慣的等級高上許多。許久之前我們就已經發現，搭灰狗巴士遊美國有許多不為人知的優點，其中之一就是，飛狗巴士在每個城市的終點站通常都在物價最便宜（也就是最貧困）的地區；反之所有名勝古蹟和觀光景點，都在物價最貴（也就是最富裕）的地方。從巴士站下車走到那些景點，就能夠讓我們看到整座城市的經濟能力光譜。

「流浪漢都去哪了？」安東尼茫然地問。他腦子裡還殘留著對華府的印象，我們在華府花了一整天參觀白宮跟林肯紀念堂，但最後抵達的卻是——至少以兩個從溫布頓來的男孩的眼光來看——像貧民窟的地方。

「我才剛咬了一口漢堡！」我出聲提醒他。

「你也不用真的吐出來吧。」

「他那時候在咖啡店的窗戶前面尿尿欸，離我的臉沒幾公分！」

幾個小時後，我們從基威斯特下車走到舊鎮，我立刻就愛上這裡。「我跟你說，我很願意住在這。」

當地人借給我們一臺協力車，堅持要我們好好探索一下他們美好的島嶼。此時我們剛抵達基威斯港，正在思考要不要去海明威以前常鬼混的邋遢酒吧喝一杯。

「我真的很想住在美國。」

「如果你在這裡執業，就還要再念美國法律吧？」

「拜託，我念法律只是為了讓我媽安心，她要確定我有第二條出路。但**歌劇**才是我的最愛。」

「歌劇的確才是你的最愛，你說的沒錯；我知道你是個好律師，但我知道身為表演者的你才能真正發光發熱；因此你會選擇歌劇而不是另外那個『更理智』的職業也是理所當然。我最近想出的『邏輯與愛的法則』（Law of Logic and Love）已經預見這件事了。」

「聽起來很酷，我喜歡。所以這個法則是在說什麼？」

「這是我觀察宇宙的運作方式得到的結論。我相信每個人在做人生選擇時，都會受到一個不可撼動的潛規則左右：我們的邏輯帶領我們一路前進，但如果遇到真正要抉擇的重要關頭，真愛總是會勝過用邏輯思考得出的理智選項。」

回到英國度過七週漫長又炎熱的夏天後，老爸跟老媽開著我們家的戴姆勒汽車，載著我和大包小包，一路開往倫敦高級的南肯辛頓，帝國理工學院就位在這個（生活機能非常方便的）區域。

我對學校最極致的反抗（用我們前院長的話來說就是「愚蠢到極點」），就是拒絕了牛津與劍橋的入學機會，反而選擇就讀帝國理工學院——但這對我來說是再合理不過的選擇，因為全英國只有帝國理工學院有完整的電腦科學學士課程。我堅信電腦科學就是人類的未來；而院長，還有據他所說「只要是任何有點腦袋的人」都認為，我明目張膽地無視建制派菁英社會的潛規則，自顧自選擇進入除了牛津大學以外的任何學校，都是「對學校、家長的背叛與狂妄行為」。

「學校的地點真的太棒了，親愛的。」老媽開口說道。「正好就在倫敦西區！只要穿過公園就可以走到牛津街。經過九曲湖就到了肯辛頓花園。另外一邊是劇院區，離騎士橋也只要**幾步路**就到了，所以如果你存糧不多的時候，就可以直接去哈洛德百貨的超市買東西吃。」

我們在學生宿舍區找到這間大小剛好的單人套房後，就立刻開始著手把我的家當都搬進去。都安置好以後，我們用新買的電熱水壺和從家裡帶來的老茶壺泡茶來喝，喝完就在床邊的小洗手槽洗茶杯，這時我們都覺得該是爸媽啟程回溫布頓的時候了。我出門送他們上車，親吻道別後揮手送他們離開；接著，我向為我整理房間的兩位考克尼[2]工人階級的清潔阿姨自我介紹，她們兩位就像學生的媽媽一樣，每天幫忙鋪床、整理房間；接著，我回到自己的房間裡。

我站在書桌旁，從巨大的窗戶往樓下的花園望，綻出大大的笑容。我終於逃出來了……我的身邊再也沒有各種令人厭煩的傳統、偏見和住在郊區的上層中產階級特有的，要保持「正向」的心態了。我終於從過去我曾深愛的校園生活帶給我的特權，以及它施加在我身上的暴行中逃脫，也終於脫離我愈來愈憎恨的建制派階級。我這下可以遠離父母和家族親戚了，他們痛恨那些跟我一樣的人，但因為他們不知道我身上隱藏著最重要的祕密，所以才能宣稱自己還很愛我。我的童年經歷和生長環境為我帶來了所有機會，我應該感激所擁有的這一切，我絕對不會否認這一點；但我又為此付出了多少代價呢？如果不能做自己，不能以與生俱來的身分為傲，這樣的機會又有什麼價值呢？

我歡欣地吶喊，轉身離開窗邊，為得來不易的一切興奮到脹紅了臉，我要去校園裡走走。我終於自由了。

2 譯註：指英國倫敦的工人階級。

放屁！

「要說我從得病的事情學到什麼，那就是如果真的非得選一種絕症，漸凍症還算是比較好的了……」

海倫（Helen）是我認識將近三十年的老朋友，從我在柏克利廣場工作時，她就已經是公司總經理的祕書了；在聽完我說的話之後，她笑了笑，接著思考了一下自己到底該不該笑，然後又笑著啜飲了一口拿鐵，揚起一邊的眉毛等我進一步解釋。

「我說真的！」我熱切地對她說。「這種病不但不會造成慢性疼痛，不會讓你想吐，而且——不像那些遭遇意外或長了腦瘤或其他東西的人——我們有**大把**時間預先做準備。而且……」我故意停頓一下營造戲劇效果，「……嚴格來說，漸凍症到底算不算絕症……」我還在挑選措辭，想讓聽的人表現出最佳回應，「……其實還有待商榷，端看病人有沒有為自己爭取機會。」

我們一起在倫敦國民保健署教學醫院裡的餐廳等待，稍後漸凍症專科診所的所長要來替我看診。這會是我第一次正式和醫師面對面確認我先前的自我診斷結果——雖然我當初連繫他時，就已經告訴他我的檢查結果相當明顯，他當下也就透過電子郵件確認了我的診斷。

「但漸凍症不是通常都被視為『最殘酷的疾病』嗎？」海倫的其中一項優點就是，她從來不怕說那些別人不敢直說的話。

「對，但我現在不太確定為什麼大家會這麼認為。我寧願得漸凍症，也不要長那種致命的腦瘤或是忍受慢性疼痛、總是覺得想吐、失去意識，或是各式各樣悲慘的死法。」

「這我也同意，那為什麼大家都那麼說呢？」

「我也不懂！漸凍症的確很可怕，我也知道這種疾病會為患者帶來巨大的痛苦——甚至還會波及病人的家屬。但我覺得，**總有**比這更慘的吧。所以希望等一下我要見的這個醫生可以助我一臂之力，讓我即使身體失去功能，依然能夠活得很好。」

現在回頭想想，我猜海倫當時應該是覺得我在否認現實。「**每個人一定**都希望如此，但我猜他只會給你一本這個疾病的小手冊之類的東西，國民保健署最擅長搞這些東西了。」

「我拒絕參與！」

看診的前五分鐘，我們的對話內容友善又風趣，結果現在醫生即便是吹著冷氣也依然臉紅脖子粗地對我這麼說。

「你是認真的嗎？但我只是希望可以更主動積極地安排自己的整體臨床照護程序。就像我剛剛說的，我只是想預先準備，讓自己活得好一點……」

「我再跟你說一次，我拒絕參與。」醫生說道，我很意外他竟然這麼生氣。「漸凍症的病程沒有規則可言，你**不可能**先準備，除了**走一步算一步**，你沒有其他選擇！」

我很想直接罵他渾球，但我忍住了，反而很有禮貌地再問他一次；我告訴他我發現了一項很有趣的全新觀點，想借助他無人能比肩的豐富經驗，預測從我**目前的**身體狀況來看，接下來的病情可能如何發展，藉此做好最萬全的準備。

「當然不行！」他一副很有智慧的樣子向我解釋：「畢竟，如果我們為你開了這個先例，未來就得為**每一位**患者這麼做。」

如果真的是這樣，那倒是一項很有趣的實驗——客製化臨床照護。我咬著牙露出僵硬的微笑，努力對他保持禮貌。我覺得自己根本就是在浪費時間和心力。二十五分鐘後，我無奈做出結論，全英國最有經驗的漸凍症專家或許最擅長診斷這種疾病沒錯，但他骨子裡一點科學家精神也沒有。對他來說，現狀就是如此，無法改變，連試也沒必要試。

他不但強烈否定我想積極先為疾病做準備的概念，甚至連看到我日益惡化的痙攣症狀（我的雙腿現在時不時會無法控制地顫抖）也只說：「你就是沒吃藥！」便迅速寫了處方箋，為我開立病人在醫院外能自行服用最大劑量的肌肉鬆弛劑。真是謝了；但我實在質疑他的開藥邏輯，如果病人已經難以控制自己的肌肉運作，用肌肉鬆弛劑劇烈鬆弛肌肉到底有什麼用？

我拄著我那值得信賴的拐杖，一瘸一拐地走出診間往出口前進。所以，好像也只好這樣了，我就該被動等著事到臨頭，就該對無可避免的病程屈服、順應既有的規範，我就該受目前的醫學進展限制，接受漸凍症缺乏有效治療方式的事實，接受這就是絕症。終於，我走到門口，冷冽的空氣在玻璃門打開後撲上我的雙頰，我發現自己氣到脫口而出：

「放屁！」

改變漸凍症的現狀——更別說要改變世人對這種疾病的看法——不是一條好走的路。

「整個過程一定會他媽的痛苦。」我跟法蘭西斯說了早先跟醫生對話的重點後下此結論。

「當然！整個醫學界就跟其他領域一樣，都被潛規則左右。」

「其實醫學界甚至比其他大部分的企業組織更受潛規則操控。我還記得我們之前做過一項針對國民保健署跟美國一大堆醫院的分析，還有——」

「我就是要說這個！你是專門研究潛規則跟它對未來的影響的世界級專家，對這些領域的運作方式**駕輕就熟**。既然你這麼聰明，不如用你的專業，想辦法改寫像漸凍症這種爛事的未來。你總是向客戶保證可以為他們改寫未來，現在正是印證這一點的最佳時機。好好發揮你的能力，這一次不是為了客戶，而是為了你自己，也為了所有能因此獲益的人。」

法蘭西斯說得沒錯，我的整個職業生涯就是在研究如何搞懂各種機構與全球系統裡的潛規則，以及能夠改變這些潛規則的方法，我也針對這個主題寫了幾本書。既然牽涉到我的專業，我更覺得自己該接受這份挑戰。我很有禮貌地開除了我在倫敦的醫師，轉而投奔得文（Devon）國民保健署的溫柔懷抱。我發現脫離大城市裡無所不在的教學醫院其實有一些好處，在那些教學醫院裡，所謂的專家太在意所有可能危害自己名聲的事，他們戴著學術成就的榮耀桂冠太久了，後來連頭上的桂冠已經凋萎還不自知。雖然跟大家的直覺想法背道而馳，但我覺得英國西南部的國民保健署可能會比較有實驗精神。

做好心理準備後，我和法蘭西斯領著一位和善的女士走進我們的客廳；她的頭銜相當響亮：「西南半島漸凍症臨床總護理長／照護網絡協調員」。光是要看完她名片上的頭銜就花了五分鐘，所以我們決定直接切入重點討論。

「崔西（Tracy），很高興能跟你碰面，我想先跟你說明一下狀況，節省討論時間。」

她坐在沙發上，把身體往前傾拿了一塊餅乾，又靠回沙發椅背上，臉上掛著期待的笑容。

「我想你也知道，根據我確診的時間推測，我在二十二個月內就會死亡。」我一邊看著崔西啃著巧克力消化餅，一邊對她說；即便她吃餅乾掉了一地餅乾屑，臉上卻還是一派嚴肅。「我知道你不認識我，但請你好好觀察一下；根據你的直覺專業判斷，你覺得我看起來像統計數據裡那種會縮著身子等死的人嗎？」

崔西用力搖搖頭，從鼻子發出悶聲表達她的堅決否定。

「你我也都知道，等待能夠治癒我的解藥出現根本不切實際。」

她不置可否地抬了抬眉毛，所以我繼續解釋。

「全世界所有與漸凍症相關的慈善機構和每一次冰桶挑戰[1]（Ice Bucket Challenge），都是在鼓勵大眾踴躍捐款資助研發漸凍症解藥的醫學研究。但過了五十五年，我們依然只有在二十年前成功研發出銳力得（riluzole）這**一種**藥，而且它的效果還只是**可能**延長幾個月的壽命。更糟的是，不管這些慈善機構和研究人員怎麼研究，還是**沒有**任何研究露出希望的曙光，依然還沒研發出可以幫助我們這些確診患者的藥物。」

「你知道現在有很多藥物實驗正在進行嗎？」

「我當然知道，但在這些藥物實驗中，成效最理想的也只是能夠減緩惡化的速度，而且還不一定保證有效。在未來的……五年好了，勢必研究不出任何結果，對吧？到那個時候，跟我同一時間確診的患者中，就有百分之九十已經死了。而真正可以治療漸凍症對身體造成的傷害、重建我的肌肉和運動神經元以及大腦運動皮質的**解藥**，甚至可能還要等上**幾十年**才會出現。」

崔西噘著嘴，緩慢地點了點頭。

「也因為這樣，顯然我得找別條路走；所以我需要你 在適當的時機協助我做胃造口管，然後把呼吸器接到我的氣管上，這樣我才能繼續延續生命。我的父母都健健康康地活到九十幾歲，我自己則是自從開始工作後就從沒生病過，所以我認為可以先假設我會被困在自己的身體裡幾十年，然後照這個時程安排臨床照護方式。」

不知為何，崔西暫時停下了吃餅乾的動作，安靜地含著餅乾上的巧克力豆幾秒鐘，才重新開始繼續咀嚼。

「我的博士學位讀的就是機器人學，所以你可能也猜到了，以我這樣的專業背景來說，這正是做研究的絕佳機會！」

我注意到崔西面無表情，暗自希望她不是覺得我的話很無聊；但我也怕她真的覺得無趣，所以稍稍加強我語氣裡的熱忱。

「我打算運用大量尖端科技，嘗試把被困在身體裡動彈不得的生活變有趣。對我來說，這真的就是

1 譯註：為一項在社群媒體上發起的募款活動，目的是引起人們對肌肉萎縮性脊髓側索硬化症（ALS）的注意。參與挑戰的人須將一桶冰水由頭上往下倒，並將過程影片傳上社群媒體。

拿人生做實驗！」

我微笑著，卻沒有得到任何回應。

「總之，我希望我們維持長期合作關係，讓彼此都能獲得豐美的成果。」

我心裡暗忖，崔西面對第一次碰面的人大概都是這樣；她不直接做出反應的個性非常有趣，根據我對崔西仔細觀察了三十秒的結果，我覺得她應該很擅長玩撲克牌。

接著她說了一句令我難忘的話：「嗯……這些方法**非常**有幫助。」

我記得接下來我們順暢地討論了大概一個小時，接著無可厚非地聊到身體機能。我後來才知道，專業臨床照護人員幾乎都會在跟剛確診不久的漸凍症患者初次會面、說明病程時講這些話；不過我是一直到跟崔西聊了一個小時後才從她口中聽到這句話：

「好消息是，就算得了漸凍症，你基本上還是可以正常排泄。」

她說這句話的模樣就像這是天大的**好**消息；但事實上，她只是在為宣布壞消息做準備而已：

「史考特–摩根博士，我必須說，好消息是未來你依然可以到洗手間如廁；但壞消息是，你很快就再也無法自行**移動到**洗手間了。」

我其實在幾個禮拜前就知道這件事了，所以我在跟她見面以前就已經有一些想法。崔西很自在地談論這些事，畢竟這是她的專業；所以我心想，就看看她要說什麼吧。畢竟所有漸凍症患者都要面對同樣的問題，我也很好奇一般的解決方案是什麼。

「非常好！那如果患者身體癱瘓無法自行如廁，在臨床照護上會怎麼處理？」

「會有看護。」她回答道。

「好的，那這些看護會怎麼做呢？」

她用再理所當然不過的語氣回答：「他們會幫你上廁所。」

我不知道各位有沒有想過「幫你上廁所」這個字眼背後的意義就代表絕對的被動。但為了某些幼稚又不理性的理由，我實在沒辦法立刻接受這種畫面出現在我自己身上。儘管如此，我還是繼續問她該問的問題。

「好吧，那如果後來我不小心得了肺炎，用強效的抗生素治療後開始拉肚子，看護這時候要怎麼辦？」

崔西這下真的笑了：她心裡早有答案。

「這時候看護墊就派上用場了！」

就在此刻，我決定告訴她我早已準備好的錦囊妙計。

「我可以建議一種略為不同的處理方式嗎？」

永生不朽

「我就拉在褲子上了！我說真的，那真的是我人生中最深刻體會幽閉恐懼的時刻。我困在超窄的洞穴通道裡，大小剛好只能容納我夾緊手肘爬行，鋼盔還會擦到通道頂端，而**這個混蛋**」——我用啤酒杯朝小尼克的方向點了點，他回以露齒微笑，看起來酷似康諾——「他竟然說：『我們得退回去！太窄了！』我只好照做，但這時候我才發現自己根本**沒辦法**後退，只能往前爬！」

我像從危險事件中幸運生還，因此才能跟大家講故事的災難當事人一樣，沉浸在喜悅裡一臉神采飛揚，所以在學生會的酒吧裡引起不少注意。當時我才十九歲，正值青春年少；我挑染了及肩的頭髮，皮膚也因為整個夏天及初秋都在戶外打滾而曬出健美的膚色。我穿著白色的蓋袖T恤，而藏在桌下的下半身，如果我這四個朋友中有人注意我的打扮的話，就會發現我穿著超緊身的牛仔褲搭配牛仔靴。我對外宣稱這是模仿詹姆斯．狄恩（James Dean）的打扮，但其實這是偷偷致敬我在灰狗巴士遇到的牛仔男孩布萊德的扮相。

「那為什麼尼克就沒有卡住？」說這句話的是約翰（John），他比我們其他人都多喝了一杯。今年夏天我們有一陣子一起在拉斯漢姆機場學開滑翔機，希望能拿到飛行證照。

「白癡哦！因為他跟土撥鼠一樣小隻啊。」巴斯特（Buster）比我大一歲，他顯然是因為電機工程學期末考快到了，壓力很大，每句話裡都夾雜著髒話。我們在特魯斯頓受訓一整天後爬上了輕型飛機的機翼往下跳，看我們能不能撐住不打開掛在腰上的緊急降落傘數到六，巴斯特自己一個人放聲大喊：「他媽的一、他媽的二……」在他數到「他媽的五」的時候終於打開降落傘，地面上逐漸聚過來圍觀的人這時通通鬆了一口氣。

「去你的！」尼克反擊，露出他可愛的笑容。

「你可別忘了，」我繼續說，「那時候我才剛從水坑游出來，冷得要死。」

「那他媽的是什麼鬼？」想當然耳，這句話是從巴斯特嘴裡吐出來的。

「就是一條積滿水的坑道，你得一口氣游過淹水的地方，才能從另一邊出來。」尼克解釋道，他鑽過的洞可多了。「那裡面的水永遠都冷得要死，不管什麼季節都一樣。」

「那你們到底是怎麼出來的？」約翰的語氣聽起來很真誠，但他可能是因為喝多了才對答案這麼有興趣。

「幸好，」我繼續說道：「說時遲那時快，小尼克排了一股甲烷出來。」大家這時不可抑制地爆出了學校男生才有的那種大笑聲，笑到崩潰。

「**我**很擔心你卡住動不了欸。」尼克終於出聲為自己平反。

「我才擔心你會變成可燃性爆裂物咧！只要有一點點火花就可能會把整個坑道炸掉。」

「所以，**你們到底怎麼出來的**？」約翰堅持繼續問。

「這個嘛，我當下毫無疑問面臨了重大危機，受情況刺激，我只好憋氣使盡吃奶的力氣脫離那天殺的鬼地方！」

我們笑著一起喝了口啤酒，但其實我前一句話根本是天大的謊言。我靠著虛張聲勢隱藏了當時真實的情緒。實際上，在我發現自己卡住的時候，四周伸手不見五指，頭頂上還有幾十公尺的岩層，我不僅擋住了尼克逃生的去路，也沒人能夠從背後拉我的腳幫我後退，當下我整個人都僵住了。這是我人生第一次真正感受到徹底的恐懼，我整個人幾乎被幽閉恐懼的感受擊垮；這也是我人生第一次感受到恐慌感席捲全身。我覺得自己整個頭裡面好像注滿了滾燙的熱水，走到即將失控的邊緣。

我用大腦裡僅存的理智試著穩住自己；現在事態嚴重，如果慌了手腳會更危險。幾年前我曾經差點觸電身亡，就差一點點。我當時一個人在學校，雙手碰到壞掉的電線，而這條電路就直接連接到倫敦電力系統，我當時無法動彈好幾個小時，與其說死亡的迫近為我帶來恐懼，還不如說是驚訝的感覺比較多；我看見四周漸漸轉暗，視線範圍只剩下小小一圈，盯著那盞平凡無奇卻害我觸電的燈。我鼓起最後一絲力氣，緩慢地晃動那盞燈，晃動的幅度一次比一次大，努力試著讓燈傾倒，最後在燈終於倒下時，我也昏了過去。

我當時都想出辦法拯救自己了，不是嗎？這次也是一樣。過了一陣，我開始平復心情，告訴自己這只是另一個小危機。冷靜點，把腦子裡不相干的事情都拋開，先壓抑住心裡的恐慌，我得**想辦法**擺脫這次危機。這下，我終於開始專心思考。結果尼克或許是因為試著往後扭動，也或許是因為他剛好卡在一個動彈不得的位置，就在我最專注的那一刻，尼克放了個**超響**的屁。故事裡放屁這部分倒是千真萬確；我不會為了誇大其辭就說這聲屁迴盪在整個洞穴的曲折蜿蜒通道中揮之不去，但因為我們卡在像棺材一樣一片死寂的岩洞裡，這聲屁實在**有夠**響。

「對不起！」

我繼續專心思考，試著扭動身體，行不通；我試著用手肘把自己往後推，一樣行不通；伴隨著惱怒厭煩的情緒，我終於找出一套複雜的連續動作，靠手肘推、用靴子的腳尖蹬，同時還要彎曲身體，結合了三種動作我總算往後退了一點點。終於有用了！我感受到一絲放鬆，情況終於出現一線曙光。這下我只要重複這些動作差不多幾百次就能逃出這裡了；鬆一口氣的喜悅終於取代差點擊垮我的幽閉恐懼。

「其實，過程比我想像得簡單。」尼克講得好像他跟在我後面，很快就爬出來一樣。

我的意識又回到我們的聚會上。

「講真的，」——巴斯特用認真嚴肅的語氣對我們說——「這真的他媽的有夠危險，幹，你們可能會死掉欸！」

「才不會！他們不可能死啦。」帥氣的塔夫（Taff）第一次出聲說話，他的威爾斯腔讓他說話聽起來就像在唱歌。他比我大兩歲，主修地質學——自從知道他是他整個威爾斯家族裡第一個念到大學的人，選擇主修地質學這一點就更令人印象深刻了。我們很合得來。

「我早就看彼得死過一次了，」塔夫津津樂道地說著：「不過他表現得不是很好，沒有抓住死亡的精髓，他還是復活了。」

這故事我早就聽他說過了，不過我不記得在場還有誰聽過。

「是在法國那次嗎？」約翰出聲確認。

「對。」塔夫回答道。「我們那次去法國的庇里牛斯山度假滑雪（雖然當時一點雪也沒有，不過那是另一個故事了），我們決定從村莊往上走一段到登山口，」——他的「村莊」兩個字帶著性感的威爾斯口音——「後來我們停下來欣賞美景，這時彼得決定為我們示範制動滑降。」

「『志凍滑醬』是什麼鬼東西，講人話好嗎？」巴斯特依舊好奇地發問。

「就是一種可以快速從雪坡滑下來的技巧，要蜷曲著身體用其中一隻腳平衡，等於是把腳當滑雪板用。」我幫忙補充。

「這種下山的方法聽起來他媽的蠢，但總之你繼續說。」巴斯特再度看向塔夫，塔夫則繼續說故事。

「於是彼得就開始制動滑降下山，我一開始心想『這坡好像有點陡，不過管他的，』這時彼得的速度愈來愈快，我又心想『速度好像有點快，不過管他的，』結果他滑過了一段看起來比較光滑明亮的平面時突然開始轉圈，我們才發現他滑到冰面上了，我心想『**幹**，糟了！』」

這時有人笑出聲來，但同時所有人也都在專心聽塔夫說的每一句話——甚至連約翰跟我這兩個知道接下來發生了什麼事的人也不例外。

「彼得這時還在加速，一路頭下腳上地往山坡下滑，事情已經完全失去控制。這時我發現他快要接近懸崖了，我說懸崖可**不是在開玩笑**——那裡距離底下村落的地面大概有幾十公尺高，我當下滿腦子裡只想得到『幹！怎麼辦！！！』**接著**我才意識到，我根本不需要擔心彼得從懸崖掉下去會怎麼樣，因為他的頭馬上就要撞上岩石了，在掉下懸崖之前，這顆大石頭會先要了他的命。」

「媽的！太可怕了！」巴斯特喃喃說著。

「就在那一瞬間，」塔夫繼續說，「我發誓我有看到他的頭撞上那顆大石頭——我說的可是真正的巨石哦，不是像鵝卵石那種小石頭——接著他頭迅速彈開，身體也飛到半空中，整個人轉了九十度以後又滑行了幾秒鐘，直到逼近懸崖邊，他就跟電影裡演的一樣，靠雪的阻力才停下來——我發誓——距離懸崖邊緣只差幾公分。我這時心想『這下搞笑了，彼得雖然幸運沒掉下懸崖，但他早就掛了』，結果，幹，我整個傻眼，他竟然站起來向我招手！」

在場聽他說話的人當中，有兩個人露出不可置信的表情，我們另外兩個人則因為是親身經歷而露出微笑，塔夫這時開始解釋我到底是怎麼逃過死神的魔掌。當時我渾然不知在他們看來，我早就該因為撞到大岩石而把頭撞凹了；我稍稍慶幸了一下自己沒有衝出懸崖，就開始動身往上爬，跟朋友們會合。他們這時也趕緊從山坡上跑下來——我當下覺得有點怪，但只當作他們是在展現朋友間的義氣。

正當我走到四分之一的時候就碰上他們了。經過一輪飆髒話、擁抱、握手後，他們才叫我回頭去細看本來以為會成為我斷魂之處的那顆大石頭。

結果，我之所以能逃過一劫純粹是因為簡單的物理現象再加上一點運氣。要從側面才看得到這塊巨石的其中一個邊角上其實積了一個小雪堆，形狀和角度正好就像一條完美的滑雪坡道。就在我的頭快要撞到石頭時，這條小雪坡正好把我的頭往上送，接著我整個身體往上彈飛。而這整個過程對當下的我來說感覺起來就只是一陣搖晃而已。

「你沒把整個人撞得支離破碎還真是**好運**，要是真的撞個稀巴爛，還得想辦法把你的身體重新拼湊起來；不過也搞不好被重組以後的你會更好、更壯、更快……」尼克試著模仿《無敵金剛》（*Six Million Dollar Man*）裡的美國口音。

「我們有他媽的科技可以幫忙好嗎！」巴斯特補充說道。

「講到這個，」——自從我們一年前去看了《星際大戰》（*Star Wars*）以後，這個疑問一直縈繞在我心頭——「只有我好奇黑武士是怎麼吃喝拉撒的嗎？」

在座的大家異口同聲表示他們也有**相同**疑問。

「其實仔細想想，只要運用科技就可以解決這些問題，他一定是把自己的消化和排泄系統重新配管了。」

「哇，還**真是**感謝你告訴我這麼實用的資訊。」巴斯特開口跟我道謝。「我一定會好好記住這件事，以防我哪天真的變成他媽的黑武士。」

病得有態度

「重點是，我即將面臨跟黑武士一樣的問題。」

我借用星際大戰的角色做比喻明顯沒有獲得共鳴，所以我再進一步說明：「吃、喝、拉、撒，這些根本不是醫療問題，而是應該要用工程技術解決的困境！所以我們應該要用工程手法解決；而且這些解決方法都很簡單，卻可以**解放**漸凍症患者。」

這番話引起了崔西的注意。

「我希望可以重新配置身體裡的管線。」

這句話更是**確實**引起她的關注。

「我們可以把三項程序合而為一：將管子直接連接到我的胃，負責『輸入』食物和水分；將我的膀胱接上管子排尿『輸出小號』；然後把管子接到結腸排便『輸出大號』。」這樣講起來好像真的很簡單。「也就是做胃造瘻術、膀胱造瘻術和結腸造口術。」我怕一切聽起來實在**太**過容易，所以趕緊用專業術語補充說明。

「啊⋯⋯」

「當然了」——我會說這句「當然了」是因為我知道崔西是專業護理師，所以她一定可以理解我的考量——「我想做的不只是普通的結腸造口手術。按照一般的手術程序，術後我身體裡會剩下三十公分長的多餘結腸，但這樣我就還是得因為肛門黏膜排出分泌物而必須每隔幾天如廁一次。所以我希望我們可以把最後那三十公分多餘的結腸也切掉，基本上就是把管道間裡用不到的管線都拆掉的意思。」

我用彷彿在牌桌上打出同花大順的姿態看著崔西，但她臉上還是什麼表情也沒有，依然擺著一張撲克臉；最後，她終於開口了：

「你說的這些方法**的確**很有用。」這個開頭不錯。「但是……」哦！接著她非常、非常溫柔地告訴我，國民保健署那群委員會在地球表面上任何一位外科醫生照我所說的方式動手術之前，就以雷霆萬鈞之勢衝出來介入。畢竟我的膀胱和結腸都完好無損，怎麼可能有任何外科醫生願意切除健康的人體器官呢？

不過，容我為接下來這句話向崔西致以永恆讚頌，她這時又說了：「但我們還是可以試試看。」

過幾年，我身體裡負責控制肺臟的肌肉勢必會逐漸失去作用；所以接下來我得想辦法讓我未來依然能夠繼續呼吸。我想先確定當地國民保健署的呼吸治療專家跟我意見一致，所以盡早安排了與他見面的機會。這位聲譽卓著的專家叫做瓊恩（Jon），我非常很期待可以跟他碰面談一談。

我跟法蘭西斯被請到一間大晤談室時，發現眼前這位向我們介紹自己叫做瓊恩的先生身邊圍繞著許多同事。有一瞬間，我覺得很榮幸，自己竟然值得這家醫院裡這麼多呼吸治療團隊的專家關注。接著我才驚覺，崔西應該是先跟瓊恩知會過關於我的事情，所以他決定帶些幫手一起上陣。我心裡不禁浮出一些負面猜測，不過我也可以理解，崔西或許已經告訴她的所有同事，自己手上多了一個「難搞的」漸凍症患者。

跟瓊恩互相客套了一下後，我決定節省時間，直接跟這位新朋友分享我對於使用呼吸器的構想。我想，直接切入正題應該可以讓他如釋重負，所以我直接告訴他：

「顯然崔西跟你提過我的想法，所以你一定知道為什麼我想盡早做氣切（就是直接從氣管上開個洞，把呼吸管插進去）。不過你可能不知道，我把必然惡化的病程視為無可比擬的機會，雖然最終我會被困在自己的身體裡動彈不得，但這讓我能夠親身使用尖端科技，進行以賽伯格放大人類智能的研究。」

我邊說，邊仔細觀察瓊恩跟他的團隊成員的表情，根據觀察結果，我猜他們應該都是跟崔西一起打撲克牌的牌友。瓊恩最後終於代表所有人開口發言：

「感謝你的解釋。當然了，在真的做氣切之前，你還有很多時間可以考慮。」

「啊，你**真的是**還不夠認識我才會這麼說。」我回答道。

半小時候，瓊恩和他的團隊終於開始真正了解我了。

「好，讓我梳理一下狀況，」法蘭西斯換上了認真討論正事的口吻。「所以你也同意如果我們決定做氣切，除非真的很倒楣，不然他就可以順利地繼續呼吸對嗎？」

「對，你說的沒錯。的確有些人會在手術後因不明原因突然死亡，肺炎也是可能發生的一大問題，但大致上來說，我們應該可以讓彼得繼續呼吸。」

「如果是這樣，那到底最後會是什麼奪走他的生命？」

瓊恩聳聳肩。

「心臟病？癌症？誰知道呢？如果我們夠幸運，再加上你們預先計畫好的一切，總之不會死於漸凍症就是了。」

早上十一點，我坐在吧檯，愉快又頹廢地喝著冰涼的啤酒；抬起頭看著潔白的沙灘在加勒比海的豔陽下閃閃發亮，有隻狗自顧自地沿著深綠色的海岸散步，我身旁的法蘭西斯正開心地觀察人群。

經過了昨天的意外，我的背現在還在痛。我大膽地設法自己靠輪椅爬上陡坡穿越馬路，結果卻坐在輪椅上摔了個仰倒；幸好我的頭沒撞到人行道路面，但脊椎卻撞得不輕。

無障礙空間的概念和對健康安全的堅持似乎還沒遠渡重洋傳到加勒比海地區，也或許這裡根本沒有身心障礙人士。但無論是什麼原因，基本上我現在已經被跟輪椅「綁在一起」了，所以在這裡我很有可能歷經千辛萬苦操作輪椅滑下路緣斜坡、穿越交通繁忙的馬路到另一端以後，卻發現對面根本沒有無障礙坡道讓我安全回到人行道上。

不幸中的大幸，這場意外只讓我身上多了些瘀青，但也的確為我敲響一記警鐘。就在最近一次旅行前，我突然想到應該要告知旅遊險公司診斷結果。過去十年來，我們都在萊斯銀行保全年度旅遊險，這樣我們出國旅行就能更有保障，同時我也已經在萊斯銀行開戶長達三十年了；我認真地跟銀行專員談了整整一小時，向他解釋我目前唯一的症狀就只是無法走路而已。沒錯，醫生贊成我出門旅遊；不，我的醫療團隊不覺得近期內漸凍症會對我造成影響。呃，沒錯，嚴格來說這種疾病被定義為絕症，但實際上並不是。

幾天後，就在我們準備出發之前，我收到一封拒絕承保我的旅遊險的信件。更精準一點來說，信件內說明保險公司願意以一般條件為我承保，但所有與漸凍症有關或甚至不確定是否因漸凍症產生的一切事件都排除在承保範圍**之外**。我原本預期最嚴重的情況頂多就是增加保險費用（這對我來說都已經是有點不合理的反應了）。這對於才剛被診斷出漸凍症、正在努力掙扎面對現實的人來說無疑是一記痛擊。我對保險公司既殘酷又根本不符合科學事實的決定感到不可置信，但也同時失去了保險的保障。

但我們無論如何還是賭一把去旅行了。這時要再找願意為我承保的保險公司也來不及，何況我們根本不知道從何找起，也不確定到底有沒有保險公司願意承保；況且到目前為止，我也只有腿腳不聽使喚的問題；如果是一般人，就算他們發現自己沒辦法正常走路，也根本不會想到要特地通知保險業者。而我罹患漸凍症這件事在現階段對我產生的影響小到根本無需提高承保風險，更別說是拒絕承保了。我和法蘭西斯以前從來沒申請過旅遊險理賠，所以我們安慰自己這次應該也不太可能會用到旅遊險；就算真的用到了，也應該跟漸凍症無關。

結果我的輪椅就真的翻倒了。如果我撞破頭了呢？我可以合理辯解這起意外只是因為我坐在輪椅上，任何四肢健全的人都有可能發生這種意外。但我要怎麼辯解自己不是因為漸凍症才必須坐輪椅呢？如果我因為這起意外必須搭飛機到專科醫院（勢必會在美國本土），治療期間累積了鉅額醫療費用，還必須搭醫療專機回國——在沒有保險的情況下，我們一定會因此破產。

我喝著冰涼的啤酒，將這些思緒拋諸腦後。在酒吧昏暗的光線下，我瞇著眼讀筆電螢幕上的文字；我寫了電子郵件給我遍布全球的親朋好友，先向他們宣布我的診斷結果，接著保證我現在一切都好，最後則向他們宣告我即將面對的未來：

從外人的眼光來看，我被診斷出漸凍症或許是一大慘事：再過幾年，我的身體除了大腦以外的所有部分都將失去功能，我也會因此無法繼續呼吸——但如果我使用呼吸器，我則是會被困在肉身裡動彈不得地活下去。

但現在我覺得這是**完全**錯誤的觀點。反之，若以我的大腦為出發點來看這件事，罹患漸凍症其實代表我即將踏上一場不凡的旅程；我的大腦會成為脫離肉體的獨立智能，與我的意識一起經歷這趟冒險。

除非我真的很倒楣，不然我的大腦會持續維持正常功能，只是我的這場奇異旅程會愈來愈孤獨，最後，我會一路往黑暗虛空前進，再也無法回頭；那片黑暗虛無的空間裡對生命的存在充滿敵意。我身處黑暗虛空之中，難以將**任何**訊息傳遞回真實世界，而能夠透過我應該還能運作的眼睛和耳朵**傳遞進入**黑暗虛空的唯一訊息，則會因為我無法動彈，只會像監視器畫面一樣固定不動；如果我跟其他人選擇了一樣的方式度過病程，那片無聊的監視器畫面就會是療養院裡的房間天花板。

所以謝天謝地我身處的是二十一世紀！如果我和我的大腦即將被困在長久以來——假設是史前時代——就開始吞噬人類的那片黑暗虛空裡，我們至少該做好準備，讓這趟探索之旅**更有趣**。讓我們一起好好運用**科學**解決問題。

我要盡可能把所有尖端科技一起帶進黑暗虛空裡；讓我不僅能夠在那裡好好活下來，還能夠**活**

得精采、生生不息！

沒錯，我的確是要反抗命運，我這個人的主張一向就是**打破既定規則**！

我所謂的「反抗命運」就是，我要在失去身體大部分的功能以前事先準備可靠的方式維繫生命——維持呼吸功能及其他身體機能必須仰賴工程技術，這已經不只是醫療技術的問題。我也想要擁有良好的溝通系統——能夠將訊息輸入**及**輸出我的黑暗虛空；我要運用最新的高科技感知技術和機器人功能，取代我不久之後即將失去的各種感官能力——我也希望在具備這些能力的同時，依然可以運用大腦與生俱來處理資訊的能力，因為現在人類大腦處理資訊的功能依然大幅領先目前計算能力最強大的電腦。

另外我還要讓希望的曙光點亮黑暗虛空，我要利用網路世界、虛擬實境、擴增實境及人工智慧對抗那片虛無，讓黑暗虛空裡熱鬧起來——有了這些現代科技的幫助，我何必非得過著寂寞、孤獨又單調的生活呢？

例如，我一生都以寫作為志業，也一輩子熱愛音樂及藝術，我希望能將寫作、音樂和藝術拓展到全新的領域。我已經被困在以肉身構成的牢籠裡，根本不想為了表達被困在陌生的平行世界裡是什麼感覺而創作文章、演說、音樂及圖像藝術，我不想用這種方式滋養我的心智；我想要寫書，讓大家我了解我的奇幻旅程，我想譜出《黑暗虛空交響曲》，創造出名為《蛻變》的藝術作品。

然後把這一切傳遞到真實世界，給你們。

如果我們真的夠聰明，就能夠運用聰明才智讓我這場通往孤寂的詭異單程旅途，最終通往一個真正像家一樣的所在。好吧，應該是虛擬的家才對，但搞不好這個虛擬的家園會比當初我因為漸凍症被迫離開的那個家更舒適也說不定，可能還會更容易探索、更安全、更充實。

除了這一切以外，就跟所有大家熟知的科學突破歷程一樣，我希望藉此機會拓展人類知識的邊界；如果我們用對方法，就有機會藉此幫助上百萬——甚至數十億——的人類。

根據我的這項研究，明顯可以推展出其他各種研究方向；例如可以根據未來的研究成果研發新的方式，徹底改變因意外或疾病癱瘓的**每一個人**的生活品質。人類通常會因為自然老化而不良於行和感到孤獨，我的研究應該也能夠為人類老化造成的問題帶來許多好處。

此外，還有其他沒那麼直觀的研究方向。近來研發出的人工智慧愈來愈精巧細膩，我們人類必須找出妥善利用人工智慧增強**人類**智能的方式，甚至創造出讓失智症患者恢復正常心智的辦法。若非如此，人類的發展可能會漸漸落後於人工智慧的進步。

以上所有潛在的研究應用方式都有一項巨大的優勢，因為我即將用來實驗的所有高科技系統都是以**電腦科技**為基礎，以目前電腦科技的發展速度來看，如今要價十萬歐元的昂貴設備在十年以後或許只需花費三千歐元就能買到。

正因如此，未來大部分的人都能負擔得起這些衍生研究的成果。對我來說，這項未來展望散發出的光芒正是我的終極目標，也讓通往黑暗虛空的旅程變得不只是勉強可以忍受，而是值得冒險。

以這項研究能夠帶來的廣泛影響來看：我一點也不孤單。

如果要深究這項研究為我帶來的人生意義：我的目標對人類發展來說意義深遠。

另外，就在我為真正的「人生實驗」卯足全力做準備時，有個非常有趣的念頭不斷在我腦海裡打轉：如果最後我藉由這些高科技監控及支持系統全年無休運作，竟然活得比沒罹患漸凍症的自己還**久**，而且擁有**更多**以前沒有的能力的話，豈不是太有趣了嗎？

輯二

彼得的宇宙第二定律

人類因打破既定規則而偉大

先發制人

自從寄出宣告我要反抗命運的電子郵件後，我收到各式各樣超乎想像的回應，就跟我們在加勒比海跳島令人五味雜陳的旅行經驗差不多。其中有些人的回信寫得很棒，也有些人的回應很令人厭惡；不過大部分的人則是在回信的一開頭就表示他們相當同情我的遭遇，也有些人說他們很替法蘭西斯難過；不過這些信件之間的相同之處差不多也就這樣了。

有些遠親或不太熟的朋友用各種方式表示支持並給予建議，另外竟然還有些親近的好朋友回信表示我的診斷讓他們覺得很不舒服（我發誓這是真的）——他們看起來似乎是對我的禮貌有意見，認為我不該告知這件事。有些前同事洋洋灑灑地寫了一長篇的回信，但其實完全就只是把我寫的信件內容換句話說而已。

另外也有些人簡短回應我細心準備的病況資訊後，就自顧自地在回信裡寫了其他事情，提也不提我的事；不過至少我以前在托基就經歷過這種事。芬尼（Vinny）在我得知診斷時就已經是我們幾十年的密友，他很認真地聽我和法蘭西斯宣布消息並且解釋所有可能性，我們也不斷向他保證我們沒事。接著他表情突然一沉，終於開口說話：

「我有時候也會有刺痛感。」

「你說什麼？」

「我的手有時候會突然發麻。」我和法蘭西斯一定是一臉困惑，芬尼卻把我們的表情當成鼓勵，於是繼續說：「而且我有時候剛睡著就會突然驚醒。」

法蘭西斯覺得他得打斷芬尼的話。

「你有聽到我們剛剛說的話嗎？」

「有啊我聽到了，但我也擔心自己會不會也有什麼問題啊！」

我們其實一點也不意外芬尼會有這種反應；他有很多優點沒錯，但有時候真的有點自我中心。之前法蘭西斯的母親剛過世不久，他跟芬尼說了這件事，結果芬尼竟然說：

「我最近常常頭痛……」

但芬尼卻是我們的朋友中少數實際幫助我們，而不只是嘴上說說的人，這跟他的個性呈現極大的反差。安東尼也是，那時他還在芝加哥的歌劇院發揮才華，因此他主動安排我跟音樂治療的專業人士聯絡。斯文（Sven）和我則從他還是管理顧問時就認識，在業界打滾了這麼久，他已經成為賽諾菲（Sanofi）的董事（巧的是，我正在服用的藥物「銳力得」正是他們公司的產品），他整理了一份資料，其中囊括了來自全球各地，與我對漸凍症的未來展望有關的所有研究資料。米雪兒（Michele）是我們的老朋友，我們的友誼從我還是管理顧問時就開始了，她很認真想幫助我，於是大老遠地開了一百多公里的車來找我當面聊。

「我們得把你想傳遞的訊息散播出去！如果你希望大家開始著手研究你認為對人類至關重要的議題，並且藉此改變重度身心障礙者的生命，就得讓所有人聽見你的聲音。」

「問題就是我以前的人脈都已經過時了，我的老同事們也沒人知道我該去找誰、去認識哪些人。」

「好吧，如果**你**不知道到底該去認識**哪些人**，我們就得想辦法讓**這些人**自己來找**你**。」

在我十五年前剛認識她的時候（當時英國廣播公司〔BBC〕的總經理邀請我去分析他們公司內部的潛規則），米雪兒每天要負責六十小時的新聞節目內容，所以我理所當然地認為她一定知道我該找誰。

「關於這件事，我現在還毫無頭緒，先讓我想一想再答覆你。」

幾天後，她實現承諾寄了電子郵件給我，建議我聯絡《時代雜誌》（*The Times Magazine*）的每週專欄作者。梅蘭妮．里德（Melanie Reid）在多年前因為騎馬受傷而四肢癱瘓，現在她是「脊柱二三事」（Spinal Column）這個獲獎專欄的作者。米雪兒說她沒有直接連絡梅蘭妮的管道，但她認為《時代雜誌》或許會願意給我她的電子信箱，不妨試試看。此外，米雪兒還打算連絡她以前在英國廣播公司共事過的派特（Pat），他創立了傑出的電視製作公司方糖影業（Sugar Films），或許他會有些想法，甚至可能會想參與我的計畫。米蘭妮還有最後的祕密武器：靠社群媒體發聲。

我花費了大把時間把我想幫助漸凍症患者好好活下去的願景寫出來，盡可能濃縮成篇幅精簡卻引人入勝的電子郵件。《時代雜誌》的編輯終於看到我的信，歷經時間長度合理的「訊問」後，他們終於願意給我里德的電子郵件地址，我也直接寄信過去，卻因為寄送失敗自動彈回我的信箱裡。兩天後，米雪兒又找到另一位替代人選，我也嘗試聯絡對方，但還是毫無回音。

兩個禮拜後，我收到一封電子郵件，是梅蘭妮表達對我熱烈支持的回信。於是我們立刻展開一番非常二十一世紀的對話：我們從頭到尾都以文字交流，過程很溫暖、友善，我們的對話充滿各種知識與洞見，也為我帶來許多啟發。後來，恰好在我生日之前，也就是我們開始對話後正好一個多月，《時代雜誌》在二〇一八年四月十四日刊出她以我為題寫作的專欄文章。經過前文鋪陳後，她寫道：

彼得．史考特－摩根的態度令人激賞，他是研究機器人學的科學家，同時是作家及研究各種企業組織與系統的專家——他致力於研究驅動社會運作的各種潛規則。他有著堅持自由思想的開放靈魂，一路走來不斷打破各種預設立場與規範；二〇〇五年他與伴侶成為第一對辦理正式結婚登記儀式的同志伴侶，他決定積極面對病程發展，把自己當成實驗的白老鼠，向世人展現如何用更好的方式面對壞事。

我覺得這是勇敢的表現，他則覺得這才是合理的做法。

她洋洋灑灑寫了一整頁，最後如此作結：

在社會的各個層面，我們都需要發起改變的先鋒。

我的願景終於傳開來了。幾天內，就有三家電視製作公司找上門——其中包括米雪兒她朋友的方糖影業。三家公司裡只有方糖影業有興趣向外界傳達我認為應該讓世人了解的議題，而不只是拍攝我們個人的煽情故事，並且渲染漸凍症有多可怕、我們有多勇敢；所以我選擇跟方糖影業簽約。不久後，他們承接了英國主要電視頻道第四頻道（Channel 4）委託，負責拍攝即將在黃金時段播出的紀錄片，主題圍繞著我本人和我的研究概念。紀錄片播出後——或許是一、兩年後——我想就能**真正**讓世人知道我想傳達的訊息。

這些計畫很棒，但我等不了那麼久，我必須借助即將拍攝紀錄片的計畫打動幾家公司加入我的團隊，這樣才能夠開始進行研究。我也打算運用其他平臺，盡快讓大家都知道我的計畫。

「你怎麼不按照那位女士的建議，參選英國漸凍症協會（MND Association）的董事？」

法蘭西斯的建議出乎我的意料之外，有一瞬間我還以為他在開玩笑。他會提起參選是因為我剛跟一位當地的協會代表通完電話，對方在電話中鼓勵我參選下一屆董事。而我在電話中對這件事最明確的回應也不過就是不表示意見地含糊帶過而已。

「首先，有權投票的五千位會員中根本沒人認識我，所以我根本沒有機會選上；再來，據她所說，幾乎所有空出來的董事職位都會由打算重選的現有董事會成員連任，也就是說，實際上我只有五分之一的機率，這樣根本選不上；還有，這個協會本身的目標似乎就是要找出治癒漸凍症的解藥，根本難如登天，協會的網站上也完全沒提到以科技介入病程的資訊；因此這個協會跟我的願景根本八竿子打不著，所以我也根本**不想**當這個董事；再來——」

「等等，等等，等等！他們只是**還不**理解你的研究概念，不代表他們**不需要**了解。你就是帶領他們了解運用科技面對漸凍症的潛力的最佳人選，把運用科技與漸凍症共存好好活下去的概念當成你的政見參選，如果你真的成為董事會成員，或許就能幫助協會進步，協會也能夠協助你。如果最終他們還是無法理解你的理念，到時候再辭職也不遲。」

進一步討論後我終於接受了法蘭西斯的說法，於是我把自己對漸凍症的願景大致整理成為競選聲明，並且正式參選，也因此終於開始建立我在社群媒體的知名度。

我也差不多是在那陣子接獲消息，當地國民保健署醫院的結腸科醫師願意跟我見面，討論我想做手術更改消化與排泄管道配置的概念。這可是重大突破。我們約好見面的時間，就在幾週後一個春光明媚的日子，我自己滑著輪椅進了他的診間。

「你一定就是彼得！」他伸出手向我握手。「我已經耳聞許多關於你和你的計畫的消息了。」

我也在這次會面之前查過他的資料。他其實是和我討論的絕佳人選，以他的能力，在全世界任何一家教學醫院都能獲得一席之地。

「尼克（Nick）！很開心見到你。」

我想跟他維持良好關係，甚至更進一步，讓他跟我一樣重視我的計畫，我希望他願意傾聽我的想法，理解對於許多醫護人員來說都太嚇人的提議。我直覺地以彼此都是科學家的態度跟他展開討論。

於是我暫時先撇開自己的問題，直接切入重點跟他討論漸凍症、患者生活品質、更全面的臨床照護，最後提出我希望對他來說夠有說服力的結論：

「……因此，我認為眼下就是嘗試執行選擇性手術[1]的絕佳機會——以前的漸凍症患者沒有選擇也沒

1 譯註：經過預先計畫，非因緊急醫療狀況而施行的手術。

有希望——但現在我們可以選擇做三重術式（tripleostomy）。」

我前一天才幫我的手術取了聽起來比較學術的新名字，至少比「重新配管」聽起來可靠。

他又多問了幾個問題釐清疑問，搖搖頭，接著露齒而笑。

「當然了！國民保健署當然應該要為患者提供這種手術選擇。我會集結人馬盡快為你動手術。」

雖然我一直深信漸凍症並非絕症，但實際聽到醫學專家同意將我的概念化為行動還是又驚又喜。尼克說到做到，他集結的團隊裡有頂尖的麻醉師、上消化道外科醫師以及泌尿科醫師。能夠組成這個團隊真的很不容易——不同專科的外科醫師在醫院裡本來就不常碰面，更遑論實際討論，但他們通力合作，設計出比直接結合三項小手術更精巧的整合手術，不僅可以降低手術過程的風險（雖然風險還是很高），還能使用微創手術進行。目前為止我真的非常滿意。不過我們馬上就發現，**真正**需要從頭研究的其實是麻醉的步驟。

我們發現，幾乎沒有任何研究資料提到為漸凍症患者麻醉的方式——特別是針對像三重術式這種大手術需要的麻醉程序——因為根本沒人會幫漸凍症患者動大手術。醫生只會覺得，「好吧，一般來說遇到這種情況我們會做心臟繞道手術，不過反正他橫豎都會死，幹嘛這麼麻煩。」所以就不做心臟繞道手術了。

我到現在還是覺得很震驚，在我們討論如何進行三重術式的最佳方案時，麻醉師馬芮（Maree）竟然必須從麻醉的基本原則開始考量，參考一般患者的麻醉方式，再想出麻醉漸凍症患者的方法，根本無法直接查到參考資料。部分標準麻醉程序顯然可能會加速漸凍症惡化，所以我們必須避免；因為漸凍症的關係，我也不能使用肌肉鬆弛劑，因為我可能會對藥物反應不佳。綜觀以上種種，其中最令人擔憂的是手術結束後我可能無法脫離呼吸器，再也無法自行呼吸。

馬芮請我跟法蘭西斯坐下來好好討論這個嚴肅的話題：

「如果做這個手術，你必須完全依賴呼吸器維生的時間點可能會比本來的預期提早許多。」

我早就想過這些問題了，我跟法蘭西斯都清楚這種可能性。

「我想，未來我必須仰賴呼吸器的時間應該會比我從現狀開始惡化到那一步所需的時間長上好幾倍。所以現在唯一需要關注的就是我的長期生活品質，至於要過多久才會走到無法自行呼吸的那一步，倒不需要擔心太多。反正真的動手術後，最糟的情況就是我無法脫離呼吸器；如果真的發生了，你們只要把我推回手術室再做氣切就好。這樣我應該會締造金氏世界紀錄成為世界上在一天內做最多手術的人吧，這樣我也不虧。」

找個人來愛

回首過往，我在同一年內做了人生最重要的三項決定。每一項抉擇都令人難以置信，對我人生產生的影響也巨大得不可思議。但如果沒有這三項決定的存在，我也不可能成為賽伯格。如果我不是科學家，我就會說那是決定我命運的一年；但既然我是個科學家，我就只能說，那些事情真的是**難能可貴**。那年，是一九七九年。

我打算從第三重要的事情倒過來講。我人生第三重要的決定實在發生得太離奇，幾乎完全出於巧合：事情從我發現一組電話號碼而起。當時是二月份最陰冷的那幾天，我還是個處男，所以我決定要好好加把勁找到理想情人：阿瓦隆。但我到底該去哪找到這個人呢？我實在不想按照同志世界的潛規則到倫敦僅有的兩間同志夜店找伴，那對我來說就跟在肉鋪買肉沒兩樣。我想要浪漫的愛情火花，我渴望一生的承諾。為了確定對方是真愛，我必須花費時間心力，在清醒的情況下跟對方相處。

無計可施之下，我打開房間裡的某個抽屜，把裡面的東西通通翻出來，找出躺在抽屜底部一個看來再平凡無奇不過的信封。信封裡有幾張普通的剪報，但那其實是我所珍藏絕無僅有的《同志新聞》（*Gay News*）剪報（因為以前我曾跟一位音樂大師共進晚餐與酒水）。這份報紙每月出刊一次，對當時英國的同志來說是生命唯一的出口。不過這些文章都已經放了好幾年了，根本派不上用場，上面也沒有哪裡可以找到真愛的資訊。什麼都沒有。除了在我剪下的一篇短文背後，有一則從中央被截斷的廣告，我能辨認的只有「各力犬氏官」這幾個字，還有幾個小字寫著：「托基」，後面有五個數字。這肯定是一組電話號碼，也是我與同志世界唯一的弱連結。我第三項人生至關重要的決定就是打了這支電話。

「抱歉，你打錯了，我們這裡是餐廳。」

我道歉後準備掛掉電話，這時我突然想到，電話另一頭的男人根本不知道我是誰、住在哪——所以我可以暢所欲言。於是我向對方解釋這支電話號碼的由來。

「那一定是好幾年前的廣告了，親愛的。你想找的應該是艾倫（Alan）的格勵伏旅館（Cliff House Hotel）。那裡現在只對同志開放哦，你懂吧。我直接給你旅館的電話。」

專門為同志開放的住宿旅館！我從來不知道還有這種地方，而且還是在得文的海邊，真是太棒了，不過那裡真的很遠。我查了一下行程後發現三月底有長假，於是馬上打去格勵伏旅館，與我接洽的旅館副理態度很友善。對，它們只招待同志貴賓——是全國唯一專門服務同志的旅館。沒錯，當週末我可以入住三晚。是，他很肯定我一定會喜歡那裡；他本人會親自為我導覽。沒錯，我們說好了……

格勵伏旅館坐落在托爾灣（Tor Bay）的蔚藍海岸邊，維多利亞時代風格的別墅外觀潔白耀眼。我下車走向旅館大門，進入迎賓大廳，周遭一切看起來都十分完美。我帶著笑意，腳步輕盈地走了進去。

裡面空無一人。我站在大廳裡靜靜等待，頭頂上是挑高的天花板，室內裝潢以綠色為主調。我出聲打招呼，一個五十多歲的老男人走了出來，身上穿著與周遭色調類似的衣服。原來他就是旅館老闆艾倫。不，副理現在不在這裡，但如果他有答應我，等一下一定會實現諾言帶我認識環境。是，等副理回來他會告訴我是哪一個人。還沒，大多數其餘客人尚未抵達。沒錯，我入住期間旅館已客滿。不，據他所知沒有其他跟我同年齡的客人。

與此同時，四位年長又氣質陰柔的男性咯咯笑著從我右手邊的巨大交誼廳出現，艾倫立刻談笑風生地加入他們的話題——我對這點相當驚豔，因為艾倫根本不可能知道他們本來到底在笑什麼——接著艾倫祝他們住宿愉快，目送他們離開交誼廳，這些老男人依然一邊像女學生地咯咯笑著，一邊打算出門到港邊散步。我突然覺得自己決定來這裡根本是大錯特錯。

我的房間在樓上，這裡以前應該是長型的馬廄。房間裡有一扇可以往下眺望整個庭園的大窗戶，走進自己房間二十分鐘後，我站在這扇窗戶前哀嘆自己的命運。我竟然訂了一家老人飯店！直到禮拜一我都得待在這裡，現在才禮拜五，還有好幾天要過。更慘的是，答應要帶我四處參觀的旅館副理八成也跟其他住客一樣，是個我擺脫不了的老傢伙，但就在這時，我看見了阿瓦隆。

他大步走下石階，石階從高牆中一扇近乎隱藏的門一直延伸到庭園，那扇門看起來就像城堡的祕密出口。而他本人彷彿就是年輕的貴公子，我一點也沒誇大，他及肩的紅金色頭髮隨風飄揚，看起來跟**我的**阿瓦隆一模一樣，就像阿瓦隆在父親被殺害並成為王子之前的那個樣子。他身材瘦長、體態健美，雖然我是從遠處端詳，但看得出來他應該跟我年紀相仿。緊接著他就拐了個彎，在主屋的轉角邊消失了。

這時開始下起了雨，窗簷上不斷累積的雨水往下滴落，我還站在窗邊往外看。我很困惑。不，老實說，我心裡燃起了一股希望。也許阿瓦隆也是這裡的住客。也許我有機會認識他。也許……

但我大腦裡老是愛理性分析的那一面跑了出來。想當然耳，飯店住客不可能知道隱藏的祕密出入口，而且阿瓦隆看起來有事在身的樣子，直直往自己的目標走去。或許他是在為旅館收送某些物品。或許他跟旅館本身根本沒有直接關聯。也或許他根本是異性戀，這種事太常見了。

一眼望去，我透過幾扇巨大的窗戶看見庭園對面的一樓，那裡應該是廚房。我往窗外看了一陣子，一點動靜也沒有；結果他突然出現了——即便是背對著我，我依然認得出他就是阿瓦隆，我認得出他的秀髮、他纖細健美的身段。

我莫名地心跳加速，覺得亢奮又快樂，這時的我也無暇思考這種心情到底合不合理。他突然轉過身拿著水壺朝著我的方向走到窗邊的水槽，他打開水龍頭接水，等待水注滿的同時抬頭往上看。

有一瞬間我以為他在看我，但在我朝他露出微笑前就發現他其實是盯著別的地方，根本沒看到我。我動都不敢動，像偷窺狂一樣一直盯著他。這是我第一次真正看清楚他的臉龐，他實在太美了。水壺很快就裝滿，但憑這幾秒就足以讓我陷入愛河。他低下頭關上水龍頭，拿著水壺轉身走出我的視線。

我該做什麼呢？我站在原地等待，想再看見他的身影，五分鐘過去了，他依然沒有出現。但應該還在旅館裡吧？我非找到他不可。但我不能用這副模樣去見他，我身上穿的還是一路風塵僕僕搭車來的衣服。我走向小衣櫃，裡面掛著我剛帶來的衣物；仔細考慮後，我挑選了令人別不開眼的穿搭：超緊身紅色長褲、合身洗鍊的潔白T恤，再搭配銀色短版夾克，看起來有點像二十二世紀的太空裝。請各位別忘了，那時是一九七〇年代末，在當時我這種裝扮看起來**超酷**。

我慢慢沿著長走廊從庭園走到交誼廳，身旁的音響傳出了亞特．葛芬柯（Art Garfunkel）的《明亮雙眼》（*Bright Eyes*）一開始空靈的和弦。那是我那陣子最喜歡的歌，這似乎是個好兆頭？我掃視餐廳、影視間、招待處和迎賓大廳，尋找他的身影卻一無所獲。那就只剩下大交誼廳了。我又望向門口，那裡一個人也沒有。於是我走進交誼廳——他就在那。

他和艾倫面對面坐在一張小桌子邊，靠著遠處角落的落地玻璃門，背對著我，我看見他紅金色的秀髮垂在肩頭，面前放著茶壺和茶杯，還有一隻金黃色的拉不拉多犬睡在他腳邊。交誼廳裡的音樂比外面更大聲。

艾倫看到我後站起身，走過來並且（帶著有點狡猾的表情）指著阿瓦隆大人，用嘴型告訴我：「這是我們的副理法蘭西斯。」他滿懷期待地往後退，彷彿在等好戲開場。我繃緊了身子站在原地對法蘭西斯微笑致意，心裡想著要拿出此生最好的表現。我走向那位占據了我青少年生活的浪漫幻想與夢想的完美化身，就在此時，我們的故事揭開序幕。

別靠太近——免得嚇到他；也別太大聲。保持冷靜，拿出你友善溫暖又關愛的一面。

「嗨，我來等你實現你的諾言了……」

或許我的確刻意放慢語速跟上音樂的節拍，也或許只是剛好，但就在法蘭西斯轉過來面向我時，音樂剛好播到《明亮雙眼》最震撼的最後幾個和弦。他的明亮雙眼絕對是我愛上他的第一個理由，那雙湛藍的眼睛彷彿可以穿透人心，自從他的眼神對上我的那一刻起，他就不曾再轉開眼神。他對我微笑，我突然想起，自己好像從來沒有想像過阿瓦隆對雷蘭微笑是什麼模樣。

艾倫向他說明我的身分，法蘭西斯這時也想起了我是誰；接下來一整天他的確有好好實踐承諾。這是我人生少數幾次覺得自己彷彿是電影男主角的時刻——一切都水到渠成。法蘭西斯的背景和我很不一樣，他十六歲就輟學（他媽媽說他已經「夠高」，所以不必再上學了）；但他和我一樣懷抱遠大夢想。跟我截然不同的是法蘭西斯精明世故，深知如何在社會上生存（他靠自己脫離窮苦、勞動階級的生長環境），不過他也跟我一樣以同志身分為傲。雖然法蘭西斯跟我不一樣，他老早就不是處男了（儘管只大我兩歲），但我們都在尋找真愛。我只要知道這點就夠了。

就在第一次見面後不到一個小時，他就問我：「你相信一見鍾情嗎？」對我來說，這個問題的答案不證自明：「當然！」

沒多久，他就悄悄攬住我的腰，將我拉近他並吻上了我的雙唇，不斷地吻我……

接下來整整三天，我迅速補足了青少年時期是個孤單小處男的缺憾。同時我也渴望更深入了解與我陷入熱戀的這個人。

從核心價值來看，我們其實很像——同樣是同性戀、都很有野心、同為詹姆士・龐德（James Bond）的粉絲、一樣是無神論者、也都在尋找真愛。不過除了這些以外，我們沒有絲毫相似之處。我剛開始非常驚訝法蘭西斯在學校竟然從沒學過拉丁文，他連一個拉丁文單字都沒學過。拉丁文對他來說是完全陌生的語言。更令我驚訝的是，他身邊的朋友也完全沒有人學過拉丁文；顯然沒學過拉丁文這件事在他的世界裡才是常態。

這件事對我來說大開眼界。法蘭西斯毋庸置疑非常聰明——在我們談論彼此都了解的話題時，他可以像跟我學歷相當的同儕一樣侃侃而談。但在我們因為對彼此的愛意向對方訴說關於自己的一切時，我才意識到這是我第一次遇到極度聰明，卻又幾乎沒有受過任何學術訓練的人。我跟他解釋我熱愛的擊劍運動時，他根本不知道那是什麼東西。

在許多我過去認為理所當然應該知道的議題上，他都知之甚少，卻樂於聽我解釋。這也讓我了解，在某些我根本想都沒想過的領域裡，我竟然無知得像一張白紙。幸好（不知道為什麼我從未因此感到不安），法蘭西斯了解各式各樣非學術領域的知識——也就是在現實世界生活的各種訣竅——這正是我最一無所知的事情。過去我根本沒意識到自己的生活其實根本與真實世界隔絕，也或許正因為如此，這一切新知對我來說都充滿異樣的吸引力，也同時令我感到自由。

我很快就發現，大部分整個長假都待在這裡的老年住客都能在這裡感受到跟我一樣自由解放的感覺。他們雖然垂垂老矣（大部分的人都老到可以當我爸，剩下的則是老到可以當我爺爺），但他們對我品頭論足的時候倒是生氣勃勃。

「嗯！念公立學校的男孩，聽起來也太色了吧！」他們似乎比較喜歡**談論**我這個人，而不是**直接**跟我聊天。「公立學校唯一的問題就在於，那裡專門教出高學歷的小渾球。」

我不得不承認，這點他們說得沒錯。

「啊！」一位舉止稍微有點做作的老同志尖著嗓子叫出聲來，我敢肯定他絕對有擦睫毛膏。「他漂亮**又**有腦呢，親愛的。」他對著法蘭西斯說，手卻指著我。「要是我一定會好好把握。」彷彿在跟法蘭西斯分享什麼祕密似地說著。

「我正是這麼打算！」

三天的美好時光就這麼過去了，我一步一步深陷於我們的戀情中，但該是回到原本生活的時候了。我對法蘭西斯保證我一定會回來，稍稍紓解了不得不離開靈魂伴侶的痛苦。我保證我很快就會回來跟他同居。確切來說就是我二十一歲生日的時候，就在三天以後。剩下的微小阻礙就是我得向爸媽出櫃，還要想辦法說服帝國理工學院讓我無限期休學。

我坐火車到帕丁頓（Paddington）以後搭區域線（District Line）回到溫布頓，一路拾著我的行李箱沿著上坡走到李奇路，走了快兩公里終於抵達爸媽的公寓（我計畫下個禮拜住在這裡）。就跟我們說好的一樣，我一到家就跑到爸媽房間打電話給法蘭西斯，才不會被他們聽到。我們講了一個小時的電話。後來老媽把頭探進門來用嘴型告訴我老爸已經下班到家，似乎是該掛電話的時候了。

要掛斷電話實在太難，我們終於都開口說了：「掰掰……」但兩個人都沒真正把電話掛上。

法蘭西斯開口問：「你還在嗎？」

我的回答承諾了我的一生：

「當然！我永遠都是你的。」

「一般人怎麼處理這種事？」法蘭西斯一邊把我們的攬勝（Range Rover）越野車停進正對著托基灣海面的身心障礙停車位，一邊突然問道。儘管這幾十年來，我們已經練就彷彿可以心電感應的功夫，但這個問題實在是**太**籠統了，我不知道該怎麼回答。

「什麼？」

「我是指這張身心障礙停車證！」他揮揮手中的身心障礙停車證，把它放到擋風玻璃下可以一眼看見的地方。「一般人沒辦法像你那樣說服他們。現在申請門檻這麼嚴格，要申請新的停車證根本難如登天。光是想到要讀那些申請表格就夠令我頭皮發麻了，更別說還要確實填寫。整份文件到底有幾頁啊？」

「我想大概六頁吧。」

「沒錯！那你寄給他們的文件有滿滿幾大頁？」

「二十幾頁。」這是我已經填寫的無數文件中的第一份——起因於有次遺傳科醫生順口提到我現在的身體已經是「重度身心障礙」了。

「我要說的就是這個！你很習慣在大腦裡構思、組織想法，還可以穩穩當當地把這些想法寫出來，要是我就做不到。我敢保證，大部分真正符合資格申請身心障礙停車證的人，一定都會在申請許可證的過程碰到莫大困難。要是沒有你，我一定也是那些人的其中一員。」

法蘭西斯下車走到後頭拿我們花大把鈔票購入的輪椅（即便已經有國民保健署的補助），把輪椅推到乘客座位的門邊協助我坐上去。即便現在是一大早——是擠滿觀光景點的遊客們還在飯店和民宿裡享用全套英式早餐的時刻——照射著海灣的陽光依舊明豔照人，輕柔海風帶著一股暖意，吹得棕櫚樹沙沙作響。

「我們怎麼不先去碼頭？」我出聲問道；以往我們總是先去碼頭再去港邊，或是反過來。幾年前的夏天，我們有時候二十分鐘內就可以走完全程；但現在我的移動速度實在太慢，通常得花上一個小時。「我們也許會看到更多桶水母。」這些桶水母就跟垃圾桶差不多大，這幾年都跑來賴在托基附近的海域。

「那個人獨立補助金[1]呢？」法蘭西斯繼續追問，提到新的身心障礙津貼。「**那份**申請文件又有多長？」

「啊，那份超可怕，大概有二十頁！」

「你提交的申請文件有幾頁？」

「大概超過四十頁。」

穿越公主花園後，我們右轉沿著步道散步。

「對嘛，一般人根本連一口氣看完那種篇幅的小書都做不到。」

「我得承認，那真的是我遇過最難填寫的文件了。我在填寫的時候心裡在想，政府機構大概是想要

1 譯註：英國政府為患有長期身心健康疾病或殘障人士所提供的補助金，協助該等國民支付額外支出。

刻意盡可能拉高申請門檻，讓民眾無法成功申請補助，所以我只好附上所有可能說服那些醫學專家的證明，讓他們願意通過申請；但我得說，這過程真的有夠痛苦。」

「**而且**其實有很多跟你面臨同樣困境的人根本沒有足夠的時間心力或寫作能力好好寫文件。這種情況真的很糟糕。」我們經過一位拿著兩根助行拐杖，獨自在步道上散步的老先生身邊，法蘭西斯停頓了一下。「我們**真的**很幸運。」

「非常幸運。」猝不及防地，我的腦袋忽然冒出一個點子。「跟你說，我一直在想這件事。從以前到現在我們一直都攜手與世界對抗，我們兩個有點像一座孤島，我們不需要這座島以外的任何人，那些人也根本忽視我們的存在。但我在想，也許現在他們**需要**我們……」

我們穿過公主劇院，走到從維多利亞時代開始就存在的古老碼頭的起點，接著往左走上木棧道，從腳下木板間的縫隙就可以看見海。

「你的意思是？」

「我的重點是——我**知道**這聽起來很蠢、很虛偽——但我覺得從現在開始，我們有機會做好事，那會是比我們以前所做過的好事都更偉大的善舉。」

「你看那裡！那艘藍色的船旁邊！」

兩隻幾乎完全透明的巨型水母恰好就在水面下漂浮，我為了看水母維持同一個姿勢長達五分鐘。

「所以，你突然想當慈善家了？」

「不，當然不是。」

「啊，所以我們會靠這件事賺錢囉──這樣聽起來好多了。」

「嗯，其實不是，但這件事**真的**很重要。我覺得我們可以做點什麼改變某些事，改變這個世界。」

「或者我們可以好好享受最後幾個你狀況比較好的夏日時光！我們以後**再也沒有**這種機會了，我不希望你把心力和**我們**能共處的時間都浪費在某些偉大創舉上，就算把全副身心投注進去，讓那些事占據我們的生活，最後也可能根本**沒人**感謝你！」

即便我根本還不知道自己到底想做什麼，依然不禁為無法實現而悵然若失。

「我知道，這件事或許很蠢，但我只是覺得這件事跟我們當初舉行婚禮的情況有點像。你也記得我們本來打算低調進行，後來才發現我們是很多人的希望；那些人不像我們那麼幸運，也不像我們那麼堅強，他們都仰賴我們帶來改變。我們有足夠的能力對社會現狀說『去死』，我們也真的這麼做了，並且引以為傲；我只是覺得現在我說的這件事對我來說也是這樣。」

我們走到通往碼頭第二區的樓梯，一如既往有幾個男人（總是只有男人）身旁插著釣竿，眼神空洞地盯著港灣牆面上蜿蜒蔓生的細痕。我和法蘭西斯以往總是會一路走到碼頭的盡頭，直到碰到最後一盞路燈才回頭；但那樣的日子已經過去了。法蘭西斯蹲下身，握住我的手。

「我不是說我們不該做這件事，我只是希望可以在把全副心力投注進去之前先徹底想清楚。如果真的要做，就要好好做。」這時，我突然意識到他一定會同意我的計畫；即便現在我們兩個都還不知道我們到底打算做什麼。他站起身問我：「所以你打算用來拯救世界的偉大計畫到底是什麼？」

每次他顯露出這種情緒，我就格外為他傾倒：充滿勇氣同時保持謹慎，勇敢而不冒進。

「你記得一九八四年我在《機器人革命》最後一章提出，我們即將面臨人生抉擇，而人類所選擇的道路將會決定未來發展嗎？」

「我記得，而且他們還想逼你刪掉那章。」

「對，但幸好他們失敗了。在其中一種最有可能發生而且被我們當作理所當然的未來裡，機器智能會獨立發展，人工智慧會因此愈來愈聰明，而人類則退居為像寵物或害蟲一般的存在。」

「就是好萊塢電影常演的那種可怕情節。」

「沒錯！但我提出了另一種未來樣貌：我們可以跟人工智慧**結合**，藉此提升人類的能力，就能夠做到不管是單靠人類還是只有人工智慧都無法達成的事，也就是讓人類與機器人緊密合作，達到人機合一。」

「就跟你說能夠幫助漸凍症患者、重度身心障礙者和老年人的那種方式一樣。」

「對！我們現在已經面臨抉擇的關卡了，就是現在！但一般大眾根本不曉得，政治人物也不知道，只有資訊科技業界了解眼前的抉擇關卡。但業界卻完全不出聲，根本不希望大眾注意到發生了什麼事。」

「那**到底**發生了什麼事？」

「現在人工智慧正在一路往獨立發展的方向前進！大家根本沒有討論過這件事，更別說同意人工智慧往這種方向發展，但一切就這麼發生了！實際上，根本沒人注意到我們其實還有別種選擇，但我們很快就會與另一項選擇擦身而過——就像在高速公路上錯過出口一樣——我們無法回頭選擇另一條路走，錯過就再也無法回頭。」

「哇！」

「實現另一種未來的可能性已經愈來愈低了。但我知道如何把未來往至少能讓人類有所選擇的方向推進，至少讓人類能夠有選擇權，決定是否與人工智慧互助合作，而不是任憑人工智慧獨立發展。」

「聽起來很像好萊塢大片的情節！」

「沒錯——這可是不是瞎掰出來的電影情節。重點是，我這一年來構思的概念正是**絕佳**機會，可以向**全世界**展現人類與人工智慧結合產生的研究成果。你想想——有人會拒絕幫助上百萬重度身心障礙者及數十億年長者重獲蓬勃人生的目標嗎？」

「的確沒有人會拒絕這種機會，除了那些堅持物競天擇的傢伙。」

「這個計畫有點像甘迺迪想在十年內登陸月球的大膽願景，漸凍症是很有挑戰性的研究對象，絕對不是因為這個研究議題很容易解決，困難棘手才是它吸引人的地方。再加上我自己的研究背景，我就是當實驗白老鼠的最佳人選。我認為一定會有頂尖人才和企業龍頭有興趣參與，如果真的實現這項願景，就能夠改變**一切**。」

「我懂你的意思，但為什麼非得要是我們犧牲僅剩的寶貴時光呢？為什麼我們不能把這些問題丟給那些領了薪水該負責擔心這件事、找出解決方法的人？」

「因為據我猜測，根本沒有任何人跟我們一樣有能力實現這項計畫。不僅是因為根本沒有任何人——更別說還要正好是漸凍症患者了——**嘗試**執行我提出的概念。現實世界的社會現狀也相當難以撼動。現在人類即將面對的未來早已被導向**錯誤的結局**，而這正是我們要努力改變的目標，我們現在還有機會創造另一種未來。我們有機會為人類拓展出另一條道路，讓人類可以走一條威脅更少、更安全的道路通往未來。」

一艘豪華的帆船遊艇慢慢駛出原本停泊的位置，朝港灣外前進，巨大的白色船帆慢慢爬上聳立的桅杆後展開來。我們一起看著忙碌的船員熙熙攘攘，法蘭西斯這時轉過來面向我。

「那我們開始行動吧！」他微笑者對我說。「另一種未來可不會自己出現！」這讓我滿心歡喜。我們一路沿著碼頭，用跟遊艇一致的速度往回走，直到遊艇朝右舷方向駛出港口，我們則朝左走向沙灘。

「我希望你能為我仔細解釋另一種未來到底長什麼樣子，告訴我對我們來說生活會變成怎麼樣。暫時把全世界拋開——我知道接下來會有愈來愈多需要考量的事情接踵而至，但我想知道對**我們**來說，另一種未來代表什麼。我想了解屬於**我們**的另一種未來究竟是什麼模樣。」

我們沿著步道繼續往前走，右手邊是巨大的加那利海棗，左側則是清晨的蔚藍大海。

「你也知道，我會變成賽伯格。」

「真的嗎？從我們剛認識的時候你就講過這件事；但大部分的人聽到你這麼說都會退避三舍。我知道你很希望變成賽伯格，但對大部分的人來說這種事太毛骨悚然，對他們來說這就像把科幻小說情節化為現實。」

「對，但那不是科幻小說的情節，我真的能變成賽伯格！就算只實現一小部分我已知可能實行的步驟，我就能成為人類歷史上第一個真正的賽伯格。」

「可是你以前不是說過，只要是身體裡植入機器的人就可以自稱賽伯格嗎？」

「對，沒錯，但這取決於我們怎麼定義賽伯格；就算只是裝了心律調節器，也可以被稱為是『機械化生物』，但如果是我，要做就要做全套。包括我的身體**和**大腦，我身體幾乎所有一切都會產生不可逆的轉變。」

「啊，咖啡店開門了，要不要去喝一杯？」

我們穿過馬路，繞過咖啡店門外的露天座位走進雙扇店門。咖啡店狹長的室內空間有種紐約工業風格，斑駁的牆面、外露的冷氣管線和囊括了各種風格兼容並蓄的照片、鏡子、家具。店裡只有兩張不成套的桌子有空位，所以我們選了我們最喜歡的中間位置；坐在觀景窗旁邊正好可以俯瞰整個海灣。有著文青外表與空間搭配得恰如其分的服務生過來點餐——年輕、纖瘦、留著大鬍子——我們點了兩杯雙倍濃縮拿鐵，點完餐就繼續剛剛的對話。

「未來我與現實世界的所有實體互動勢必都會改由機器人代勞。自然而然地，我現有的五感也都會藉由人工智慧變得更加強大。」

「自然而然！」

「但更重要的是，我的部分大腦和我**所有**外在性格，很快就**都會**變成以電子設備合成的方式產生。」

「這裡我就不懂了。」

「我的意思是，我會變得不再只是『以前的我』，如果你喜歡，可以把以前的我稱為彼得1.0，新的我就是彼得2.0，而彼得2.0會由我本來的大腦的大部分功能（即便會運用到我大腦的絕大部分，但只要是跟動作有關的腦區最後都會因為漸凍症失去作用）**加上**藉由機器大幅增強的各種感官合作運行。而我的身體除了眼睛以外的部分，都終將成為只為了使本來那顆大腦繼續運作而存在的軀殼。」

「所以基本上，你會變成一顆靜靜躺在實驗室裡的大腦——就像你一直嚷嚷的那樣。」

「大部分的時間我的確都會用這種方式與真實世界互動，以網路遙控機器人或其他各種物品當作工具。」

「但我想跟**你**互動！我不在乎你怎麼跟這個世界互動，我是跟那個跟我結婚的男人一起生活，而不是一個機器人。」

「讓我換個說法。我想表達的是，未來的我有一部分會**變成**機器人，而那就是**真正**的我。我會由硬體與濕體[2]（wetware）結合而成，一部分是數位訊號，另一部分則是類比訊號；這是我唯一能想到可以讓我保留自我的方式。如果我希望可以繼續聊天、說笑、微笑、擺臭臉、有自己的個性、繼續以**我**的人格活下去——就必須改變，親愛的。從外在來看，你的確只能跟我的機械身體和機械腦互動，但你知道，以前的那個我就在那裡面。」

幸好我們的拿鐵在這個充滿哲理又令人不安的時刻上桌了，裝在有著小把手的高腳玻璃杯裡；服務生也毫不意外地主動告訴我們關於咖啡豆產區的背景故事（好像我們真的有問一樣）。跟服務生道謝以後，我們用長湯匙攪拌咖啡，啜飲著頂端的奶泡，這讓我們有時間靜一靜。我這時才發現，我剛剛說的那些話的確很令人震撼，需要給彼此一點時間消化情緒；從發病以來第一次，我終於想清楚了。

「好吧。」法蘭西斯終於又開口繼續這個話題。「你得**切切實實地**告訴我，你打算怎麼做。」

2 譯註：濕體為一種生物系統，通常比喻人的大腦與神經系統。

前途未卜

「你記得嗎，之前英國廣播公司的導演告訴過我，柴契爾夫人以前上電視受訪時都會戴著耳麥，另一頭由她的工作團隊負責告訴她各種數據，建議適當的回應以及各種絕妙發言。」

「嗯，她把耳麥戴在攝影機剛好拍不到的右耳上。」

「跟你說，我希望我的人生可以就像那樣！我想出了一種人工智慧系統，系統在接收周圍發生的事情之後，就會像衛星導航系統一樣根據不同條件提出三種建議選項，讓我選擇下一步怎麼做。而且合成語音會聽起來跟我本來的聲音一樣。」

「哦！我原本以為你的聲音會聽起來就像史蒂芬·霍金一樣。」

「我跟你說，史蒂芬·霍金其實早就可以升級他的合成語音了，但因為大家都已經習慣他本來用的那種聲音，所以才沒更新合成語音的品質。我現在的聲音還沒出問題，所以打算盡可能儲存品質最好的音檔——也就是說，我打算在錄音室盡可能錄下所有聲音組合——這樣未來幾十年隨著科技繼續進步，我就能使用預先保留下來的聲音。」

「不過我還是搞不懂你要怎麼讓人工智慧系統講出『新』的字眼，就是那些應該由身為生物的你講出來的話。」

「我目前的構想是先觸發聲音合成器做出適當的初步反應，同時我會用雙眼打字——」

「等等！你說『用雙眼打字』是什麼意思？」

「哦，就是我之前跟你說過的眼動追蹤技術。我的眼睛之後應該還是可以移動，所以我可以用眼睛注視鍵盤的按鍵，電腦會根據我眼睛的移動軌跡判斷我在看哪一個字母。這種系統能用一種聰明的小裝置追蹤我的雙眼移動軌跡。」

「好，我懂了。」

「所以我會先利用聲音合成器說出人工智慧系統建議的詞語，然後強大的文本預測系統就會開始輔助我運用眼動追蹤技術拼寫出說話內容，就緊接在剛剛用來爭取時間的那些語句後面。」

「就像我手機上的那種自動輸入？」

「對，但是更聰明，而且它會判斷我身處的場所和事件，依照我的個人說話風格量身打造內容。另外我也思考過，人工智慧系統應該要能夠判斷我當下需要使用哪種情緒的合成聲音講哪些話——例如一般對話、充滿熱情、親密……。」

「等等！所以你的意思是，未來如果彼得2.0跟我說話，通常是**人工智慧系統**在跟我對話，而不是**你**？」

「對，只能如此。這是我能夠自主說話的唯一機會。如果不這麼做，你每次跟我對話大概都得先等個一分鐘，等我用眼睛把字打完才會得到回應。即便是運用目前最尖端的技術，速度還是**非常**慢。」

「所以我根本沒辦法確定跟我講話的到底是不是你。」

「跟你講話的一直**都是**我。好吧，應該說有時候我會扮演像電影導演一樣的角色，引導演員（也就是人工智慧系統）即興演出，但這依然是按**我**的意志導出來的電影。」我還想補充：「你只要聽到我說『我愛你』，就知道我的精神依然存在。」我突然熱淚盈眶。

我發現這幾天愈來愈常出現這種情況，就跟我父母在三個月內相繼去世那時差不多。我知道那時候跟現在的我，會出現這種反應大部分是壓力所致。但我也警覺這可能是情緒不穩定的現象：產生無法控制且不適當的情緒反應，例如在令人悲傷的事件發生時反而笑出來。有時候漸凍症也會帶來形式不一的失智情況，其中就包括情緒不穩定。

幸好到目前為止，我的高級心智功能應該還沒受到影響，雖然現在我只要看到電影裡情緒比較強烈的場景就會哭，但其實我以前**也會**這樣；而且至少我不是看到感動的畫面反而笑出來。我低頭看著桌上的拿鐵，藉此掩飾快要奪眶而出的眼淚，啜飲一口咖啡後，我才覺得自己能夠再看著法蘭西斯的臉跟他對話。

「當然了，我的人工智慧系統講出來的話可能跟沒有人工智慧系統輔助的我要表達的意思不盡相同，甚至根本不是我要講的話，這我也知道，**但沒關係**。特別是如果這樣讓我看起來更聰明、更有趣，或甚至是不再像以前那麼健忘，就更沒關係了。有趣的是，用了人工智慧系統輔助後，我就**再也無法**虛偽了；就像我一直告訴你的一樣，這就是最**真實**的彼得2.0。」

我的語氣彷彿只是不經意地在開玩笑，但我知道法蘭西斯這時的反應對我來說非常重要。這不單單只是我一個人的事，也會影響我們的關係和未來。這件事並不公平，彼得可以藉此機會升級成彼得2.0，而法蘭西斯就只能慢慢老去嗎？我們長大成人後一直站在同一陣線面對世界，我們是密不可分的一對，是因為相愛而結合的愛侶。我興致勃勃地闡述理想，但同時也在冒著撼動我們關係的危險。法蘭西斯愛上的是有血有肉的我，不是賽伯格；他或許比較喜歡以前的我們。

「更聰明聽起來不錯，更有趣聽起來**更是**不錯……」

「除了自發口語表達能力以外，人工智慧還有智能增強的功能！」

「我倒比較喜歡增加幽默感的點子。」

我們似乎輕鬆地跨越了第一重障礙。這是好事，據我計算，我們至少還得一起跨過六道坎。如果有足夠的時間和心力帶法蘭西斯一覽我「改變世界」的計畫，那就會是七道坎。

「那你一定會喜歡接下來這個概念。我希望未來依然能夠大笑、微笑、表達肢體語言並保留我的個性和幽默感，所以我要打造虛擬化身（avatar）。」

「你是說像電影《阿凡達》那樣嗎？」

「正是！唯一不同的地方是，我的虛擬化身會長得跟我一樣。嗯，應該說是長得像我三年前肌肉開始流失之前的樣子。好吧，其實只會有頭部的影像啦。我不想把虛擬化身做成像卡通人物的樣子，我希望這個虛擬化身可以讓人看第一眼就覺得是真人影像——也就是**我**。我在思考要怎麼結合硬體和軟體，做出可以即時反應的虛擬化身，就算我們在初步研究階段還無法做出能夠即時反應又長得跟真人維妙維肖的虛擬化身，也能預先準備好可以即時顯示畫面的功能。」

「你是說看起來像是你準備要演講的那種畫面嗎？」

「沒錯！不需要講話的時候，我的虛擬化身會維持低解析度畫面，但隨時都能夠即時反應。」

「這我**喜歡**！你依然能夠微笑，說話時臉上還是會有細微表情這點真的很棒。你可以在胸口位置放個螢幕顯示你真實尺寸的頭部虛擬化身，就像穿著印了人臉的T恤一樣，而且這個人臉還會動！」

「這真是個好點子！」真的很棒，我之前是打算直接把螢幕放在臉的正前方；法蘭西斯的點子對使用者更加友善。

「總有一天一定可以讓合成聲音與擬真臉部表情完美結合，我的虛擬化身就會跟真人一模一樣。我也希望人工智慧能為我表現情緒，這種人工智慧不僅能根據來自周遭的對話**以及**突然出現的噪音判斷狀況，也會**觀察**發生的事件，偵測並辨識各種動作，還能夠辨認周遭人物……。」

「大家如果知道你的人工智慧一直在傾聽跟觀察四周，不會覺得不舒服嗎？」

「這種功能跟大家在用的Alexa、Google Home、Siri有什麼兩樣？**它們**一直都在聽我們說話，這就是人工智慧運作的方式。未來會有愈來愈多裝置這樣觀察人類行為。至少我的人工智慧系統這麼做只是為了讓我能夠即時反應而已。」

「如果你之後用這種功能把我幾天前說過的話叫出來跟我對質，我就把你關掉！」

「我保證我不會！但你想想，有自己的虛擬化身真的很好；我可以把虛擬化身投放到演講廳的螢幕（當然不是我幾乎全癱又無法說話的真正身體）進行主題演說，或是用彼得2.0的虛擬化身跟其他人以Skype通話或錄podcast，甚至我還可以用彼得2.0的**虛擬化身**跟別人直接對話，對方就**不會**看到我原本的身體了。」

「這真是令人大鬆一口氣。我們本來就有心理準備你之後再也無法說話，也知道你會失去表達情緒的能力，我原本以為你以後就只能用雙眼表達情緒了。不過實際上你根本不會失去這些！」

「這一切都是前無古人的創舉。大概再過幾年，我就會跨過虛擬與現實之間那條隱形的界線；從那以後，大家就只能跟虛擬的我打交道了。」

法蘭西斯笑了出來，他接著解釋：

「我只是突然發現，其實我現在看到的就是彼得2.0的原型。」

「沒錯，而且不像我原來的身體，我的虛擬化身永遠不會老。」

「真是漸入佳境了呢……對了！你有沒有想過如果你死了怎麼辦？你的虛擬化身要怎麼辦？」

我的確想過這件事，常常想。我得解決許多可能因此產生的重大影響。事實上，出乎我的意料之外，我覺得自己幾乎已經可以解決四十幾年前在灰狗巴士上跟安東尼解釋的那個「上傳過程出錯」的問題了，但我現在還不想討論這些事。

「我預想的未來是這樣，人工智慧的發展會臻至**完美**，完美到有一天我就算突然死了，也**沒有人**會發現。這樣過幾天後你就會問我：『你有沒有聞到什麼臭味？』我的虛擬化身就會回答：『我聞不到味道。』這也的確沒錯……」

我們付了咖啡的帳，起身走到外面。

「如果你真的死了……」法蘭西斯又開口了。「我的意思是，如果你死了，我卻還活著——」

「如果是這樣就太**糟糕**了！」我一直以來都希望避免讓法蘭西斯經歷這種痛苦，就算我因此要痛苦地獨自多活上幾天也沒關係。

「對啊，但我要說的是，我現在開始覺得到時候如果至少還有你的虛擬化身可以跟我說話、提醒我做某些事、幫我錄電視節目，對我來說其實是莫大安慰。」

「你確定嗎？」聽到他這麼說我很開心，也鬆了一口氣。我最近常常在想，到時候會發生什麼事——好吧，我們就直接面對這件事吧。如果我真的超乎想像地幸運的話，這種事的確有**可能**發生——如果我真的活了這麼久，用來搭配人工智慧系統的虛擬化身也達到我原先設想的水準，我真正的身體也直到**這一切都完成後**才決定罷工。如果這種超乎常人想像之外的情節真的發生了，法蘭西斯的態度就是決定的關鍵。「你確定在我走了以後，依然希望我的虛擬化身待在你身邊嗎？」

「失去你，或者說至少是失去了一部分的你，對我來說還是非常痛苦；但如果你雖然死了，卻沒有完全死去，這對我來說還是比完全失去你來得**好一些**。我只是想讓你知道我的想法。」

我的第一個念頭是，法蘭西斯竟然在渾然不覺之下，聰明輕巧地跨越了道德議題的地雷區，卻毫髮無傷。但我立刻就意識到，法蘭西斯完全知道他說的話意義有多重大，這也是為什麼他選擇在我們悠閒對話時提起這件事，他允許我打破古老的禁忌嘗試干擾死神的決定。我驚覺這是我們立下誓約的最佳時刻：

「如果你這樣想，我一定會盡我所能成為不死之身。」

「一言為定。」

從咖啡館走出來後，路上的人變多了，有幾個早起的遊客穿著夾腳拖往沙灘走。我們穿過馬路走上步道後左轉，走回早先從碼頭過來的那條路。每次從不同的方向看海灣都能看見不一樣的風貌。

「接著，我們要把剛剛說的一切功能和最先進的虛擬實境科技結合。」

「一定要嗎？我以為剛剛那樣就是全部了！」

「還有**更多**呢，多令人期待啊！」太陽慢慢升起，照得我身體都暖了起來。「你想，光只是結合這三樣技術——控制我的聲音、虛擬化身和虛擬實境——用眼動追蹤技術控制這一切就得耗費大量精力。」

「你只能用眼動追蹤控制嗎？」法蘭西斯出聲打斷我。

「總有一天，直接連結人類大腦的腦機介面[1]（brain-computer interface）將能夠快速運作，但這種技術距離現在還需要十年左右的發展。現在，眼動追蹤技術已經是最快的操縱方式了。史蒂芬・霍金其實是利用臉頰肌肉控制，這種技術的控制速度甚至比眼動追蹤技術還慢。但我想實驗用眼動追蹤技術控制更多功能，不單純是說話而已，還要超越以往任何人嘗試過的可能性。但問題就出在這裡，除了原本要控制的各種功能以外，我還要兼顧說話**和**情緒**和**肢體語言**和**做出下一步動作（當然是在虛擬世界裡）——我得同時控制一切。」

「你做不到嗎？」

「做得到，卻也做不到。我計畫讓人工智慧系統模仿我的生物大腦：直接下指令。我打算運用人工智慧系統的高超智能，我只要在意識裡下高階指令（例如：去那裡），後續就可以讓人工智慧自行運作。就跟你想都不用想就能夠走路一樣。」

「就像你常常說話不經大腦一樣……」

「其實仔細想想，我們說話的時候其實根本就不會用大腦思考到底要動哪一條肌肉。我成為彼得2.0

以後，就要盡可能下指令給人工智慧系統自行發揮，這樣我就有餘裕在遠端參與世界上任何角落的線上會議。」

「這樣就能省下旅館的費用了。」

「更酷的是，在虛擬世界裡，我可以參加在宇宙任何一個角落的任何星球上的任何會議！」

「我懂。但我不太了解你要怎麼下動作指令。為什麼你不用實際對人工智慧說明動作流程，虛擬化身就有辦法自己做出複雜的動作？」

「我打算運用的技術就跟我用來保留自發口語表達能力的方法一樣。類似衛星導航系統，我可以從三項動作選項之間選擇，系統會根據周遭發生的事情預測我可能會想在虛擬實境中做的動作，再進一步提供我適當的肢體動作選項。」

這時我們已經走過了碼頭，接近斑鳩大圓環，那是一個巨大的圓型區域。再往下走幾階就到了緊鄰著大海的美麗步道，走在上面的視野就像站在遠洋船隻的船首一樣。即便是斑鳩大圓環在整修的時候，我跟法蘭西斯還是每次都會往右走下階梯，但這是我們第一次往左走，我們什麼也沒說；但我知道，這只是我生命中另一扇也悄悄關上了的大門。

幸好鎮上有法國市集，小販擺起了各式各樣的攤位，讓我能夠暫時將注意力從我最愛的大海移開。我忍不住提醒自己，專注在你還**可以**做的事情上，不要在意那些愈來愈多你再也不能做的事。

1 譯註：指在人腦或動物腦與外部裝置之間建立的直接連接通路，腦機介面一詞中，「腦」意指為有機生命形式的腦或神經系統，並非僅為抽象的「心智」（mind），而「機」則指任何能進行處理或運算的裝置。

我們沿著販售起司、絨毛玩偶、化石及手工藝品的各種攤販走過，逛了大半圈以後才發現又走回靠海的地方了，港口的這一側停滿了快艇。我們往左走，兩個人都渴望地看著快艇一語不發。從我們剛認識開始，就一直計畫總有一天要買艘遊艇，一年前我們**正打算**付諸行動實現這個願望，然而我們雖然無所不用其極地思考各種天馬行空的計畫試圖實現夢想，但最終，也就是在最近，我們還是掐滅了心中實現夢想的火焰。專注於那些你還**能**做的事情就好。為了法蘭西斯，也為了我自己，我得表現自己真心覺得有希望而且正面思考的樣子，我知道唯有如此，我們才能走過眼前的重重困難。

我們行經港務長辦公室，聞到大海的鹹腥味從當地漁民設置的捕蝦籠和新裝設好的漁網傳來。一直以來，我都很喜歡生氣勃勃的海港那令人浮想聯翩的氣味。裝上呼吸器以後我就再也聞不到這些氣味了……專注。聽聽海鷗的叫聲，我至少還能聽見海鷗的聲音。

抵抗著排山倒海而來的情緒，我努力整頓心情。

「你記得我們在迪士尼樂園坐遊樂設施的感覺嗎？那就是未來我每天都能享受的感覺，虛擬實境會比在我們在模擬飛行器或遊樂園玩的遊樂設施都還要逼真，也比打電動逼真——甚至可以超越大衛的電動遊戲。」

「誰？」

「我們的姪子大衛。我是說他帶來的那些電動……」

「啊！那些遊戲**超棒**！裡面的鯊魚有夠逼真。」

「而且還能飛越巴黎上空……總之，我會被固定在高科技輪椅上，傾斜輪椅角度就能夠模擬重力效果。進入虛擬實境的時候，我身上穿戴的裝備會露出臉的下半部，所以可以製造像溫暖或微風吹拂這樣的感官享受。我們也會藉此不斷拓展虛擬實境的功能，也許會吸引某些遊戲製作公司加入研發行列。總有一天，我要在虛擬實境裡創造出多元宇宙，讓所有人——無論是不是重度身心障礙者——都可以平起平坐。」我停頓了一下，想起青少年時期的夢想。「我們終於能夠一起探索撒拉尼亞了……」

「從我們相遇的時候開始，你就保證會帶我一起去撒拉尼亞王國，你還說我跟阿瓦隆根本是一個模子印出來的。」

我們快走到舊港，前面有一小群人擋住了我們的視線，他們聚集在欄杆旁對水面下的某些東西指指點點，還拿出手機拍照。我抬頭看向法蘭西斯。

「我有個夢想：有一天，我們可以攜手走過撒拉尼亞高山上的高原，我們的鳳凰在頭上盤旋吟唱，眼前是像麥克斯菲爾德．帕里什（Maxfield Parrish）畫作的壯闊景致，我們一起走上高聳峭壁的邊緣，手牽手眺望無窮遠處的銀河裡美麗得令人屏息的異世界風景。接著我們可以毫不費力地飛向下一座山頂，看著兩個太陽從清澈碧綠的海面冉冉升起，一起欣賞壯麗的日出。在那一刻，我們全然自由……」

法蘭西斯不發一語地露出了有些勉強的微笑，他親了親我。

「他們在看什麼？」我終於出聲問道。他離開我身邊，走去看看發生什麼事；他輕鬆地穿過人群後走近欄杆，彎下身看了幾秒後就起身回到我身邊。

「只是在港口牆面的正下方有幾隻桶水母，你坐在輪椅上看不到，沒關係，反正我們之前就看過了！」

但我知道法蘭西斯其實可以整天盯著桶水母看也不厭倦，我也是。但我們沒多說什麼就繞過了直盯著水面下看的人群，經過曬乾的漁網，越過在四周風景環繞下有些突兀卻依然美麗的千禧橋走到港口另一邊，千禧橋的不鏽鋼結構在陽光下閃閃發光。布里克瑟姆（Brixham）[2]的渡船闖入我們的視線，它正因為接近外港而準備減速。

「大多數人利用虛擬實境**逃避**他們的生活。」我快速回頭瞥了一眼那群還在興奮的幸運傢伙，他們可以靠自己的力量看見那些桶水母，我瞇著眼，想看看水面下有沒有什麼動靜，但我的位置正好逆光。我轉頭看向法蘭西斯，他沒注意到我的動作，正一心一意的注視著前方。

「但我要用虛擬實境**奪回**我們的生活。」

2 譯註：英格蘭西南部得文郡境內的漁業小鎮。

更多人生選擇

我把舊房間裡的家庭音響打開，不斷播放亞特．葛芬柯的黑膠唱片。這張單曲時長三分五十七秒，播完後，唱針抬起又落到了唱片的最外緣，伴隨著唱針接觸唱片的沙沙聲響，又從頭開始播放《明亮雙眼》，歌曲開頭幾個和弦的雙簧管樂音又流洩而出。

這張黑膠唱片跟一張法蘭西斯的美麗照片就在我回家那天早上送抵。在托基車站伴隨著警衛瘋狂吹哨的聲音中——火車頭都已經開始移動了，他著急地想把這兩個竟敢在光天化日之下隔著車窗親吻的無賴趕走，至少趕走其中一個人也好——法蘭西斯與我揮手告別後立刻買了這張唱片，跟照片一起直接寄來我家。

我直接把法蘭西斯的照片明目張膽地擺在音響桌上。我跟媽解釋過了，這張唱片就是照片裡那個性感又有著金色胸毛的男人送我的禮物。我不斷大聲播放法蘭西斯送我的唱片，而且**每天**都花上兩小時——我每次都跟媽一清二楚地交代我準備要做什麼——跟照片裡那個男人講電話，我確信自己絕對表達得夠明確了。

我原以為這種行為模式會讓我親愛的媽咪有所警覺，她一定會意識到發生了某些不尋常的事情，然後跑來問我；然而她卻避重就輕。

幸好，她雖然極力忍耐卻撐不了太久。經過葛芬柯先生整整三天的摧殘，她終於對快要把她搞瘋的好奇心屈服了，於是使出她唯一會的一招——偷聽我跟法蘭西斯講電話。

我家有兩支電話，一支在客廳，另一支則在我爸媽房間。一如往常，我為求隱私而選在我爸媽房間講電話。我媽一定是坐在客廳的長沙發上，急著想拿起另一支電話來偷聽。她也的確這麼做了，她的動作**非常**輕巧，但就算如此，我這邊的電話聲也免不了突然出現回音，我立刻就發現她在偷聽。但我繼續泰然自若地談情說愛；這似乎是個逼我媽面對的好辦法。電話維持這種像在浴室講話的回音大概十分鐘左右，接著，我媽用同樣純熟的手法放回話筒，電話裡的音質又回到原先那種連郵政總局的電信裝設人員都會引以為傲的狀態。半小時後，我終於掛上電話，悠閒地走下樓準備面對我媽。

但她什麼也沒說。

就這樣過了大概二十四個小時，她突然在廚房裡打破沉默出聲了。

「所以，這是不是表示你就是人家說的『同性戀』？」

世界上有無數想跟他們的父母出櫃的孩子，對我們這些人來說，有一件事很有利，那就是要父母講出「同性戀」這個詞竟然意外地困難——他們的嘴唇跟上顎彷彿在打架——但我媽還是勇敢地說了出口。吐出這幾個字好像就已令她筋疲力竭，她站在原地一語不發，輕啟的雙唇微微內收，我冷靜地對她好好解釋了五分鐘。我為了這一刻準備太久，也等了太久；我很在意她是不是能真正了解我，所以我想盡力說服她。

「我知道了！」這表示她終於妥協了。

但我還是不確定她是不是真的懂我的意思，所以我繼續滔滔不絕了十分鐘，把我青少年時期的生活實情告訴她，也讓她知道我渴望成年以後過著怎麼樣的生活。

「我知道了！」她這次的語氣聽起來更加果斷。她真的了解某件事以後就會用這種語氣說話。「好吧，看來你真的很困惑。」

這時我並不覺得難過，而是深感挫折。

「不！我**真的**一點也不困惑。」

「我覺得你顯然很困惑！」她一邊說著，還伴隨著彷彿覺得我什麼都不懂的假笑。「在你這個年紀，怎麼可能知道自己要什麼。」

「是嗎？你在我這個年紀還不知道自己喜歡男孩子嗎？」

聽見我這句話，她似乎有點心慌，但也只維持了一、兩秒。

「當然不！我當初根本沒有想過這些事。」

根據我的推算，這似乎不太可能，媽大約就是在我這個年紀跟爸結婚；但我不打算深究這一點。

「好吧，但我十三歲就確定了。」

「胡說！你就是被這個噁心的男人帶壞了，這個人簡直讓我想吐。他年紀比你大，對吧？」

她這句話問得很虛偽，因為她根本就已經仔細過研究法蘭西斯的照片了，只差沒拿放大鏡來看。

「他就比我大兩年六個月又十四天而已！」

聽見我這麼說，她搖搖頭又哧了一聲，彷彿現在年齡又跟她提出的論點毫無關聯。

「這跟年齡無關。而且你說他在**旅館**工作？」這一次輪到這個ㄌ開頭的詞令她難以啟齒，不過她依然盡全力把話說出口。

「那是他引以為傲的工作，而且那家旅館非常棒。」

「你說那是一家**到處都是同性戀**的旅館！」

「那就是它存在的目的！」我開始被激怒了。「那是一家同志旅館，是**我這種人**的避風港，在那裡我們可以逃離那些無知、充滿仇恨、偏見的人，就像妳現在這樣！」

她彷彿被我搧了一巴掌似地縮了一下，鼻孔猛然地深吸一口氣，接著用緩慢又自制的語調對我說：

「你的所作所為令我想吐。」

如果這件事發生在一個禮拜前，這句話一定會摧毀我。從媽媽口中迸出來的這句話朝我直撲而來，但我現在已經有愛情的保護，她的攻擊直接從我以愛情建構的盔甲上彈開，根本傷不了我。我在腦中聳聳肩，反正我對這件事本來就不抱希望，至少現在看來是如此。我以更加冷靜的語氣回應她傷人的話：

「妳今天的行為才徹底令我作嘔。」

我一邊說，一邊轉身走回房間。

接下來三天，我和媽就像相斥的磁極一樣自動避開彼此。我們完全不交談，就算看到對方也會立刻轉身。我爸跟我**倒是**偶爾會說話——但也僅止於談論無關緊要的事情而已。

「彼得！」我看到媽從飯廳過來，穿過門走向我的房間。雖然她以往根本不會直接叫我的名字，但這至少表示她承認了我的存在；不回應似乎有點無禮，所以我起身站到走廊去。

「彼得——我決定要試著理解你的想法，而不是讓自己變成憤恨不平的老太婆。」這顯然是她準備好的說辭，但至少她願意跟我說話了。「這一點你得謝謝你爸。他說：『他還是我們的彼得啊。』就是因為你是我們的彼得，我們才會這麼震驚。我們都希望你不必再像青少年時期一樣孤立無援，覺得沒有人支持你，我們都想幫你。」

我一瞬間如釋重負，本來我根本不覺得自己有這麼渴望得到她的認可。老媽放緩了語調，換上母親撫慰的語氣。

「但你如果希望我們幫你，**你**就也得幫我們一把。別再做這些蠢事了；不論你的……傾向……是什麼，我們一定都會陪你克服。但你**絕對不能**再冒險顯露自己的傾向，任何人只要嗅到一絲一毫不對勁，不僅僅整個家族的人都會與你對立，甚至連**全世界**都會與你為敵，這樣老爸跟我就沒辦法保護你了。所以你**一定**要讓步，你一定要放棄這個『法蘭西斯』然後恢復正常人的生活。你只能這麼做。」

「什麼？」

「這是唯一的選擇。」

「我**永遠**都不會放棄他！」

「他只是你幼稚的迷戀對象而已！為了這個剛認識幾天的人，你就要毀掉自己的一輩子，毀掉你辛苦掙來的**一切**，摧毀你視為理所當然的**一切**。你知道外面的世界有多殘酷嗎？不要與世界為敵，這個世界會毀了你；而老爸跟我只能束手無策地看著這一切發生。」

我還記得自己當下有多吃驚——但這一切都注定要發生；不知道為什麼，我一直覺得媽就算知道我的祕密以後還是會跟以往一樣愛我、支持我，我也一直以為我爸才會是那個無法接受的人。但實際上，他們**兩個人**現在都要我做出極端的選擇，而且還理所當然覺得我會乖乖聽話。

我記得自己有一瞬間想起了祖父，如果他還活著，他會怎麼想呢？我的外公是我最喜歡的長輩，他是個無神論者；外公的爸爸是礦工，一直都以維多利亞時代的嚴格管教風格管教育下一代，所以外公從小被打到大。但他憑著自己的聰明才智和決心，終於讓自己脫離那種環境，不僅拿到地質學的學位，還娶到了在當時是大美女的外婆；我外婆是個心智堅定的人，為了愛，她願意拋開顯赫出身「下嫁」外公。現在看來，外公身上那種自由風範已不復存在。我謹慎斟酌用詞以後開口對爸媽表達我的想法。

「我現在就跟你們說清楚。」事情走到這一步我也很遺憾，但我有自己的堅持。「照你們這樣說來，我要不是放棄法蘭西斯，就是得放棄我的家庭、熟悉的一切跟我的前途？」

「你難道還不明白嗎，親愛的？我知道這可能有點殘忍，但你真的別無選擇。放棄他是唯一可行的明智決定。」

她說的一點也沒錯，我根本想都不用想。

「跟法蘭西斯共度的未來**或是**我以往擁有的一切？」我裝出一副正在計較利益得失的樣子。「我選擇未來！」

她沒有嘗試改變我的決定，甚至看起來並不驚訝，只是突然換上了拒人於千里之外又失望的表情。

「你就跟你外公一樣固執！」從我們的爭執開始到現在，她第一次移開了視線。接著她再看向我，準備給我最後一擊：「你的所作所為是在放棄**一切**！」

她的攻擊根本就揮棒落空，我笑著說：

「他值得！」

與試著說服父母支持我的決定的困難度正好相反，我輕而易舉地就讓帝國理工學院同意我暫時休學並保留我的電腦科學學位。我告訴校方在選擇專業項目之前我希望可以先無限期休學，趁著這段時間探索職涯方向，並藉此確認自己真心喜歡的專業領域是什麼。我唯一需要煩惱的就是得想出同時可以說服校方，又足夠吸引校方興趣的職業方向，然而這個領域又要夠稀奇，讓我非得靠自學摸索不可，這樣我就可以在全英國任何一個地方（甚至是在得文）探索未來方向。

我人生的第二項重要決定（跟我人生第三項重要決定一樣偶然又離奇）大部分是為了致敬以撒·艾西莫夫教授（Dr Isaac Asimov）。我在往返得文與倫敦的火車上都在看他的科幻作品《我，機器人》（*I, Robot*）。我很愛這本書，更重要的是，機器人科學與電腦運作密切相關，這同時也是可以令校方信服又有趣的職涯方向；此外，機器人科學在當時是罕見的學科，甚至連帝國理工都沒有機器人科學系所。一切條件都再完美不過。兩個禮拜內我就跟學校協議好無限期休學「研習機器人科學」的方案。那是我二十一歲生日前一天。

當天晚上，大笨鐘敲響了午夜鐘聲，我帶著巨大的行李箱和大學的朋友們站在西敏橋上。我們開香檳慶祝我終於成年，也慶祝我終於可以合法跟男人上床了。喝光了兩瓶香檳以後，我們一起走到地鐵站互相擁抱道別。我搭上末班車一路坐到帕丁頓，接著再搭牛奶列車[1]（milk train）到牛頓阿伯特（Newton

Abbot）轉車後終於抵達托基，法蘭西斯來車站迎接我一起邁入新生活。

晚春初夏時節的得文風光明媚，至少一九七九年時，當地還是一片田園風光。法蘭西斯和我沉醉在初識深刻愛戀的狂喜中，那段時光是我人生中收穫最多快樂回憶的四個月。我深愛那裡的大海、峭壁和沙灘，我深愛達特穆爾（Dartmoor），我們可以在晴朗的日子裡走上杳無人煙的山頭，躺在毯子上不受任何人打擾，身邊只有小野馬在嚼食牧草。我也深愛格勵伏旅館充滿異國波西米亞風格的住客們，在那裡，我第一次接觸到來自社會各個階層的人。有一次我和法蘭西斯在後來被稱為「博維城堡」（Bovey Castle）的地方喝下午茶時，我向他解釋為何我認為人類在我們有生之年將逐漸變成賽伯格，而且向他說明這其實是科學的合理發展而不只是科幻小說情節，我實在太愛這段回憶了，他當下立刻為我對人類的預言感到慶幸，因為如果真是如此，我們就可以永遠在一起了。總而言之，我真的好愛法蘭西斯。所以當他提議要我跟他母親見面時，我很希望可以在他母親心裡留下好印象。

「Eeer merbuck uzzelbee gwain kwop drektlee!」

法蘭西斯的母親一邊說話，同時對我露出鼓勵的微笑，所以我也對她露出了大大的笑容。

「太棒了！」

說完她就急匆匆走進廚房，卻在半路上差點被家裡的傑克羅素㹴犬絆倒而出聲咒罵，在她開始找鑰匙的時候，我靠近法蘭西斯問他剛剛那句話是什麼意思。

「哦，對，你很快就會聽懂了；她對你講得文方言就表示她喜歡你，不然她就會『講得體的英文』。

她的意思是：『嗨，親愛的小雄鹿（意思就是「嗨，年輕人」），我們要速（就是「馬上的意思」）去福利社囉。』」

「福利社是什麼？」

「就是合作社。」我還是一臉茫然。於是法蘭西斯補充說明：「就是一種商店。」

時序推進到每天都陽光燦爛的夏天，格勵伏旅館的花園裡花團錦簇，學院生活對當時的我來說彷彿已經是另一個次元的事情了。我確實研究過機器人科學，也熱愛這門學問；就算不是為了應付學校，我還是會選擇鑽研機器人科學；但不是現在，至少不是這輩子。

我甚至決定為了這種生活完全放棄完成我的學位，更遑論是回去攻讀博士學位；我滿心只想跟法蘭西斯在一起。他**熱愛**以格勵伏旅館的一切為中心的生活，我也是。我們在一起，永遠一起在得文生活；對當時的我來說，那就是一切。結果，有天晚上我們一起坐在床上時，他粉碎了我的夢想。

「我真的很抱歉，但我再也忍不住了。你得離開這裡，回倫敦去。」

1 譯註：為英國一大清早出發運送牛奶也同時載客的火車。

對抗全世界

我因為太震驚，腦子一瞬間都停止運轉，於是法蘭西斯接下來講的幾句話我都沒聽進去。

「我從來沒認識過可以讀到博士的人，我也從來不知道獲得博士學位有什麼意義，更從來不理解那是多麼難得的機會，但我認識了你，我知道你一定會大放異彩，那才是你該追求的目標，你該好好珍惜自己與生俱來的能力。我實在太愛你，根本無法忍受自己阻擋你前進，你**一定**要回去學校繼續讀書，然後拿到博士學位！」

我想反駁他，但他充滿愛意地將手指放上我的嘴唇，繼續說。

「在你讀完博士之前我們會有五、六年過得很窮，我現在也不知道我們能住在哪裡。」——我們？我們會很窮？我們一起住？——「但我們一定會想出辦法。我會想辦法找工作賺錢。我們一起走下去。」

對，當然了，是「我們」——從來不需要懷疑。這時我的大腦終於跟嘴巴接上線了。

「但親愛的，你怎麼能離開這裡？你的一切都在這裡，這是唯一令你真心喜愛的工作。」

「但我更愛你。你願意為我放棄一切，現在換我為你付出了。」他突然不說話了，這是他第一次露出擔心的神色。「你真的**想**永遠跟我在一起，對吧？」

即便我盡力將內心最深的恐懼當成玩笑，還是難以掩飾說話聲調中殘餘的一點不安：

「我以為你永遠都不會問我……」

一個月後天氣轉涼，夏天終於進入尾聲，我們開始四處借住位於倫敦的朋友家——在這個朋友家的空房間住幾晚，在那個朋友家的沙發睡幾夜，周而復始。不用想就知道，我家族親戚們那些明顯大得超乎常理的豪宅即便有許多寬敞的客房，也不可能有我的容身之處，更別說是我在溫布頓家裡的舊房間了；但因為有幾晚真的睡得太痛苦，我還是再確認了一次。結論是，我實在不該浪費錢打這個電話。

每天我們都一早就起床，去最近的書報攤買刊滿租屋廣告的報紙，配著早餐仔細看每一則廣告，然後帶著裝滿硬幣的小塑膠袋找空著的電話亭，兩個人一起擠進去逐一撥打每一個圈起來的租屋電話。大部分的對話都很簡短：

「抱歉，已經租出去了。」

偶爾我們會得到看房的機會。但都會發現房子根本和廣告上不是同一間、不在廣告上說的位置、租金跟招租廣告不一致，或是房東單純不想把房子租給兩個男人。

後來就在我們即將耗盡所有讓我們借住家裡的友人的善意時，我們終於找到負擔的起又位於距離帝國理工學院可步行抵達範圍的租屋，這樣就可以省下地鐵票錢。那是個在屋頂上的小閣樓，真的一點也不誇張——我們住的就是一棟建於維多利亞時代的五層樓排屋的樓頂，屋子裡有一扇小窗可以看見遍布倫敦市區建築屋頂的無數煙囪。那是個非常浪漫的地方。

但隨著秋天的到來，入夜後逐漸轉冷，我們才發現這個閣樓令人凍得刺骨。到了只要一入夜就會凍得我們發抖的季節，我已經開始繼續努力念書完成學位，而法蘭西斯找了一份看護的工作，負責照顧有嚴重心智障礙的成人。法蘭西斯在成長過程中時常有就算待在室內還是很冷的經驗，但這對我來說卻是全新的體驗，而我也很快就發現，這其實不是什麼很值得體驗的生活經歷。我們買來一大綑膠帶貼滿窗戶四周，試圖填滿所有縫隙以抵擋愈來愈刺骨的寒風吹進房子裡。

我們將這個囊括了客廳／餐廳／廚房／起居室／餐具室／食品儲藏室功能的小閣樓用膠帶完全密封起來後，抱著彼此窩在小小的瓦斯暖爐前面，想像如果真的把火點起來會有多麼溫暖。我們規定自己一天只能花費一先令在瓦斯上——這樣十二天就得花一英鎊。

問題是這一先令的瓦斯實在不多，我們早先已經在沙發旁邊用瓦斯爐煮飯，所以即便把瓦斯暖爐轉得很小，剩下的瓦斯依然只能撐幾個小時。想當然耳，到這時候我們通常都已經因為房裡的氧氣快要耗盡而開始頭痛，所以趁著身上還有一絲暖意趕緊上床，慢慢溫暖被窩去睡覺、結束每個短暫的夜晚似乎是最合理的做法。

但我們都會在瓦斯暖爐沁出絲絲暖意溫暖指尖時好好聊天；我們幾乎每天晚上都在計畫未來、想像之後的人生。只要我讀完博士——或許是五年後——我們就可以做這件事或那件事或是兩件事都做，還有更多更多對未來的願景。不管想要做什麼，我們的未來一定很美好。

偶爾我們也不得不談及眼下共同面對的難關和困境。就像我媽當初信誓旦旦地說的那樣，我們知道現在只能靠自己了，家族裡的親戚們效率很高，通通都已經決絕地與我一刀兩斷，以免被我這個彩虹人士汙染。

一部分的我當初還在想，或許其中某些親戚不會那麼激烈又無情地將我排拒在外，但我錯了。即便想起這些事很痛苦，但我知道我父母的處境一定更加艱難。他們得忍受被親戚憐憫的恥辱。

「那是他們的損失。」法蘭西斯對我說。

「他們聲稱他們愛的那個人顯然不是我，所以我也沒失去什麼。至少老爸老媽還算客氣。」

「他們人很好！算是不錯的了，至少……」

我跟爸媽把話說開一陣子以後，他們小心翼翼地邀請我跟法蘭西斯到溫布頓喝下午茶，開啟了我們禮貌又客套的親子關係。他們很客氣地招待我們，老媽還拿出高級的中國茶具、喬治王朝時期的銀製茶壺，並且端出了可愛的杯子蛋糕（不知道她有沒有意識到這有多諷刺）。我爸媽的行為舉止非常有禮貌，但這些行為背後隱藏了強烈的不自在，不過他們覺得自己有必要招待我和法蘭西斯，這表示他們至少有在努力嘗試接受。所以一切都還有希望。

「我們要對抗全世界。」我對法蘭西斯下了結論。「Franciscus Petrusque contra mundum!」這是我們的愛情咒語，意思是：法蘭西斯和彼得對抗世界。

「全世界都得小心了！」

「Coniuncti vincemus!」我接著喊出屬於我們的愛情口號：攜手戰勝全世界。

我們窮雖窮，但還是可以住在倫敦市中心，這就是這間屋子的一大優點。我們不管想去哪都可以走路抵達。準備跨年的那天午夜，我們沿著攝政街一路走到人群聚集的特拉法加廣場（Trafalgar Square）慶祝新年來到，也慶祝正式進入一九八〇年代。我們滿心歡喜地手牽著手前進，我們從來沒看過其他男人牽著手走在路上，所以這讓人覺得驚世駭俗的行為似乎很適合用來迎接八〇年代的到來。

我們在人群裡等待午夜，我看看手表上的時間，早在六點的廣播新聞播報前我就已經小心對過時間，所以誤差一定不到一分鐘。一群傢伙手舞足蹈著靠近，他們已經開始慶祝了，但我知道跨年的時刻其實還沒到。

我慎重其事，想把過去這九個多月以來感受到的一切化為語言。遇見法蘭西斯時，我已經一個人單打獨鬥太久——只有這樣我才能撐下去——我都自嘲是徹底孑然一身的人。自從我十六歲那年決定起身對抗一切不平等後，最引以為傲的一件事就是我可以只靠自己對抗任何人、任何事。

與法蘭西斯相遇後，他逐漸磨去我的稜角，填補了我常識的不足之處，我那時才認知到自己對真實世界有多麼無知。我意識到自己過去的眼界有多虛浮、無用又狹隘，即便我內心堅毅又充滿自信，但在過去這六個月以來這個念頭還是在我心頭不住打轉。這一切讓我脫去了一直以來保護我不受傷害的外殼。我終於想通了，我未來的人生方向從未如此清晰過。這是我至今做過最違背科學精神、最單純源於人性也最重要的決定。

我做的選擇遠遠不只是決定永遠跟法蘭西斯在一起，將他視為我的靈魂伴侶，願意為了跟他在一起犧牲一切；我甚至放下了從孩提時代就豎起的重重防禦，我決定敞開心扉、迎接改變。這項改變的核心價值是，我決定放下一部分的自己與法蘭西斯**結合**，讓我們成為平等的伴侶，他中有我，我中有他。我們兩個人的結合超越了彼此，合而為一。

在我們相遇的這一年，我試著在跨年以前的最後一刻好好梳理思緒，對法蘭西斯告白：

「永遠記得，如果只有我一個人，我什麼也不是；但不管宇宙給我們出了什麼難題，只要我們在一起，就永遠**無敵**！」

達特穆爾

一開始毫無預警地，我的喉嚨有點癢，但那種癢沒有嚴重到需要放在心上，咳個幾聲就沒事了。我們駛過海特巨岩，開上緩坡，旁邊經過正在吃牧草的小馬，達特穆爾一望無際、萬里無雲的美景令人屏息。眼前的蔚藍天空劃過一片蓊鬱曠野，錯落著或黃或紫的蕨類、荊豆、野草和石南。我咳了咳。

喉嚨還是癢。遠方那是五頭牛還是五匹小馬？咳咳。是小馬，我看見牠們的長脖子了。咳咳。哇，那邊有匹剛出生的小馬駒！我再咳了咳。喉嚨癢癢的，好像是有痰還是別的東西。我清清喉嚨，像古時候的男僕恭敬地用鼻子的哼聲吸引老爺注意那樣。但我喉嚨還是癢癢的。

不到一分鐘後，我開始咳嗽，每隔幾秒鐘就不可抑制地咳幾聲。

「你還好嗎？」法蘭西斯語氣裡的疑惑大過於擔心。「我……」試著說話真是大錯特錯。在嘗試開口說話以前，我還能在每次咳嗽之間稍微喘口氣，呼吸和咳嗽保持著平衡，但現在每次咳嗽中間珍貴的喘息時間被我用來說話，反而耗費了更多氧氣。在有機會吸進任何空氣之前，我又開始咳嗽。我無法控制想咳嗽的感覺，每次咳嗽都是連咳兩聲，然而我早就已經咳到上氣不接下氣。我的身體直覺讓我不由自主地吞嚥，試圖獲得更多氧氣，但一點用也沒有。

我的氣管有一部分堵住了，就像被勒住脖子一樣。我發出的哮咳聲就像電影角色被困在水裡太久以後好不容易浮出水面，終於能夠大口呼吸氧氣、逃過一劫的那種喘氣聲，用醫學術語來說就是「喘嗚」。好萊塢通常在一部電影裡只會出現一次這種窒息痛苦的聲音，藉此表現千鈞一髮的電影情節，接著電影裡的英雄就能夠繼續正常呼吸。但我不是，我依然繼續咳嗽。更慘的是，我氣喘吁吁地試圖積攢氧氣應付下一次咳嗽，但在吸進足夠的空氣之前就又開始咳嗽了。情急絕望之下，我又發出哮咳聲，接著馬上又咳嗽，緊接著哮咳，然後又是一連串咳嗽，周而復始之下，我開始產生恐慌感。

法蘭西斯靠向路邊後緊急煞車。咳嗽，接著哮咳。我的喘鳴狀況好像又惡化了——因為無法呼吸而發出了尖銳的呼吸聲。我繼續咳嗽。法蘭西斯伸出右手，把手伸進副駕駛座前方的置物箱，找出一瓶礦泉水。哮咳。他趕緊扭開瓶蓋。咳嗽。法蘭西斯轉向我，用左手幫我抓著頭髮。哮咳。他幫我把頭抬起來。我還在咳嗽。他等我下一聲哮咳結束，當機立斷地把水瓶口湊近我的嘴巴，這時我的咳嗽聲已經相當虛弱了（我的肺裡已經沒有足夠的氧氣，只能往體內嘶進空氣），他把一些水送進我嘴裡。大部分的水都灑到我的大腿上，讓我覺得自己好像尿濕了褲子。

但我還是吞進了一小口水。這是我在兩分鐘內第一次可以比前一次喘息多吸進一點點空氣。我依然在哮咳，但肺的感覺已經不像剛剛那麼痛苦了，胸口像被火燃燒的灼熱感也逐漸消散。法蘭西斯又多倒了一些水進我嘴裡。我模模糊糊地聽見他喃喃說著想讓我冷靜下來的寬慰話語。在我終於能吞進正常人一口的水量時，原本無法抑制的咳嗽終於控制住了；喘鳴的症狀多持續了一陣，但也漸漸從哮咳轉為痛苦地大口吸氣，再慢慢變成正常地吸氣；從原本劇烈急促的呼吸，慢慢轉為正常的節奏。

從我確診漸凍症以來，這是我第一次感覺自己要休克了，是真正醫學意義上的休克。我全身發冷，出了一身黏呼呼的冷汗而且餘悸猶存。如果法蘭西斯不在我身邊該怎麼辦？如果我們在家，他剛好在樓下聽不到我叫他怎麼辦？如果車上剛好沒有水又怎麼辦？

「剛剛那是怎麼回事？」法蘭西斯語氣裡充滿關心、同情、擔憂。

「我沒辦法呼吸！」

「這我猜到了！但你為什麼無法呼吸？」

好問題。這是個很好的**科學**問題。我一邊思考該怎麼回答，一邊感覺到自己漸漸冷靜下來。

「你知道喉嚨後面有一個負責蓋住氣管的小蓋子，可以避免食物跑進氣管吧？那就是會厭。[1]我剛剛覺得有東西卡在那上面，我不知道是什麼，可能是痰，也或許是本來卡在牙齒上的三明治碎屑掉下來了，或是別的什麼東西我也不確定；但總之，我覺得會厭很癢，結果一開始咳嗽就停不下來，我沒辦法把異物弄掉，也無法呼吸。」

「好吧，我們本來就知道這種狀況遲早會發生。」法蘭西斯這句話很實際，他說得沒錯。

「我知道，只是沒想到會這麼快，也沒想到會是這樣發生。吞嚥困難通常會從難以吞嚥食物或無法控制嘔吐反射開始發展。」

「好吧，至少你一直以來都很擅長控制嘔吐反射。我們要不要掉頭回家，明天再出門？你臉色不太好。」

「你可以嗎？」

他立刻發動引擎。「**當然**可以！」

法蘭西斯準備迴轉，他溫柔地試圖讓跑到路中間的綿羊往路邊移動一點，這時我回想起這幾天我說

「對不起」跟「謝謝」的次數比以往多上許多。我們一路開回達特穆爾，遠方可以看見一抹蔚藍的海景，我滿心疑惑，實在想不通怎麼會有人喜歡窒息式性愛……

「我們再試一次吧！」

在我因為會厭不舒服而瘋狂咳嗽的隔天，我們開車從陡峭的丘陵下來，中途，法蘭西斯謹慎地停在相對平坦的灌木叢邊，避開其中一塊看起來特別危險的岩石，往下望就能看見美麗的谷地風貌，左近有小馬在吃草，遠處的山坡上也有幾頭牛咀嚼著牧草。我們腳下就是威德康貝曠野（Widecombe in the Moor）的村落，聖潘克拉斯教堂（Saint Pancras Church）的尖塔位於村莊中央，雖然建築本體大到跟周遭不太協調，卻不減它的美麗。法蘭西斯將車子熄火後打開車窗，我們靜靜坐著聆聽四周的聲音。遠處有拖拉機運轉，周遭不時響起牛隻的哞哞叫聲、羊群咩咩聲，蜜蜂突然飛近又馬上飛遠的嗡嗡聲。一片祥和。

「所以你除了會有機器人的嗓音之外——」

「其實應該是**賽伯格**的嗓音。」

「好吧，除了你的賽伯格嗓音、賽伯格化身、存在於虛擬世界裡、運用人工智慧控制一切之外，你說你想用來改變世界的計畫到底是什麼？」

1 譯註：為與舌根相連的軟骨，位於舌根與舌骨後方偏上位置。

至少這段話讓我有多一點時間整理思緒了。

「我把我們討論過的事情整理成三個不同的研究方向：『自發口語表達能力』、『人格保留』還有——我還在想有沒有更好的名字——『虛擬解放』。另外還有四個……」

「四個？」

「剩下的幾個研究方向都很簡單，但重要的是，它們彼此之間又大不相同。我跟你說，我的下一個目標就是『機械能動性』，研究內容顧名思義，很容易想得到是什麼意思。」

「所以你會變成機器人。」

「不對，查理才會是機器人。」

雖然還要好幾個月才會送來，但我已經為最近下訂的博動（Permobil）F5 Corpus VS電動輪椅命名為「查理」（Charlie），正好是「賽伯格甲冑暨日常優化連身機器人」（cyborg harness and robotic life-improving exoskeleton）的英文縮寫。它的原型是電動站立式輪椅，我說服博動公司為我將它改造得更好用，希望有一天它能夠成為彼得2.0非生物性的核心。

「重點是，總有一天我會無法再使用雙手，就像現在我的小指已經不太能動了。從現實層面來看，大概再一年，我就沒辦法再用控制搖桿操作查理了，所以我需要它變得更強大，為我做到更多事。但因為我運用眼動追蹤系統輸入的速度太慢，就跟我另外三個研究方向會碰到的問題一樣，眼動追蹤系統的資訊輸入會變成我與機械的連結中最弱的一項，所以我需要將查理的移動程序大幅自動化——就像我的雙腳跟全身以往能夠自動做出各種動作一樣。」

「你之前就說過這些有關分配身體動作的事情，就像大腦告訴你怎麼走路那樣。」

「對，我之前說的是，虛擬化身可以藉由人工智慧選擇如何在虛擬世界裡行動，但你說的也沒錯，在『真實』世界裡也是如此。這兩種方式都必須仰賴大量的人工智慧妥善運作才能達成，『機械能動性』其實就是在挑戰人工智慧控制輪椅的能力。」

「所以，你開始錄原音摘要了？」

「對，為了保險起見。」

「但你又不確定……」還真是一如往常的支持。

「例如我們在家門外準備上我們的無障礙汽車——」

「可以解釋一下什麼是無障礙汽車嗎？」

「就是我們的廂型車，它已經被改造成『可上下輪椅的汽車』了。坐在無障礙汽車上，我可以直接用雙眼點選『臥室』的標示，剩下的動作都會自動完成。我下車後就會自動經過大門，上電梯然後進房間，安全抵達床邊。」

從來沒人告訴我們漸凍症是這麼花錢的疾病。這種疾病猝不及防，就在我確診前一年，我跟法蘭西斯一起買下了姪子安德魯隔壁的房子——他是大衛的兄弟。安德魯已退伍多年，目前在往來艾克希特國際機場（Exeter Airport）的私人噴射機上為貴賓提供服務。安德魯的伴侶蘿拉、快滿三歲的姪孫奧利和蘿拉肚子裡的寶寶也住在我們隔壁。

我們的居家環境非常舒服，只有一點除外：房子有三層樓，甚至連花園也在二樓。當時我走路的情況開始惡化，但就算是在自己家裡已經擁有充分隱私的情況下，我還是很不願意用助行器，所以法蘭西斯想辦法在家裡安裝可以容納一臺大型電動輪椅再加上一名照顧者的電梯。這項工程浩大，我們為此損失了兩個房間的空間，耗時三個月裝設，花掉足足三萬英鎊。

接著還有無障礙汽車。我們從來沒想過，在我無法自行從汽車座椅上起身移動到輪椅上以後，就會需要可以運送輪椅的交通工具。直到真的走到這一步，我們才發現，幾乎所有可以裝得下輪椅的車子要不是長得像裝在輪子上的大鐵盒，要不就長得跟靈車沒兩樣。最終我們選了一臺休旅車。這臺休旅車不太可能載我們在曠野上越野——也絕對開不回來——不過至少它的馬力還算夠，加速的時候也不會太吵。但我們還是得在這臺車上加裝輪椅用的升降機，光是這道改裝手續就又花費三萬英鎊。我們的「急難基金」被一掃而空，難關卻是一個接一個來。

「如果能讓你輕鬆地在家裡移動、上下車就太好了，這點非常重要！但是你如果出門去陌生場所的時候要怎麼辦？」

「即便是在不熟悉的地方，我也希望能夠運用為汽車設計的精密防撞系統，快速、安全地移動。我想像自己可以快速通過障礙賽跑道，或是安全通過擺著陶瓷花瓶的展間……」

「你**絕對**不可以在達汀頓水晶（Dartington Crystal）的展間裡衝刺！」

「我只是在做思想實驗[2]啦！但你想想看：我可以戴著虛擬實境眼鏡，快速通過障礙賽跑道或賣瓷器的商店（但不是達汀頓水晶），我可以看見擴增實境，這樣就可以立刻增加我所能接收到的環境資訊。」

「等等，等等，讓我整理一下思緒。你在虛擬實境裡，卻又可以體驗現實世界的一切？」

「沒錯，因為在虛擬世界裡我體驗到的事物就跟在真實世界沒兩樣。人工智慧會負責處理所有程序，我只要下指令要去哪裡就好。」

「我懂了！所以其實無論你是真的在現實世界裡目睹一切發生，還是其實是戴著虛擬實境眼鏡都無所謂，反正不是由你操控過程。」

「沒錯。而且你想像看看，在其他場合，我可以用同樣的系統遠距離即時傳輸，加入在現實世界（而不是在別的星球上的虛擬實境會議）舉行的會議，而我操控的遠端機器人其實位於其他地方。」

「我聽不懂……」

「就是藉由遙控型機器人，我就可以目視、耳聞現場的一切，彷彿我人就在那個空間裡，而現場每個人也都能看見我的虛擬化身、聽見我說話，我還能像小奧利玩遙控汽車一樣，操控機器人在走廊上跟著別人到處跑。或許我也可以遠距離即時傳輸到飛越托基港上空的無人機上，用像外星人一樣的視角看著地上的你和我。」

「我不會跟別人談論像『遠距離即時傳輸』或『外星人』這種話題，你會嚇到人。幹嘛不直接說『遙控』就好，簡單多了。」

「我認為，或者是說我希望，會有些人**愛上**這個概念。重點是我說的這種形式比簡單的遙控更有深度。你想像看看，假設查理就像以前的我一樣在家裡行動自如，但其實我是躺在床上——透過虛擬實境

2 譯註：意指以想像力進行現實中還無法做到的實驗。

體驗自己坐在查理上時能夠經歷的一切感受。這樣你懂嗎？只要好好執行，我們就能夠拓展對於『現實』的定義。」

「好吧，謝天謝地你的大腦能應付這些事情。要是我絕對恨死這些東西了！你知道我很不擅長應付這些高科技。」

「這也是為什麼我很慶幸是我得到漸凍症。」

「至少是煮飯不好吃的你得病也是其中一個重要的原因！」

我的腦海裡突然冒出一堆想跟法蘭西斯分享的想法，但我不想改變當下的聊天氣氛，現在先這樣就夠了。

「你知道科技會愈來愈進步，也會變得更容易使用吧？再過十年，這些科技就會變得簡單又強大。」

「我知道，但我又不是你。我很開心自己可以不優雅的老去，變得又老又醜，身邊陪伴的卻是青春永駐的機器人伴侶。」

「是賽伯格啦。但你想想看，如果真的成功了呢？」

「你的意思是？」

「我不希望我愈來愈自由的同時卻得眼看你漸漸無法行動自如。如果可以在托基港上空飛翔，我希望你就在我身邊一起享受。」

「你明明知道我怕高。」

「這只是比喻。」

我們因為這個話題沉思了幾分鐘，享受窗外傳來的拖拉機聲響、牛聲哞哞、羊群咩咩叫和蜂鳴聲，法蘭西斯發動車子倒車後我們繼續上路，而我心裡則想著，或許這是我們最後一次開車越野了。

五分鐘後，我們經過老派旅店，在長長的單線道上行駛，沿途經過許多地點，一路開離威德康貝，駛向抵達獵犬突岩（Hound Tor）之前必經的十字路口。

「那，你接下來還想做哪些驚人的改變？」

狂想

「我覺得我得在身上裝一部分的連身機器人……」

「你又來了！你講這種話會嚇到人，人家會認為那是科幻小說裡才會出現的東西所以覺得很害怕。」

「但這些事情根本就**不是**科幻小說情節，至少不必只在科幻小說裡才出現。我必須依靠額外協助移動四肢；更糟糕的是，我會再也沒有任何知覺，更無法觸碰任何事物。所以，我需要某種連體機器人手臂和護手套，在指尖及手掌的部分開口，這樣我才能觸碰到物體的表面並辨別各種質地，如果沒有這些工具輔助，我徒留觸覺卻無法使用豈不是很荒謬嗎？我希望還能觸摸各種東西，我希望可以觸碰**你**。」

「只要你別不小心用機器手臂把我敲昏就好！」

「你也知道，現在大家再也不碰觸我了。」

「但**我**會啊！」

「對，**你**當然會。但我注意到，大部分的人已經根本不跟我肢體接觸了。他們會跟你握手甚至擁抱你，輪到我的時候，他們就只會轉過來用怪異的方式對我揮手。」

「我覺得他們可能不確定該怎麼做才好，也或許是不知道直接進入你的私人空間是不是恰當。畢竟學校從沒教過我們如何跟坐在輪椅上的人肢體接觸，特別是輪椅上的那個人還動彈不得就更令人手足無措了……」法蘭西斯微微停頓了一下，但他湛藍的雙眼卻眨也不眨，「……就像你以後那樣。」

「就是這個，這就是我的重點，這就是為什麼我得讓自己能夠移動，我要能夠伸出手讓大家知道我想握手。另外，我也要在脖子上裝上連身機器人，讓我可以轉頭或點頭，這樣我就能四處張望了。你想想，如果只能永遠往前面看有多令人沮喪啊。」

「你是說像其他漸凍症患者那樣嗎？」

「別忘了還有四肢癱瘓的人，但你說的沒錯。不過——這整件事的核心其實還是一樣——即便是使用這種輔助身體特定部位的連身機器人，我還是需要仰賴極精密的人工智慧系統靠雙眼下指令操控它。所以，就跟之前說的一樣，我能夠像在沉浸式虛擬實境裡一樣，看見幾個可供選擇的動作選項。其實——我剛剛說了什麼啊——這就跟我在 虛擬空間裡**一模一樣**，人工智慧為我提供的選項內容其實都**一樣**。你想想，在虛擬空間跟在實體世界何必有所不同呢？」

「因為實體世界才是真的！」

「對，我知道，但不管我想要轉動門把開門、協調雙臂做動作或伸手觸碰我愛的人，我在虛擬實境或是實體世界做的其實都是一樣的動作。這樣你懂嗎？這**兩種**形式其實都會成為我的實體世界的延伸。」

「凱蒂．潔之墓（Jay's Grave）！」

法蘭西斯放慢車速，那座墳墓是在駕駛座那一側，坐在副駕的我差點就錯過了；這座墳墓當初會選擇建在十字路口就是為了讓凱蒂．潔（Kitty Jay）的鬼魂找不到去村莊的路。這座墳墓歷史悠久——因為是自縊身亡的亡者，所以無法葬在什麼聖潔的地方——但墳上還是放了新鮮的黃色花束，就跟我當初搬來和法蘭西斯同住的第一個禮拜一樣；從那之後，我們每一次造訪都會看到墳頭上放著一束新鮮的黃花。也正因如此，關於這束黃花傳說綿延不絕了幾個世紀。

「黃色的花束。」法蘭西斯說道。

「黃色的花束。」我回應著。

法蘭西斯催了油門往前開。「我可以理解為什麼你覺得能夠用自己的指尖觸碰各種事物很重要。」

「嗯，但其實這只是其中一部分，現在才要講到有趣的地方呢。」

「終於啊！」法蘭西斯忍不住笑了出來。我也對他笑了笑，但他因為忙著看路開車沒看到我的表情。

「大部分的人都以為，使用連身機器人唯一的目的就是跟實體世界互動。但對我來說，連身機器人還有第二種重要的用途——我實在不得不說這真的太天才了——」

「竟然還自己說。」

「連身機器人可以讓我**感覺**到在虛擬世界產生的互動。現在我身上的隨意肌[1]已經無法使用，所以**我的**感官（例如我的連身機器人移動手臂、感受到阻力、撞到東西、承受重量、反彈時）不管是在實體世界還是虛擬空間裡發生，其實都一樣。所以，雖然從外表上來看我只是穿上了看似無害的連身機器人裝置，但事實上，我穿的是任何嚮往未來世界的虛擬實境玩家都會欽羨的頂級賽伯格裝。」

「那你人在虛擬實境裡的時候，我要幹嘛？」

「你會跟我一起在虛擬實境裡！」

「我才不要！我比較喜歡真實世界，我不想去什麼虛擬空間。」

「布萊德．彼特（Brad Pitt）也會在那裡哦……」

「你說布萊德・彼特？二十幾歲的他嗎？還是現在的他？」

「你想要哪一個都行。」

「那我都要，可以讓他們同時出現更好。這主意棒透了！記得算我一份！」

「太好了，因為下一個研究方向就是以這種概念為基礎；我要研究可以通往所有虛擬空間的全面通行證。」

「你取這個名字沒人聽得懂！」

「好吧，但實際上就是這樣沒錯。我的構想從本質上來說是運用某種按使用者直覺驅使、讓使用者可以在**整個**虛擬空間來去的方式，使用這種技術，我就可以毫無阻礙地連結上任何電子產品。」

「你的意思是在整個網路世界裡穿梭嗎？」

「**而且**未來各式各樣的裝置及系統都會**連結**網路。」

「這就是你之前一直在說的『物聯網』嗎？」

「沒錯！我就是打算成為其中一個『物』！你想：只要把各式各樣的感應器裝到查理上——各種可以讓我看到、聽到、感受到，甚至是聞到外界刺激的感知裝置——我希望隨著時間推進，我可以與虛擬世界日益完整結合，我的身體感官就好像無限延展了一樣。」

「這是某種虛擬肥胖嗎？」

1 譯註：可靠意識隨意控制動作或移動時機的肌肉。

聽到法蘭西斯這麼說，我笑出聲來。「我的意思是，如果實際執行上沒出問題，以後跟查理連結的網路及各種物品就可以取代我癱瘓的軀體。這種模式跟我們以前與周遭環境互動的模式不同，是讓我自己成為環境的一部分。」

「你之前在《機器人革命》不是就寫過這種概念嗎？」

「對，這是我一直深信的概念，未來趨勢也明顯會這麼發展下去。因為大腦的可塑性，只要有足夠的時間，我和虛擬空間（以及任何可以透過虛擬空間連結的實體世界）將合而為一；不管是要寄電子郵件或是呼叫電梯，對我來說都會像以前動動手指頭或抬抬眉毛那麼簡單。」

「而且你就可以擺脫被困在癱瘓的軀體裡的感覺！」

「不僅可以掙脫癱瘓的身體，我也可以不再**只是**一具動彈不得的軀殼。我新的身體可以延伸到各式各樣的地方——不僅能夠橫跨真實世界裡的全宇宙，也能夠穿梭於**虛擬**空間裡無邊無際的世界。你能想像嗎？」

「你要我想像也太為難我了，我連設定烤土司機都有困難了好嗎！但我知道你一定會如魚得水。」

「而且我能夠打破機器智能與人類智能之間的藩籬。人類和機器之間將不再是對立競爭的狀態，而是可以互相結合。」

「就像你老是在講的那樣……但是如果要錄電視節目的話呢？如果你以後還是可以繼續負責安排我們晚上看的電視節目，我會更開心。」

「當然了，我可以在周遭環境裡（特別是我熟悉的環境，例如家裡）依直覺眼動控制任何事物，就像我以前用手操作一樣——絕對可以控制電視，也可以操作家電。」

「你**現在**就根本沒在用家電了！」

「對，但原則上我做得到。而且我還能夠呼叫電梯跟開門；此外，如果真的發展到這一步，我也就能夠使用機器翻譯講中文了。」

「你**才不會**說中文！」

「沒錯！雖然我根本沒學過中文，但因為我是彼得2.0，所以我可以用虛擬化身**同時**在Skype上用日文和中文主持視訊訪談！」

法蘭西斯在路口放緩車速，左轉後停進獵犬突岩前長形的停車區，這裡是《巴斯克維爾的獵犬》[2]（*The Hound of the Baskervilles*）裡曾提及的知名岩石景觀。以前我跟法蘭西斯都會在這裡下車，穿過長滿野草的粗石地走向獵犬突岩。有時候我們會爬上花崗岩質的巨岩，只是潮濕的地方特別難就手，爬上頂端後，我們會一起眺望一望無際的達特穆爾。多年前的某個夏天，在這裡還沒出現那麼多觀光客之前，我們也曾在岩石頂端度過熱情如火的十分鐘呢。

但這次我們只能坐在車上。法蘭西斯打開車窗，看見一對老人下車，慢慢走向遠處的岩石群，他們手牽著手往前走。我很想轉過身對法蘭西斯說：「我真的很抱歉。」但我知道他早就明白我想說什麼。

「你看到了嗎？連那對老人都能走到我們的岩石，我卻不行。」

2 譯註：英國作家柯南．道爾以名偵探福爾摩斯為主角的作品。

「我們不可以再說喪氣話了！應該聚焦於未來而不是執著於過去，我們要正面——」

「我知道，我都知道，但我不是那個意思。我的意思是，這兩個老人就代表我需要完成的最後一個研究方向——我稱它為實體世界的全面通行證。」

「這個點子聽起來很棒。我也希望我們可以再一起沿尼羅河遊歷；而且我們都還沒一起去過中國跟其他東方國家，還有雪梨港，更別說我們好久沒回美國了，還有——」

「我知道，我知道，世界上還有太多我們沒去過的地方，也有太多我們想再去的地方，而這就是我想說的重點，也是最後一個研究方向的核心。但這個概念有點複雜，忍耐一下。」

「讓輪椅穿越荒野或上樓梯，甚至是搭上飛機，這很困難嗎？」

「嗯，對，聽起來是很簡單沒錯，但真正執行起來其實很難。我們得解決身心障礙人士使用輪椅行動時面對的各種巨大障礙。」

「我們不能搭飛機到處旅遊的最大原因竟然是各家航空公司都不讓查理登上客艙，這簡直太匪夷所思了。」

「而且如果把查理放在貨艙就得把它的電池斷電。就算在漫長的飛行時間裡，我真的有辦法不依靠生理及精神上的維生系統活下來，但根據統計數據來看，查理被從貨艙運回我身邊也不可能完好無缺。」

「我剛剛才想到，如果你變成賽伯格，坐飛機的時候要開飛航模式嗎？」

「我沒想過這件事呢！如果開飛航模式我就不能說話了，出現問題時也沒辦法跟外界溝通。航空公司聲稱開啟手機或筆電會對飛行產生危險根本就沒有科學根據——只是這樣宣稱在法律上比較方便而已。這就像在飛機上堵住我的嘴一樣，侵犯人權！這根本就是歧視賽伯格——」

「我們**該不會**還要為賽伯格爭取人權吧！」

「我覺得就該這麼做！未來賽伯格族群會遇到跟同志類似的處境，我們從七〇年代和八〇年代就開始面對人們因為社會環境而不經意做出的歧視行為——」

「然後一路到九〇年代、兩千年……」

「沒錯！法律的演變通常跟不上科技進步的腳步。」

「真棒！」他聽起來一點也不興奮。我想得愈深，就也愈覺得沒什麼好興奮的，但我們非得這麼做不可。

「話說回來：我很開心能夠輕鬆地在城市裡探索那些對輪椅族來說很危險的環境，我可以跟安德魯（Andrew）和小可（Co）一起散步，安全地爬樓梯、上船、在結冰或下雪的地面自在行走——」

「這就是我們該關心的重點。」

「但是——我知道你一定覺得我的想法太超過，但我**真的**沒有太超過，而且這**確實**很重要——我們何必畫地自限，非得每次都讓我的生物大腦跟著出門冒險呢？」

「果然！」

「不，你聽我說，這件事非常重要。我的意思是：據我推測，等我成為賽伯格後，不管我到底是在實體世界、擴增實境或全面虛擬實境都無關緊要，就跟我們到底是在電影院、電視直播或下載到筆電上看同一部電影一樣沒什麼差別。」

「明明就很不一樣……」

「是沒錯，但我們真正在意的終究還是電影本身帶來的體驗。同理，不管我到底是在實體世界還是虛擬實境，我真正在意的就只有我所體驗到的現實而已。我反而很喜歡這種多重現實[3]的概念。」

「就像你說的，我們無法證明人類是不是其實早就在人工智慧系統裡生活，所以我猜，如果我們其實根本分辨不出其中的區別，那到底是生活在哪一種『真實』裡也就不那麼重要了。」

「說的沒錯！而且這還解放人類，帶來真正的自由！在我擁有多重現實的世界裡，我們可以再次手牽手爬上山頂，我也能夠感受到夏日微風輕拂，感覺清晨陽光曬著我的臉頰；但也許當下我的肉身其實安全地待在托基的家裡，而你就在我的備用查理旁邊，查理會成為我的分身，將我以電子訊號形式轉播到山頂，並且將山頂的景象轉播回來給我。」

「你的意思是，只有我在那裡，你其實根本不在？」

「或許是。也或許是我的肉身坐在有四隻腳的步行機器上，就待在你身邊；也有可能那臺步行機器其實也是另一種分身，真正的我還待在托基；另一種可能是，你可以用超輕便的無人機當作轉播工具，我就在無人機上用跟你雙眼同高的角度飛行，就像走在你身邊一樣；也或許我們兩個人都在托基……」

一陣沉默，法蘭西斯正在思索這一切。遠處那對老人終於走到巨岩，他們心滿意足地坐在岩石上環顧四周。

「這是很久以後才會發生的事嗎？」

「不一定——可能很快就會發生。其實這些技術早已存在，只是沒有人這樣運用而已。我希望能夠把未來發展朝這個方向推進，所以我得想辦法讓業界開始關心這件事，運用人工智慧及機器人並結合電信系統，我們就可以為人類突破生理限制。這可以徹底改變身為人類的意義。」

「一如既往，你要做什麼事一定就會做到極致；這樣很好，我也相信你一定會成功，但你要有心理準備，對大部分的人來說，你剛剛那些想法都**太瘋狂**了。」

「大概是吧。如果是這樣，那我最好別讓他們知道我還有更瘋狂的點子。」

「還有？」

「嗯，我只是在想，我可以把查理變成時光機——」

「我的天啊！」法蘭西斯立刻換上那副受不了我的表情。

「這真的很酷！只要善加利用我創造的多重現實，我就能夠回到過去。發生過的事情都已經被人工智慧記錄下來，所以我可以直接回放發生過的事件，看起來就會跟現實世界一樣。不管實體世界的我有沒有去過那些地方，我都可以再經歷一次。更棒的是，我還可以隨心所欲**更改**原來發生過的事——讓原來經歷過的一切升級成『最佳』體驗，我還可以去除不喜歡的部分改寫歷史。」

法蘭西斯翻了翻白眼，我立刻想用更熱切的語氣說服他。

「還有更棒的事！就跟當初《神祕博士》讓我興起的夢想一樣，如果我第一次體驗某一件事剛好是發生在虛擬實境裡，我就可以回到過去**改變**那件事的結果。所以，我的多重現實不僅模糊了實體世界與虛擬世界的界線，我還可以打破過去或未來的分界，自由選擇自己想過的時間軸！」

3 譯註：意指作者前文提及包含實體世界、擴增實境、虛擬實境的不同空間。

「好吧，」他一邊發動車子一邊下結論，「你根本就是在異想天開。」他倒車、轉彎，開出停車格。

「但如果真的有人做得到……」我們開過荒野，準備回家。

「另外還有……」法蘭西斯一點回應也沒有，但這是我眼下預期得到最好的反應了。「在我的思想實驗裡，大約再過幾年，我在紐約演講後接受記者一對一訪談、跟她握手的同時也可以在北京演講——用中文講一模一樣的內容；我也可以跟只會講中文的會議籌辦人見面、跟他握手。而發生這些事情的同時，我的生物大腦其實一直都在托基。**這樣彼得2.0到底該算是存在於哪裡呢？**」

「就在托基啊，你剛剛自己說的！」

「是，也不是。我覺得好像沒那麼簡單。在我的思想實驗裡，我剛剛講的那些事情可以順利達成，就是因為彼得2.0不只是由我生物體的身體遠端操控的分身而已。用來跟那位紐約的記者談話的聲音和虛擬化身的個性，都是**在**紐約即時產生的，除了幾個高階指令以外，一切都不是出自在托基的這具肉身——這跟電影導演用遠端裝置喊『開麥拉！』然後讓不在現場的演員**即興演出**沒什麼差別。」

「好吧，所以你的意思是一部分的你其實是在紐約？」

「沒錯，也有一部分在北京——而機器翻譯大概會是在雲端運作。」

「對，但你還是**知道**你自己的身體在托基。」

「也許吧，但你想想，我可以感受到自己同時在北京也在紐約，卻感覺不到我在托基。而在北京跟紐約跟我互動的那些人，也感覺不出來我其實人在托基——即便他們知道我的生物大腦其實是在這裡。」

「所以在這種情況下，**你**覺得自己到底在哪裡？」

「正確的答案應該是，身為彼得2.0的我有時候會同時在好幾個不同地方。」——法蘭西斯咕噥了幾聲，於是我繼續說——「雖然對你來說結合了所有人格特質的我才是真正的我——但其實我人格中不同的部分會各自在不一樣的地方出現。」說到這裡，法蘭西斯倒不出聲了，我覺得這是好跡象。「在這種情況下，我其實就是一種分散式智慧。[4]我的生物大腦不能用來定義我身在何方，就跟我無法移動的生物性身體無法定義我這個人一樣。」這的確很殘忍，但這就是現實。

法蘭西斯沒說話，他正小心地繞過路邊正在發呆的一匹達特穆爾小野馬。

「我不是要死掉了，親愛的；我只是**轉變**了。能夠實現我的思想實驗的方法不會立刻出現，這一切也的確很令人瞠目結舌，但這就是典範轉移[5]出現的徵兆；當一切開始改變，而我們對舊的假設也產生質疑，就會出現典範轉移，這一切即將到來。我們能夠改變罹患漸凍症的意義，也可以改變身為人類的意義。」

「聽你這樣說，這聽起來好像是個人生絕無僅有的機會。」

「這不只是人生絕無僅有的機會——還是一百三十八億年來**都沒**出現過的契機！」

「你準備好明天的事了嗎？」

法蘭西斯問了這個前言不接後語的問題，大概就表示討論這些狂想的時機已經結束了。

「當然！明天對我來說剛好可以好好休息一下。」

4 譯註：一部電腦及其周邊設備皆有資料輸出、輸入、儲存、計算等各種處理能力。

5 譯註：意指科學革命，指信念、價值或方法的轉變過程。

「只有你會把去醫院做大手術當成休息！」

「我可以躺在床上發懶好幾天——這有什麼不好？」

「對，但你別忘了，明天會有人在你已經很不舒服的時候還用攝影機對著你問你感覺如何，而你一定又會擺出『營業中』的模式，只要有觀眾在看你，你就會全力表現，就算耗盡心力也不在乎。但你需要全副心神來讓自己復原，所以我很擔心。」

「沒事啦，不是有你在嗎？你可以應付他們。」

「**我**是能說什麼？他們想訪問的可是你。」

「你可以像你一直以來保護我不讓人家踩到我頭上那樣，對他們說：『滾！』」

三重術式

「腸道準備」沒有我原來想像的那麼吸引人，我猜我應該是被它看似無害的名稱誤導了。畢竟，以前念書時我每天晚上都做兩個小時的課前「準備」——準備拉丁文或準備生物學，什麼科目都有——所以我下意識地把腸道準備也當成類似的事情：「你今天的腸道準備是要預習第五章的《快樂學習直腸病學》。」

後來我才知道，事實上腸道準備就是由一位大腸直腸科醫師為患者增強再也不想要用傳統方式上廁所的決心。毫無疑問，我舉雙手贊成。

安排做手術的時間很平易近人，所以到了接近中午的時候我和法蘭西斯——再加上電視紀錄片的攝影團隊——抵達了托貝（Torbay）國民保健署醫院的大門口。我們在那裡跟醫院管理階層指派的媒體監督[1]碰面。隨行人員愈來愈多，我們大批人馬一起上樓抵達病房門口。但攝影團隊要求我們再走到病房門口一次，好讓他們拍攝建立鏡頭[2]，直到我們第三次「抵達病房」（因為還要從另一個角度拍攝），我才獲准進去病房看看新環境。

不過很快就出現了計畫以外的事情，本來已經有一位女士負責為我們安排，後來又出現了另一位明

1 譯註：負責確保攝影機拍攝的資料畫面未經刪改或破壞，確實完整地交給影片編輯人員的監督人員。
2 譯註：指影片或一場戲的開頭，為用來明確交代場景的鏡頭。

顯是她頭頂上司的女士將我們帶到旁邊。令人困惑的是，她希望我們可以在in camera的情況下談一談。（以英文字面上的意思解釋的話，她是想要在攝影畫面裡談一談，但我已經帶了一整個攝影團隊來醫院，還特別這樣要求很怪；不過在拉丁文in camera是「私下」的意思，所以我想她的意思是希望跟我們在「沒有攝影機」〔*not* on camera〕的情況下聊聊；這些字眼真是容易令人混淆。）結果我們這場鏡頭之外的私下談話其實很快就結束了，她激動地表示，我提出的手術太危險，實在無法允許我進行手術。

「我以前就看過漸凍症患者因為做了一項手術就徹底破壞身體機能，你卻甚至要一次做三項手術。如果你執意進行手術，我們當然還是會完全配合，但你也必須理解進行了這三項手術後，身體復原的路會非常漫長。你也可能**再也無法**完全恢復。」

但我們倆早就知道手術有風險。就跟過去一起面對所有重大議題一樣，我們會鉅細靡遺地討論一切細節（包括面對死亡這件事），所以我們兩個同心一致。法蘭西斯和我聯手出擊，侃侃而談也毫不退縮地對她解釋「完整的長期生活品質」真正的意義，一起擊退這個意料之外、在最後關頭才出現的反對派，我們向她道謝後就結束談話，明顯比負責接待我們的人原本預料的早了一點。

我們又回到原班人馬的行列，不過這時又多了一位女士，現在似乎是由她負責為我們安排手術準備。她帶我們到一般病房外的另一間小房間，這就是我手術完在加護病房密切觀察情況無礙後要入住的度假小屋。我發現，醫院為我升等病房其實跟我帶攝影團隊來拍攝沒什麼關係（在醫院發現我會帶攝影團隊之前就已經幫我安排好房間了），而是因為我在國民保健署的電腦資料顯示我是「金級」病患——我本來以為這是因為我出身自溫布頓，還為此有點罪惡感又有點驕傲，但後來才發現，這個金級的意思其實代表我是應該接受臨終照護的患者。

幾個小時後，我們已經做完初步的電視訪談（是，我真的沒事；不，我不討厭醫院），攝影團隊先行離開；法蘭西斯則幫我穿上迷人的病人服後協助我坐上馬桶，這時醫護人員請他也先離開，於是他跟我吻別後暫時離開醫院。因為一時之間無事可做，我只好拿起手機看新聞。

「有人叫我來幫你做腸道準備。」

這位保健員看起來心情很好，她帶著鼓舞的笑容在我旁邊的桌子上放了一個巨大的塑膠水壺，裡面裝著帶了一點顏色的水。我知道因為隔天要做結腸造口術，醫生勢必會希望我盡可能先把腸子清空，所以我本來預期會被灌腸。但現在竟然只要喝點東西就好，這似乎是個更理想的選擇。

「你想要我怎麼做？」

「我先幫你把杯子裡的水倒掉，然後如果你能喝一點這個……」

那水壺裡的液體喝起來有點怪；她鼓勵我再喝一口，還是喝起來很怪；接著她要求我把整杯都喝掉。喝到一半，我確定這杯奇怪的飲料真的不太好喝，再繼續這麼彬彬有禮的小口啜飲好像不太對，所以我一飲而盡。

「這真的不太好喝，對吧？」我開口說道，把終於清空的玻璃杯放回桌上。

「嗯，真的不好喝。如果你能在接下來的半小時內喝完這一整罐，應該再過一個小時就會有效果。」

說完她笑著離開，留我跟水罐在病房裡乾瞪眼。

半個小時後，我一邊想吐，一邊完成任務，覺得身體不太舒服，但又因為終於把那整罐東西喝完而覺得有點舒暢。

「太棒了！你喝完了呢。」她依然帶著笑，把水壺拿走……然後又放了一模一樣的另一罐到桌上。「你只要再喝完這罐就可以休息了。」

一個小時後，我根本沒辦法休息。千辛萬苦地灌完第二罐奇怪的液體後就開始等待，一直等，但除了愈來愈不舒服以外什麼事也沒發生。這時，負責在我肚皮上用彩色筆畫上手術記號的女士來告訴我造口的大概位置，接著她問我準備好了沒。我完全忘記自己早先有請她多給我一點時間，所以我又要求了一次，語氣聽起來應該比上一次更急迫一點，於是她說她明天一早會再過來。

接著就開始了，一開始還只是在措手不及之下滴滴答答地流出來，後來就傾瀉而出，然後就沒了。除了乾等，我也沒其他事情好做；這時我終於理解為什麼醫學術語裡會說是「清空」患者的腸子了，真是名副其實：我絕對已經被清空得一乾二淨。接著，又是一陣傾瀉而出後突然停住，然後再一次噴發。結果我手機竟然響了。我看了看來電顯示，是漸凍症協會的主席打來，他好心打電話告知我獲選為董事。因為正好是噴發之間的中場休息，所以我冒險接了電話。

接到這通電話實在讓我又喜又急。喜的是（而且出乎我意料之外），協會成員們竟然會因為我提出運用科技好好活下去的政見，就選我這個徹底的陌生人當董事，而不是選擇他們本來就很熟悉的其他候選人。急的是，阿崙（Alun）主席非常健談又很為我開心，而且我還為他們帶來了革命性的消息，他怎麼可能會不想跟我好好聊一聊呢？他跟我分享了他的看法，問了我接下來的計畫，也稍微問候了一下法蘭西斯，還跟我介紹了他自己。

跟阿崙談話真的很愉快，我努力保持親切，也絕對不想在半途打斷這次談話，更不希望讓他覺得我很粗魯；但我也知道，我的手機上有特別敏感的麥克風裝置。而避免不相干的噪音干擾通話應該是基本電話禮儀，但現在要阻止噪音出現似乎變得愈來愈困難，可想而知，我在電話裡的聲音一定也聽起來愈來愈壓抑。掛上電話的同時，我控制大腸別讓屎掉出來的力氣也到了極限。

隔天一早，我的肚子上終於用彩色筆標出未來輸出大號的最佳位置。一位護理師來協助我脫下身上的首飾。除了手表以外，我身上只有戴婚戒跟脖子上用細金鍊串著的黃金安卡（ankh）。安卡是古埃及文字中代表生命的符號——就像雷蘭在巫師大賽贏得的戰利品——這是法蘭西斯送我的二十五週年禮物。自從他為我戴上這兩件首飾後，我從來沒把它們脫下來過。

我發現自己不想把這兩件首飾拿下來，這種堅持從科學角度來看很蠢，但從愛情的角度來看又非常合理。儘管我受過科學訓練、相信科學而且沒有任何宗教信仰，但我大腦最原始的部分還是渴望相信這些蘊含愛意的禮物擁有某些古老力量。也可能是因為我大腦裡想著自己跟阿瓦隆在撒拉尼亞永遠相守的情節；在撒拉尼亞王國，雷蘭的魔力無可披靡。無論如何，我都不想把這兩件首飾拿下來。

但我還是打起精神提醒自己是個科學家，把我的安卡交給護理師，然後騙他我的婚戒太緊了拔不下來，只好用膠布貼起來；所以我們就這麼做了。

攝影團隊快速對我進行了術前訪談。我在訪談中說明，雖然機率很低，但即便是手術出了問題，我們還是可以從這次的失敗中學習，這也正是研究的意義，這一次嘗試對科學發展依然有所助益。接著他們記錄了法蘭西斯跟我吻別的畫面，我就被推進手術室了。我跟麻醉師馬芮親切地交談，她在我的手腕插入動脈套管，做了幾項術前檢驗，確認我的身體除了肺功能只剩下百分之七十六以外沒有其他大問題，在我出聲提醒他們無論如何都要把手術做完後，她就乾脆地將我麻醉了。

法蘭西斯跟所有病患家屬一樣只能等待我手術結束；除此之外他什麼也不能做，只能靜靜等待。後來他終於接到電話通知，我的手術已經結束並且被送進加護病房觀察了；我到加護病房沒多久，法蘭西斯就到了。就如馬芮的事前計畫，我的處置跟一般醫院的標準程序不太一樣，她繼續以異丙酚（propofol）及瑞吩坦尼（remifentanil）為我維持全身麻醉的狀態，因為我可能必須緊急回到手術室做氣切，所以不能同時停止使用這兩種麻醉藥物。

他們首先停止供給我異丙酚，等藥物排出我的身體系統後，才又停止使用瑞吩坦尼。一般人通常需要十分鐘左右才能從瑞吩坦尼的麻醉效果清醒過來，所以從呼吸器停止對我輸送瑞吩坦尼氣體後就開始計時。然而幾乎就在剛剛好過了十分鐘的時候，我恢復了意識；加護病房的護理師跟法蘭西斯說我是他見過清醒得最快的病患；不過這當然不是重點。法蘭西斯和在場所有人最關心的是我有沒有辦法繼續自主呼吸。

我清醒後最初的記憶是看見法蘭西斯，然後醫師告訴我手術很順利。我在一個非常明亮、看起來很現代的房間裡，身邊圍繞著許多人。臉上罩著一個像防毒面具的大面罩；但我不喜歡這個呼吸面罩跟我的呼吸節奏打架的感覺，所以我示意身邊的人，想嘗試把面罩拿下來。

不知道為什麼，當時法蘭西斯覺得這是拿出手機錄影的好時機；也不知道為什麼，在場的醫護人員竟然也允許他錄影，於是他為我們的後代子孫捕捉到了我拿下面罩的畫面。

我靠自己的力量深深吸了一大口氣。

當天半夜，從晚上八點開始值班負責照顧我的年輕護理師拿藥來給我。我們已經聊了好幾個小時，話題包含了三重術式、漸凍症、會厭的小毛病、未來要靠科技好好活下去的計畫、我跟法蘭西斯的關係。我完全沒有睡意。護理師拿來的藥除了其中一種以外都是藥丸，所以我就著水把它們吞下肚，同時感激我的吞嚥能力似乎完全不受手術影響。藥師給我的最後一種藥是藥水，喝藥水比較不會像吞藥丸那樣可能會噎到。我把小藥杯湊近嘴巴，吞下糖漿狀的藥水，感覺到一點點刺激感。

接著，那感受變成強烈的不適，我開始瘋狂咳嗽。很快地我開始喘鳴，頻率甚至比當初在達特穆爾的時候還快。我旋即開始哮咳，很快地咳嗽了一聲，然後又是一聲哮咳，每一次咳嗽跟哮咳中間幾乎沒有時間呼吸，我感覺得到自己快要窒息了。即便這時的我已經用了大量的止痛藥，還是感覺得到我的肺因為渴求空氣而帶來的灼熱刺痛感。我的護理師措手不及，分不清我到底是噎到，還是對藥物過敏。

陷入絕望之下，我只好拿身體裡僅剩的一絲空氣做賭注，急迫的嘶聲說道：

「會厭！」

兩個禮拜後，我懷裡抱著剛出生的姪孫艾迪（Eddie），他待在媽媽的肚子裡不肯出來，直到醫院允許我出院回家才願意出生。艾迪出院後，他跟他的隨行人員們一起從隔壁來看我。

「那她當時知道你在說什麼嗎？」其中一個姪子的老婆著急地問我，彷彿這個答案可以解救當時正在生死關頭的我。

「她疑惑了幾秒，但馬上就想到我跟她說的故事了。我猜那應該是她最近一次聽到『會厭』這個字吧，所以她很容易就回想起來了。總之，她倒了一些水給我喝，然後我就又活到現在了！」

「事情可能急轉直下欸！」另一個姪子的老婆插嘴說道。

「是啊，不過老實說，如果要選一個地方窒息，加護病房真的是最佳選擇。」

「所以，你現在已經為其他漸凍症患者把路鋪好了，這就表示其他人也能在國民保健署醫院做同樣的那個三重什麼的手術囉？」

「當然！雖然還是有風險，我可以恢復得這麼好真的很幸運，但至少我們已經證明，這種手術對漸凍症患者來說是可行的。」

「你快跟他們說崔西帶來的好消息。」法蘭西斯催促我。

「啊，對，我們親愛的好朋友崔西，她負責西南半島這個區域由國民保健署為漸凍症患者提供的照護安排，所以她會在患者確診後盡快上門拜訪並提供協助。有天她第一次上門拜訪一位小老太太，簡單寒暄後這位老太太就開口了：『親愛的，跟我說說，你有沒有聽過一位叫做彼得．史考特－摩根的人？』此時崔西心裡警鈴大作，但還是平靜地回應她：『我的確**聽說過**這個人……』『太好了！既然如此，除了胃造口管以外，我還要那種叫做恥骨上膀胱造瘻的東西。』崔西超級以這件事為傲！」

柏克利廣場

我看了看手上那支卡地亞（Cartier）手表，那是法蘭西斯最近送我的三十歲生日禮物——約莫七點半——我扣上深藍色三件式西裝裡面那件背心的釦子，看看鏡子，提起公事包，裡面放了法蘭西斯剛做好的三明治，我大口親了他一下後就踏著輕快的步伐走到最近的奧斯特利（Osterley）地鐵站，時間剛剛好——這時我絲毫沒有想到，這一天的發展會完全脫離我的掌控之外。

我們發現奧斯特利對我現在的生活方式來說，正是理想的居住地點。從這裡搭地鐵往東坐到我位於梅費爾（Mayfair）的辦公室，或是往西到希斯洛（Heathrow）機場的時間差不多，我有時候一週內去機場跟去辦公室的次數不分軒輊。另外一項住在距離倫敦中心區域四十五分鐘車程的好處是，大部分的日子裡只要我夠早起，上車就有位子坐——過幾站以後上車的人就只能站著了。

今天，我坐上往東的地鐵，一整路都忙著練習簡報。約莫一小時後，我走進柏克利廣場之家（Berkeley Square House）氣勢不凡的大門，按了貼著大理石飾板的電梯，走進去後按下九樓——也就是這棟大樓的頂樓——的按鈕。像我這樣與人格格不入的傢伙都被放在那裡。

跨國科技管理顧問公司——理特諮詢公司（ADL，Arthur D. Little）——倫敦辦公室的配置很詭異，員工被分散在柏克利廣場之家的六樓和九樓。六樓的空間很大（所以也是辦公室權力中心所在），而九樓則是在辦公室租金漲到不像話時，精打細算的房東在屋頂加蓋的小空間。儘管從我辦公室的玻璃窗望出去可以看見整個倫敦市中心的環景全貌，但那些窩在六樓狹小又沒有冷氣的辦公空間的同事們依然完全不想跟我交換，因為他們的辦公室更靠近公司的高層，而這些高層中最核心的人物就是坐在角落那間辦公室的麥可（Michael）（我們在公司都以名字稱呼彼此），他是倫敦辦公室的總經理。而我自己則是對九樓這個位置很滿意，一點都不想跟樓下的傢伙交換。

我們這些九樓幫的人因為被孤立在公司主流之外，所以反倒有叛逆的本錢。我們能夠有自己的辦公室——而且是精緻的辦公室——就代表理特諮詢公司的確有從我們身上賺到大錢，所以才希望讓我們開心地留下來工作，只要別離他們太近就好。目前為止，我是九樓這群同事裡最年輕也最資淺的員工，只有四年的年資。也就是說，大部分員工在被公司禮貌性的鼓勵離職之前，大多都只待了兩年左右，所以我想公司應該覺得我是「有前途」的員工吧，也有可能是因為我是全辦公室裡唯一有博士學位的人。

我透過羅伯特（Robert）辦公室門上的玻璃窗對他大聲打了招呼；他比我年長二十歲左右，是個菸不離手的老菸槍，也大概是我們九樓幫裡最野的傢伙。我聽過無數關於他的故事，情節大部分都跟女人、酒精、毒品或以上三者結合有關。但客戶很愛他，而且理特諮詢公司也用一種長輩老是寬恕已犯錯上百次的小輩的方式愛他。

據說，時不時會有祕書跟他搭上線，這些傳聞中至少有一則絕對不是虛構。大約一年前，我進公司的時候正好有個同事站在羅伯特的辦公室門外，他看到我愈走愈近，就趕緊把我叫到他旁邊。

「他在跟六樓新來的祕書打炮！我十分鐘前看到他們一起走進去了。」

從傳出門外的聲音來判斷，我敢肯定他的推論一點也沒錯。但因為羅伯特辦公室門上的玻璃窗被一張巨大的白色反光紙蓋住，我們無法確定他們是不是真的在裡面親熱。我問同事那張擋住視線的是什麼東西。

「那是他本來貼在牆上的海報。他把海報撕下來用萬用黏土貼住玻璃，保護他的隱私。」

在準備要離開羅伯特辦公室門口時，我們注意到一件事：雖然萬用黏土很好用，但是它會因為放太久，又被無止盡放送的冷氣吹乾而漸漸失去黏性。所以現在海報有其中一角早已脫落；隨著我們的注視，海報的另外一角也開始脫落。就跟慢慢把眼罩往下拉一樣，海報慢慢往下捲，直到底部兩個角落的萬用黏土再也無法支撐，整張海報掉到地上；此時也就證實我同事剛剛根據辦公室裡的聲音所做的推測完全正確。羅伯特發現海報掉了下來，他也抬頭看見我們；但是他完全不愧對自己狂野的個性，逕自繼續身下的動作絲毫不停，一點都不受影響。他唯一的反應是笑著對我們豎起大拇指。

八〇年代末，理特諮詢公司是一家非常獨特的公司。它深耕科技領域，同時也不斷鑽研創新的可能性，並研究如何使科技公司在業界成功，如何經營科技公司，如何運用科技改變現狀。光是以上種種，就讓我在加入公司後熱血澎湃，而且我還發現自己很喜歡這種顧問的生活型態。不久後，我也意識到自己極度幸運可以成為這種企業文化的一員，只要多花點心思，我就能在公司成長茁壯。

理特諮詢公司長久以來都特別欣賞能跳脫框架思考的人格特質，就跟他們超群不凡的創辦人亞瑟·迪宏·理特博士（Dr Arthur Dehon Little）本人一樣。這家公司曾經運用化學合成技術，以母豬的耳朵（其實是一大車的豬耳朵）做材料，實際製作出一款絲質包包（其實做了兩個）。也不甘於固守已經獲得的成就，在合成出絲質包包後的下一個世代，又實際讓鉛氣球飛上天空（飛行高度甚至高到被波士頓的洛根將軍國際機場（Logan Airport）認為會影響飛行安全）。這家公司甚至還設計出精巧的方式來歸類各種氣味，「身價百萬的好鼻師」歐內斯特・克羅克（Ernest Crocker）還藉此拯救了一位小男孩的生命，醫生一直診斷不出這個小男孩到底得了什麼病，束手無策之下，克羅克卻靠味道嗅出問題所在。我希望這家公司能讓我盡情發揮，為我發展新點子提供足夠的協助。

在午餐時間之前我就把自己帶的三明治吃掉了，其他同事都是到附近買午餐，但我跟法蘭西斯已經計算過自己帶午餐可以省下不少錢；我們都還記得一貧如洗的感覺，因為再也不想經歷那種痛苦，所以在我的同事們享受有餘裕的生活形態時，我和法蘭西斯則盡可能把錢省下來支付鉅額房貸。

今天我要到六樓的會議室簡報，公司每個月開會都會供應各種三明治；但因為今天我得負責簡報，等我簡報完好吃的東西大概都被掃空了，而那些剩下來的食物應該也被數不清的手摸過了。

報告了四十分鐘後，我發現食物已經被一掃而空。大家也終於把嘴裡的培根、酪梨、蝦子、鮭魚和起司咀嚼吞嚥乾淨，終於開始發問。最後換特地從布魯塞爾（Brussels）辦公室飛來倫敦開會的帕崔斯（Patrice）發言。他是公司的協理，在理特諮詢公司裡算是長輩級的老員工。他現在負責推動全球科技創新舉措，所以算是我頂頭上司。不知道他為什麼硬是要跟其他人不一樣，特站起來問我問題。帕崔斯身材高大，還留著一把精緻的鬍子，跟他的比利時口音很搭。

「所以彼得，據我所知你的這個『潛規則』技術是用來破解公司文化的技術？」

「嗯，破解公司文化應該算是附加價值。它其實是一種用來破解龐大複雜系統的技術——甚至可以用在規模達到上萬人的組織——我們可以藉此解釋組織背後隱藏的運作規則。」

「是，但這個技術的重心其實就是軟趴趴又不切實際的文化，對吧？」

「不，其實不是。這種分析技術每一步都是以縝密的邏輯運作。不過你說的也沒錯，分析過程中的確會針對大家誤以為『軟趴趴又不切實際』的文化層面解釋——但這只是附加價值。重點是，有了這種技術，我們終於可以搞清楚**為什麼**我們以為是『好點子』的構想會失敗，並搞清楚出問題的**過程**。我們可以據此將原本的構想變成真正**適合**特定組織的好主意，而不只是強硬地在組織內施加根本就會被抗拒的思維。」

「孩子，你在講的**這些**，恐怕正是所謂軟趴趴又不切實際的文化。」

他環顧四周，彷彿自己是正在與陪審團打交道的大律師。狀況看來不妙。

「可是帕崔斯，『潛規則』技術的核心價值並**不是**企業文化，重點是要破解未來發展，是為了移除組織內部無形的障礙才能真正帶來改變。這項技術的終極目標是要改變未來；即便我們的客戶不會直接說出來，但改變未來正是客戶花錢請我們幫它們達成的目標！」

「是，但不是要我們改變它們的文化！」他似乎根本沒在聽我說話。「這根本不是客戶關心的事。」

「其實就是！我們一直為客戶提供好像很聰明又簡潔的解決方案，但其實根本行不通。你也知道我當初分析了我們為飛利浦公司（Philips Electronics）提供的建議，也是因為想搞清楚為什麼我們的建議沒有用，才會想出這項技術。」

這大概已經是我所能想到最客氣的措辭了——當初就是因為帕崔斯提供的建議才會徹底失敗。

「飛利浦根本**不需要**什麼『文化稽核』[1]或是叫做『氣氛指數』[2]的東西。抱歉，但對我來說你這個技術就跟**不放糖就想做出棉花糖**一樣不切實際。」

他又擺出對陪審團說話的姿態。「總而言之，不管你的『潛規則』技術到底有沒有用，都**不是**我們公司該做的事。」

說完他就坐下了，總經理麥可則站起來說我是公司的「怪才」，同時感謝我為大家做了「引人入勝」的簡報，接著就散會了。我開始收拾投影片，準備回到九樓；這時布魯斯走了過來——他就像我在公司裡的導師。他也是個老先生，實際上算是公司的副總經理，但掛的卻是協理頭銜。布魯斯快退休了，大家都覺得他是個易怒又像老學究一般處事嚴謹的完美主義者，但也常常有天馬行空的想法；他跟一位令人望而生畏的女士住在一起，對方是極富盛名的顧問公司麥肯錫（McKinsey）的首位女性合夥人，我很喜歡也很尊敬布魯斯。

「一起來快速聊一下？」他對我咕噥了一聲。

我們走到他位於麥可隔壁的辦公室，我試著配合他又長又緩、冷靜自持的步伐，以免顯得自己太慌亂。他揮揮手要我坐，自己也坐了下來。

「別太在意帕崔斯。他是很聰明沒錯，但他無法接受任何其他人跟他**一樣**聰明，更不能接受任何人有機會讓他相形失色。」

「但我是他部門的人，使用『潛規則』技術可以讓他在公司裡大出風頭。」

「但問題就在於，這個點子不是他想到的；對他來說，這不是他想到的點子，所以一定沒什麼了不起。」

「如果真的是這樣，那也太可笑了。他根本是在欺壓我——我可不會對霸凌者屈服。」

「冷靜，冷靜，不用這麼大動肝火。你只要對客戶推銷你的點子就好，沒有什麼比真的替公司賺到錢更有說服力的了。」

「但他根本不讓我接觸他的客戶。」

「那就別找他的客戶，去找其他客戶推銷。你已經跟英國石油（British Petroleum）提案了吧，結果如何？」

「現在還沒消息。已經過很久了，雖然英國石油的窗口說事情還有望，但是他們還在『討論實行規模』，要真的跟我們簽約還得通過層層關卡。」

「好吧，所以你的聯繫窗口可能只是在婉轉拒絕，但誰知道呢。總有一天你**一定**能做到大生意，這能讓你在公司站穩腳步，不只是一個有創意的『怪才』。」布魯斯笑著學麥可說話，但他自己其實也是公司裡比較特立獨行的存在——「而是有望成為資淺合夥人。」

他前幾週信心滿滿地對我提起這件事，幾個月後要選出今年度獲提拔為合夥人的員工——還有一位比我年長一些的同事賈維斯（Jarvis）——我們同時成為競爭者。但我獲選的機率微乎其微。

「哈，我可沒有抱太大希望。」我笑著說。

1 譯註：即為針對組織內部的政策及實踐進行評估。

2 譯註：為判斷組織內部氣氛的指數，可判斷組織內部成員所感受到的壓力。

「就像我之前說的，如果你這次獲選，就會是公司史上最年輕的資淺合夥人，你還年輕，所以在這時候也不必太在意得失。但如果我當初不看好你，就也根本不會提名你了。」

「我真的很感激！」

「確保適合的資深顧問獲得合理升遷是我的職責。」他停頓了一下，似乎在小心選擇接下來的用詞；這兩種行為對布魯斯來說都很不尋常。「這也是為什麼我聽到關於你私生活的傳言時，不太開心。」

潛規則

突然間，以前跟校長「聊聊」的記憶又回來了。我**從來沒**跟布魯斯聊過我的私生活；當時的我比在校園時代還更以自己的同志身分為傲，只要有同事問我，我都會坦然回答。只是布魯斯從沒問過我，麥可也是；但他們兩位的祕書都跟我是好朋友（特別是麥可的私人助理海倫），目前為止，這兩位祕書也正好是公司裡對我的親密關係最瞭若指掌的人，所以我一直以為他們兩位的頂頭上司應該都大概知道，只是選擇從來不提這件事而已。直到這一刻為止，我都還以為他們對這件事沒意見。

「這件事你知我知就好，我**不希望**你輕舉妄動。但我知道賈維斯跟其他合夥人討論讓你升職適不適當。」

「什麼？」

布魯斯溫和地揮了揮手，出言安撫我冷靜下來。

「他似乎認為，你們兩個之間只有一個人能獲提拔為資淺合夥人——看來他不打算把機會讓給你。」

意外的是，我一點也不覺得驚訝。賈維斯給我的感覺一直是那種在街頭跟人做生意廝殺的小販，在學了一點演講技巧後，就搖身一變成為在倫敦證券交易所跟人上演割喉戰的證券交易員。

「他到底對我的私生活說了什麼？」

「哦，他倒沒說什麼壞話也沒說什麼重點。你也知道，就是影射、表達擔憂那類的話。」

「不，我不知道。」當然我猜得出來。

「就是像：『我知道這是我自己的問題，跟彼得無關，也跟他的工作能力無關，他真的非常有才華，同時也是公司寶貴的人才；但我的確很擔心**客戶**會怎麼想。畢竟我們的客戶中有些人還是非常保守。所以不管**我們**對彼得的私生活選擇抱持什麼態度，**客戶**觀感才是首要考量。』對賈維斯來說，這招算很聰明了。」布魯斯間接評價了賈維斯的智商。「他在背後捅你一刀，卻講得好像他有聖母胸懷一樣。」

這招可真聰明。我跟布魯斯一致認為眼下我什麼也不能做——只能繼續努力在工作上力求表現——跟布魯斯談完後，我回到九樓，心裡想著賈維斯就坐在六樓的辦公室裡。

我大約沮喪了兩個小時，一邊準備隔天要在都柏林（Dublin）向客戶簡報的內容。我的祕書興奮地從辦公室門後探出頭，把文件放進收文籃裡，並對我說：

「傳真室剛剛打來，說有一封信傳真過來給你，會這樣傳真進來應該是比較緊急的內容吧；不過傳真紙剛好用完，所以庶務小弟出去買傳真紙了。他們說傳真機剛好印完你的信才沒紙，真的很幸運，傳真機直到乖乖把你的信印完才開始嗶嗶叫。總之信已經安全印出來了，只是現在沒人能把它拿來樓上給你，因為傳真室現在只有一個人在，你要我幫你下樓拿嗎？還是你可以等一下？因為我現在還在幫你做最後一次校稿，然後我再不到一個小時就要下班了，我今天晚上又要跟義大利男約會，等我到家大概還要花至少半小時整理，然後——」

「他們有說是哪裡來的信嗎？」

「啊，有，是英國石油傳來的。」

這時我已直接站起身，快速穿過她身邊走到辦公室走廊，一邊對她說：「沒關係，我自己去拿。」

我走到電梯間，但沒等到電梯來就直接走緊急逃生梯，三步併作一步，接著快速經過六樓的接待櫃檯。

「大忙人，大忙人啊！」其中一位外表光鮮亮麗的年輕櫃檯接待員嚷嚷著。

「有要務在身！」換另一位接口說道。我慢下原本小跑步的節奏，換成快走的步伐，同時對他們回以微笑。轉個彎走進辦公室最主要的走廊，踏進一條較短的走廊，再走進一間辦公室大小的房間，裡面放著電傳機、影印機和兩臺傳真機，還有一位中年女性。

「應該有我的傳真吧？」

「對，親愛的，這就是。」

我從她手上接過亮面的傳真紙；她已經把一整張感熱紙裁成大小差不多的兩張，符合原本信件總共有兩頁的樣子。因為是整卷傳真紙最後的一點點紙張，所以整封信都捲起來，讓我一次只能看到一段。讀完信後，我把兩張紙平攤在桌上用手壓著以防它們又捲起來，然後再看了一次。

「是好消息嗎？親愛的。」

我笑容滿面地轉身面對她。

「**大獲全勝！**」

我抓起捲起來的傳真紙，昂首穿過坐滿公司高層的辦公室，走向布魯斯的辦公室。如果他的辦公室門此時剛好關著，就會打斷我勝利的步伐，會破壞一口氣達到情節高潮的感覺；幸好，門開著，而且布魯斯一看到我來就招手叫我進去，我完全不必停下腳步。我沒說話，直接把傳真遞給他，他也沒說話，開始快速瀏覽內容；他剛看完第一頁就露出了笑容，看完第二頁後，他開口說道：

「整個局面都改變了！」

他從座位上跳起，用我看過最快的步伐大步穿越走廊，走進海倫的辦公室。

「他有空嗎？」

「他正忙著跟帕崔斯開會，恐怕沒空哦。」

「這樣更好！」

布魯斯在麥可的辦公室門上隨便敲了幾下，沒等到裡面招呼就直衝進去。

「我知道你一定會想看這個。」布魯斯說了這句話，當作交代他為什麼會突然闖進來。帕崔斯看起來很惱火，但也只能接受被打斷的事實，接著看到布魯斯帶著我又被激怒了。麥可則不一樣，他看到我以後露出了好奇但歡迎的笑容。

「這是什麼？」

他拿起那兩張傳真紙攤在他奢華的辦公桌上，用雜物壓住紙張後開始細讀。

「啊哈！」

他一定是讀到那一段了，信裡面說，英國石油打算採用「潛規則」分析，不僅要用在其中一家分部（這是我原本預期的目標），而是決定要直接對十家分部進行評估。

「**你！幹得好！**」

他抬頭對我笑了笑，接著又低頭把信看完。他現在一定已經看到英國石油承諾的付款方式了——那一大串令人滿意的零，還加上各種支出費用。

帕崔斯忍不住好奇。

「我可以請問，到底是什麼好消息嗎？」

布魯斯這下忍不住要誇口了。

「這個嘛，帕崔斯，根據你午餐會做的評論，我要欣然向你宣布，我們公司的年輕人彼得找到了有足夠見識——財力也夠雄厚——的客戶，他們明顯比較喜歡棉花糖，而不是比利時巧克力哦。」

帕崔斯還是一臉茫然，布魯斯再補了一句：

「他們要的可是一、大、堆棉花糖哦！」

幾個禮拜後，我和法蘭西斯開香檳慶祝，我們碰了碰杯子，法蘭西斯對我敬酒：

「敬史上最年輕的資淺合夥人！」

「我跟你說，他們下禮拜就要讓我搬到六樓了——離麥可只有四間辦公室的距離。」法蘭西斯露出恰到好處的讚賞之意。「不過只是因為剛好有辦公室空出來而已，」我忍不住坦承，「所以其實也不代表什麼啦。但無論如何，賈維斯的辦公室倒是離麥可遠得很！」

「太好了！」他又啜飲了一口香檳。「那這對你的『潛規則』會有什麼影響？總體來說這次升職代表什麼？」

「嗯，現在大家會比較把我當一回事了吧。只要我好好努力，可能就可以在這群人之間找到自己的一席之地，而且現在是資淺合夥人，可以做更多自己想做的事了。」

「你明明**一直**都在做自己想做的事！」

接下來的兩年間，我們之間又多了兩件值得慶祝的重大事件。我們的十二週年紀念，同時也是申請更改姓氏正式生效的日子——我們現在是史考特–摩根一家了，這讓我們欣喜若狂。我本來很擔心爸媽會怎麼想，但他們倒是泰然自若；老媽甚至還說，我們應該為挺身而出對抗偏見，以達成這項成就為傲——由這就能看出她跟老爸如何一步步接受我們，甚至開始為我們的關係感到欣慰。即便她沒有直接對我表示過，但她有跟法蘭西斯說過自己對於當初的態度感到愧疚，同時覺得我們非常勇敢，並且認為我與法蘭西斯相遇是我人生中最棒的一件事——這點我舉雙手贊成。

第二件事對我們來說的重要性不亞於前一項，也徹底改變了我們的生活方式與居住地點。我之前在美國波士頓（Boston）的理特諮詢公司總部待了一個禮拜，他們希望我為對「潛規則」分析技術有興趣的員工簡報；我自然是按指令辦事，於是事情就順利地結束了，我也沒再多想什麼。結果，我在週末到來之前跟負責全北美地區管理顧問業務的總經理開會時，她若無其事地開口說道：「我打算派一組人馬到倫敦待半年，讓他們跟你學如何執行『潛規則』分析。」

這出乎我的意料之外，但電光石火之間，我的大腦就做了改變人生的決定。這件事對我來說彷彿水到渠成，我想都沒想就回答她：「不用，不用，我搬去美國住半年比較有效率；這樣我可以直接訓練每一位需要學習這項技術的員工。」

她馬上就答應了。

我打給法蘭西斯說這件事後他立刻表示贊同——他明顯打算跟我一起去。回家以後，我們開始深入討論這件事，他堅定地說：

「這是你的大好機會，我們一定要全力投入這件事；像在倫敦分公司這種地方，有些機會永遠也不會出現，但在美國一切就都有可能。我們絕對不想花下半輩子後悔：『如果當初……』我們一定要把握這次機會！」

也因為這樣，法蘭西斯辭了工作，我們準備把房子賣了，找好可以輪流幫我們照顧兩隻喜樂蒂牧羊犬的寄養家庭，做好搬到波士頓的萬全準備。我們計畫在美國賺大錢，然後定居在那裡，這就是我們的美國夢。

但我們必須面對的現實是，法蘭西斯從來沒去過波士頓，他除了觀光簽證以外沒有其他美國簽證可以使用，而且以理特諮詢公司的立場來說，我只是暫時外派到美國而已。在我搬去美國工作的那封電子郵件裡寫得很清楚：最長只能待六個月。

美國夢

我和法蘭西斯在已經宣布緊急狀態的時候抵達麻州，這似乎有點不太吉利；當地因為下起大雪，商家和各種機構通通關閉。但我們依然不為所動，直接請計程車司機在「波士頓的中心點」放我們下車，我們一路從議會大廈（原本金黃色的大廈圓頂都被雪包覆了）沿著積雪很深的人行道奮力前進。幸運的是，我們去看的第一間公寓裡正好有間位於高樓層且景觀絕佳的工作室要出租，於是立刻租下這間房子。我們只花了不到一個小時就找到理想的住處，地點離議會大廈只有不到一百步的距離。

波士頓的中心區域是絕佳的居住地點，也因為住起來實在太舒適，我們很快就開始考慮在這裡買房子，畢竟我們兩個都沒有明確規畫什麼時候要回英國。也正因如此，從踏上美國國土的那一刻起，我就努力逐步爭取延長理特諮詢公司原本為我設定的六個月外派期限。機會之窗也因此一點一點打開。

儘管我當初搬到美國時就已有心裡準備這只是公司的短期安排，但到當地後不久，他們介紹我的時候開始稱我是「要在這裡待一年的彼得」，幾個月後，我終於拿到正式轉調文件，上面清楚寫著我會在美國待「最少兩年，經雙方同意得延長期限」。

所以，我的美國夢做了六個月以後，機會之窗終於大大敞開，我心裡的夢想也開始無邊無際地發展；一天，我被帶到公司總部的企業行銷部門主管位於頂樓的奢華辦公室。

「請進，請進，快請進！」他看起來四十幾歲，有著受過良好教養的東岸口音和穿著打扮。「所以，都結束了嗎?」

我和他面對面隔著咖啡桌，坐在不太舒服的設計師椅上。從這裡的窗戶看出去可以欣賞橡子園區(Acorn Park)美麗的校園，這裡有許多實驗室、辦公室、直升機停機坪，還有加拿大雁在湖邊棲息。我的辦公室在與總部大樓相接的另一棟建築裡，幾乎沒有對外窗。這裡的冷氣也很怡人，室內溫度就跟英國冬天差不多冷。今天戶外又濕又熱，跟室內溫度大相逕庭。

「所以彼得，回到我剛剛問你的事，董事長晚餐會已經結束了，你應該有事情想跟我報告?」

董事長晚餐會集結了來自美國各地重要城市的八位董事長，是公司一年一度的盛事，只有執行長們會獲邀參加。在一九九三年度的董事長晚餐上，我是唯一獲邀演講的講者——四十分鐘的「破解潛規則」(The Unwritten Rules of the Game)演講;我的演講時間巧妙地安排在主菜跟甜點之間。這件事對公司來說重要到在我跟法蘭西斯為了躲避波士頓可怕的二月大雪而跑去西嶼(Key West)度假一週時，他們還很好心地派了兩個人飛來跟我討論演講內容(在泳池邊穿著T恤)，而不是要求我提早飛回波士頓。

「其實我有個點子，我們可以好好利用在董事長晚餐上演講的成功經驗。」

「是阿，這是我們今年最大的行銷投資項目，所以一定要善加利用。你想到什麼好點子了?」

「我要寫書。」

他的表情瞬間僵住，不妙。

「這樣啊!」更不妙了。「我不太確定。」這倒是明確的壞兆頭。「你也知道，有些概念剛好足以發展成雜誌裡的一篇文章，或是變成一場演講——就像你在董事長晚餐發表的演說大獲成功那樣——但是……」這個充滿懸念的「但是」跟他為了選擇措辭而產生的停頓，更是毫無疑問的壞兆頭，「……如果硬要把這些點子發展成一整本書，似乎會有點**單薄**。」

接下來整整半個小時我都在試圖說服他，讓他理解我確實已經構思了一本**好**書。

「我只是要花時間把它寫出來。」說完，我就直直地注視著他，希望我的話能夠產生作用。

「抱歉，但這無法說服我。恐怕我們無法支持你這麼做，我不覺得這是適合公司出版的作品。真的抱歉了。」

幾分鐘後，我穿過連接總部大樓跟北美地區管理顧問部門大樓的行人天橋。四周牆面換成上了漆的煤渣磚——據說是為了讓環境看起來更像附近的麻省理工學院（Massachusetts Institute of Technology）的實驗室。

「嗨，破先鋒！」公司一位業績突出的協理從天橋的另一邊朝我走過來。每次碰面，他都會用笑容對我，但似乎只是因為他把我當作笑話看待。我們第一次見面時，他就毫無顧忌地跟旁邊的同事說：「你知道嗎？這傢伙喜歡『哈棒』欸。」我對他說的話有點訝異，但還是不為所動。我裝傻回應他：「我這個人什麼都沒在哈，不過如果你真的想哈棒，我也是可以弄來給你。」他又笑了，我感覺自己好像通過了某種考驗。

「嗨！」我刻意忽略他把「破解潛規則」這個名字拿來取笑我。至少他還稱我為先鋒，我就當作是稱讚了。我走下樓梯心裡一邊想著，現在我絕對比「怪才」又更上一層樓了。

又穿過幾條走道後，我終於回到辦公室；說來有趣，當初分配辦公室位置時，我以為自己只會待幾個月；但我的辦公室根本比清潔工的工具間還要小，只有一扇小小的窗戶，而且往外面看樓下就是停車場。大家更是不斷拿這間辦公室的位置開玩笑。公司為我分配的主管當初就在將我介紹給新同事時開玩笑說道：

「知道彼得的『生活方式』後，我們刻意將他的辦公室安排在洗手間旁邊。」他轉過來面向我，為自己的笑話笑得樂不可支。「我們相信他一定會很開心。」

幾個月後我才發現，原來我的同事們都以為男同志沒事就喜歡在男廁閒晃。當時我就只簡單回應：

「除了我的辦公室位置，這裡一切都很好！」

我在有著凹痕的金屬辦公桌前坐下，這裡光是我和桌子就已經占滿了整間辦公室。我忠心耿耿的祕書依蘭（Elaine）神奇地突然出現，但她只能站在門口，我的辦公室根本沒有足夠的空間讓她走進來。這時她已經把腳上優雅的高跟鞋換成了運動鞋，所以我知道她準備下班了。

「如何？」我跟她大概說了剛剛發生的事情以後，她神祕兮兮地靠了過來。她在橡子園區已經工作好幾十年了，所以從一九六〇年代開始的各種八卦她都了然於心。「這也不意外。他之前的公司就有人說『好主意進他辦公室都會硬生生被掐滅』！我的好彼得一定會想出辦法……」

一小時後，我把公事包和借來的老舊筆電收拾妥當，儘管這裡的夏天炎熱又潮濕，我還是踏著輕快的步伐走路去搭地鐵，我搭上其中一班列車，一路駛向議會大廈的方向，幾分鐘後就回到我們的小公寓，跟法蘭西斯說起今天開會的事；即便已經在這裡住了半年，窗外的美國城市風情還是讓我覺得會有超人飛過去。

「無論如何，你還是要寫那本書！」

「什麼時候寫？」

「用週末寫。」

於是我就照做了。五個（**相當**漫長）的週末過後，我把即將完成的《破解潛規則》（*The Unwritten Rules of the Game*）手稿拿給總經理看。這是熱騰騰剛出爐的作品，集結了我過去幾年來每一次演講、培訓課程以及所有我過去所有概念性的想法。我本來以為在交出書稿後，一定會由數名編輯把持重重關卡、拆解重組我的作品，所以我乾脆用說話的方式寫作。

結果，我猜在正式出版之前大概根本沒人看過書裡寫了什麼——大家都覺得反正別人會看。不論事實真相到底如何，總之等到麥格羅希爾（McGraw-Hill）公司把我的書當成他們一九九四年度春季書目的主要推薦書籍推出時，裡面只有四個字被改動。其中兩個字是「幹」。

從怪才升級為先鋒以後，在一九九四年的某個時間點，因為媒體（還有願意在我身上大把花錢的各大企業）為我冠上大師的名號，我突然莫名被捧上雲端；我與國際性的演講機構簽約，還正式成為公司合夥人，此時的我身上突然出現賺大錢的潛力。就算同事們當下還沒看過我寫的書，等我獲邀到達佛斯（Davos）的世界經濟論壇（World Economic Forum）演講後他們勢必就都看過了。接著公司又邀請我到世界各地為公司員工演講（理特諮詢公司在全球各地幾乎都有分公司），但他們發現接下來一整年我都已經預約滿檔，時間最近的檔期在一九九五年六月……前提是如果我想幫他們演講的話。

我跟法蘭西斯買了一間路易十四時代的舞廳和一臺肌肉車[1]（muscle car）當作慶祝。更精確來說，我們看上市中心在波士頓公園附近位於蓊鬱的聯邦大道上一間建於一八六〇年代，寬敞又高級的聯排別墅，我們借了一大筆貸款買下它。這間房子裡的起居室就是一間巨大的洛可可風格舞廳，牆上裝飾著巨大繁複的雕刻花紋，跟在法國城堡裡一樣。或許是因為當初一起住的第一間房子實在太糟糕，那段得用膠布貼住窗戶抵擋冷風的記憶，讓我們這時決定過度補償自己。

我們買的第二樣東西就節制多了。雖然我和法蘭西斯知道自己大概想要什麼感覺的車子，但就是說不出來那到底是什麼車；於是我找了橡子園區裡的一位資深顧問，他正好是美國汽車工業的世界級專家，於是我向他解釋我們現在的尷尬處境，我們正苦於不知道該怎麼跟車商說明到底想要什麼車款，所以不知道怎麼找到想買的車。

「啊，你們說的就是肌肉車嘛！」

他給了我幾個名稱後，我們拿到一些車款目錄，隨後就決定要買龐帝克火鳥（Pontiac Firebird），接著法蘭西斯直接打給大波士頓（Greater Boston）的汽車業務。

「是，我們想要敞篷車頂。沒錯，車身要選你們最亮的紅色。不，我們不用試駕。沒有，我們沒開過這種車——老實說我們也不確定我們有沒有看過這種車。對，在目錄上看起來很美，我知道這是真的可以開的車。」

1 譯註：為一種汽車類別，特指擁有高性能的轎跑車。

我們打開車頂敞篷在聯邦大道上奔馳，車上好幾個喇叭放送著自動換片音響傳出的音樂聲，我們戴著盾形的太陽眼鏡抵擋刺眼陽光，我們也一邊慶祝從美國移民署得到的小小勝利。

自從搬到美國以後，法蘭西斯就一直面臨被拒絕入境的風險。我是公司外派人員，法蘭西斯則被官方認定為觀光旅客身分。美國法律規定，外派人員的未婚伴侶可以不限次數自由進出美國，但法蘭西斯卻不被視為我的未婚伴侶。這似乎不太公平。我們找了移民律師來解決這個問題，最後終於獲得法律的正式澄清，決議同意在定義未婚伴侶時「性別無關緊要」。於是法蘭西斯飛到洛根將軍國際機場興奮地給我看他剛拿到的入境許可；我們的事件開啟了法律先例，也讓全美國所有移民律師都知道這件事。大功告成。

遍布全球的理特諮詢公司瀰漫著競爭的氛圍，大家都想方設法吸引我造訪他們的國家，因此全球各地的辦公室都試圖展現勝過其他分公司的創意，藉此吸引他們的客戶（還有我，而如果目的地是法蘭西斯喜歡的國家他就也會一起去）參加「潛規則」盛會。

短短幾個月內，這種生活模式成了我的日常生活。到世界各地出差的確很令人興奮——但也很累。大家都以為我是個外向的工作狂，在這種生活節奏下悠然自得；但其實只要我跟法蘭西斯有機會休假，我可以完全不管電話留言或電子郵件，我會這麼努力工作是因為我在求學生涯就是被這樣訓練；但其實我做過的每一種性向測驗都顯示我是善於偽裝的內向型人格。我會把握一切機會利用工作當藉口避免跟同事吃飯，逃回自己的飯店房間吃客房服務的餐點，然後繼續埋頭工作。

兩年後，我終於開始理解「巡迴工作」的潛規則，同時我也快要把自己燃燒殆盡。我在八天內環遊了世界一圈——從西半球到東半球的巡迴路線讓我更加受到時差的影響——一路上講了七場演講。直到抵達巡迴演講的最後一站，我的大腦開啟自動飛行模式的時間大概比我搭飛機的時候還要多。我對於在亞洲的記憶只剩下對記者自我介紹：「我是彼得．史考特－摩根」的時候，她一臉很失望的樣子。

「他沒辦法來嗎？」

在向她解釋我本人就是彼得．史考特－摩根的時候，她笑了出來。

「哦！我本來以為你會又老又胖呢！」

除此之外，我對於亞洲異國風情的記憶根本一片模糊。法蘭西斯說，如果這樣巡迴演講對我們來說有任何好處，那這種程度的勞累或許還算可以接受。但其實我所有的版稅和講者酬勞都落進理特諮詢公司的口袋。更糟的是，公司來了一位新的總經理，他嚴格執行自己那套制式管理方法，覺得單一種管理方式就可以套用到所有人身上；不管怎麼想，這種管理方針都不可能適合我；有他坐在那個位置上，說實在的，我也**不想**待了。法蘭西斯一如往常地全力支持我勇敢反抗。

「我要自立門戶了。」我對那位總經理說。

「你不可能成功，彼得，你不是那塊料，外面的世界殘酷又冰冷！」

「那正好！」我沒興趣跟他多說。「從我還是青少年的時候開始，人們就說我一定會下地獄被熊熊烈火燃燒殆盡，來點冷的換換口味也不錯。」

不等他開口回應，我轉身直接離開，大步踏進未知的未來。

黑武士與我

「艾列特博士（Dr Aylett）！」

「史考特－摩根博士！」

我們之前只通過電子郵件，不過在Skype通話時這樣打招呼似乎是不錯的開場白。

「你是我在這世上討論語音合成的不二人選……」

這句稱讚聽起來似乎像是錦上添花，但的確是事實；我事前做了很多功課，研究了全世界每一家有在做語音合成複製的公司——基本上就是訓練電腦發出像某個人講話的聲音。我的確希望可以讓電腦發出聽起來像是**我**在說話的聲音。經過多方比較，我確定最佳選擇就是這家位於愛丁堡（Edinburgh）的公司——賽洛柏（CereProc），也就是「大腦處理」（cerebral processing）的縮寫，從他們為公司命名的方式就可以看出創辦團隊的思維；跟我在Skype上通話的**就是**這家公司的其中一位創辦人，同時也是他們的首席科學官（這個職銜讓他聽起來好像是企業號航空母艦〔USS Enterprise〕上的成員，這是個好兆頭）。

為了改變世界，我開始大肆網羅來自全世界的各種相關研究與科技發展。有些在美國（相對容易取得），有些在日本（比較難找到接觸管道），有些就在歐洲（相當方便），有些就在英國（更加輕而易舉）。不過無論這些研究或科技來自何方，我發現我得想辦法快速讓他們知道我到底想做什麼；因此，我錄製了一段短片介紹研究方向和目標，解釋我正試圖組成一支「反抗軍」扭轉現況。這是我第一次在社群媒體上發聲；我也開始放下羞恥心，利用我身邊有第四頻道的攝影團隊隨身拍攝這件事的影響力。現在就有一部分工作人員正在蘇格蘭（Scotland）錄製這次Skype通話另一端的畫面。

「馬修（Matthew），跟我聊聊你的研究吧！」

我看著他熱切地描述正在進行的某些尖端研究。原本我下意識認為他應該比我大個十歲左右；接著我立刻想起自己的實際年齡，推算了一下他應該比我小個十幾、二十歲。但是從他身上可以看到年輕人的活力與離經叛道的精神。在接下來一個小時的對話中，我愈來愈喜歡這個人。或許有一小部分也是因為他同意嘗試按照我的聲音，盡可能製作出最好的電腦合成語音……

幾個禮拜後，法蘭西斯和我一路開車爬上陡坡，抵達錄音室所在的地點，這座山莊四周環繞著田園風景，角落則有一間大型錄音室。我的攝影團隊早就準備好進行拍攝了；不出所料地，重新拍攝了幾次我從無障礙汽車坐輪椅升降機下車的畫面以後，我們終於走進眼前的建築與錄音工程師見面。歐文（Owen）非常專業，也非常熱心。

經歷了第一個五小時的錄音程序後，我們已經錄製了許多片段。賽洛柏公司提供了上千條詞句讓我錄製，他們會利用這些錄音片段盡可能組合出我未來會想要說的語句；使用的組合模式就跟衛星導航系統這類商用系統一樣。此外，我還打算錄製幾個自選的詞句，我要直接完整錄製這些語句，而不是在未來組合預先錄製的片段合成語音。正是因為要錄製這些詞句才耽擱了錄音進度。

「如果我記得沒錯的話，這種情況最適合講的垃圾話應該是……」接著我列出一系列垃圾話當作未來要使用的句尾助詞：「垃圾」、「爛」，接著加強嚴重程度到「放你的狗屁」，最後是最嚴重的「狗屎爛蛋」。

「不好意思，我這邊有收到一些雜音。我們可以重來一次嗎？謝謝。」攝影機後傳來的聲音要求道。

「我這邊收音沒問題。」歐文回應。

「不是啦，是我發出來的聲音！」我的製作人兼紀錄片導演麥特（Matt）這時不好意思地出聲承認，「我不小心笑出來了。」

松林製片廠（Pinewood Studios）位於倫敦郊區，《星際大戰》和詹姆士·龐德系列電影都是在這裡製作。第四頻道的攝影團隊在這裡拍攝了我和法蘭西斯開車駛過金手指大道（Goldfinger Avenue）的畫面；我們要來這裡根據我的臉做超高解析度的虛擬化身，為未來做好準備。

雅曼達（Amanda）是個大好人，她是最佳3D影像公司（Optimize3D）（松林製片廠這邊多不勝數的3D影像公司之一）的經營者，她募集了許多小型影像公司，借助各家公司所具備的各種影像技術及科技；他們曾在扮演莉亞公主（Princess Leia）的演員嘉莉·費雪（Carrie Fisher）過世後為她創造虛擬化身；有這些公司的協助，勢必可以創造出跟莉亞公主的虛擬化身一樣好的作品。雖然我本人不會死，但我的臉部肌肉會。

松林片廠這裡有巨大的動態捕捉（motion-capture）攝影棚，棚內空間很高、光線充足又十分空曠。大部分情況下，在所有攝影過程完成後才會在畫面上用電腦加上各式各樣的細節——甚至連演員都會經過後製變成外星人或動物，或是外星動物。攝影機只負責錄製棚內演員的**動作**。以我的情況來說，我只需要攝影機記錄臉部肌肉的動作，鏡頭會沿著我臉上多達三十個左右的小點拍攝。

一位身材高大的男子花了大概一小時才在我臉上點完這些高科技的小點——據可靠消息指出，他是世界級的專家，曾為許多名人在臉部點上這些小點，而他也一定因為這門罕見的手藝賺進大把鈔票——這門手藝的特殊道具就是一小罐特別的蜜絲佛陀（Max Factor）睫毛膏，他堅稱這是最好用的工具。他會先參考電腦上顯示的詳細圖示，用刷頭沾取睫毛膏後舉起手慢慢靠近我的臉，然後再非常、非常小心地點上小點。然後重複同樣的動作三十幾次。

擺出人類能做出的各種表情、念出電腦顯示的每一個詞句、完成不知道身在何處的導演從喇叭傳出的指示後，我臉上小心翼翼塗上的小點又被妥善地卸除了，接著我們移動到位於另一個工作室的攝影棚。

在這裡拍照的方式就跟拍證件照差不多，只不過我拍的是終極版的證件照。眼前有超過五十臺高解析度相機環繞在我四周；一位負責臉部表情的專員踏進攝影棚教我怎麼擺出正確的表情後又走了出去。接著棚內的燈光通通熄滅，倒數結束後閃光一亮，亮到我大概瞎了幾秒才恢復視力；接著我們再重複所有步驟一次，然後再一次，總共重複了三十次左右才終於完成。

知道自己終於保留了所有的臉部表情——也就是我展現個性的方式——這令我全身舒暢，我知道這才應該是我在松林製片廠最重要的回憶；但這其實只是第二名。令我最難以忘懷的是，我竟然可以親手抱著黑武士那閃閃發亮的黑色頭盔。其中一個導演的辦公室裡剛好有黑武士頭盔，那是大衛・普羅斯

（David Prowse）演出《星際大戰五部曲：帝國大反擊》（*Episode V: The Empire Strikes Back*）時實際戴過的黑武士頭盔。啊，這真是無與倫比的一天。

我們開車進入帝國學院，我看見女王塔（Queen’s Tower）一如它的名字一樣依然聳立在校園內，我突然覺得一陣失落感湧上心頭；我覺得自己失去了某些機會，選擇出路時走錯了路。我其實很愛學術界；在另一個宇宙的我或許還待在帝國學院，不曾媚俗地把自己的學識拿出去秤斤論兩，當個在世界各國奔走的顧問，我或許會成為機器人學教授並獲得終生職位，忙著寫同儕審查報告或建立在學術界的聲譽，總之是當一位**真正的**科學家。

「回來看看自己的大學校園感覺如何？」

麥特一如往常地在鏡頭後面對我說話，明顯是想拍到優秀的鏡頭。我下意識地避免直接看向鏡頭（他堅持我絕對不可以直接看鏡頭），然後對他說實話：

「我已經超過三十年沒回來了，能夠回到這裡感覺真的很好！」

現在校園裡已經到處都是機器人實驗室了，我造訪了其中兩間。在第一間實驗室，我把右手臂綁在組合型機器人上，接著啟動機器人；這種實驗不太適合在家裡嘗試，事實上，健康安全規範裡也說不適合在工廠裡嘗試這種實驗，但既然這裡是學術研究實驗室就應該沒問題了。

用來綁住我的魔鬼氈綁帶其實有點緊，被固定住的過程也讓我有種準備要被懲罰或是即將踏上處刑臺的感覺。兩位博士生負責把我綁在看起來非常堅實的關節式機器人裝置上，我對他們微笑，無疑是下意識地為了生命安全試圖討好他們。他們對我回以微笑，接著又為我綁上手臂套筒，進一步固定我的手臂。

「我們之前只有在自己身上試驗過。」其中一個人說道。

「安全性應該完全沒問題。」另一位則出言保證。

這項實驗其實很精巧；由攝影機追蹤我看向桌面的視線，這時我應該要看向擺在桌上任意位置的橘子，電腦追蹤我的視線後會移動機器人手臂，同時也就移動了我被綁在機器人上的手臂，等到手臂靠近橘子後就啟動套在手掌上的手臂套筒，朝著橘子做抓握動作；接著我再將視線移向任一個碗，機器手臂就會將我的手移到那個碗上，手臂套筒則會張開我的手指放開橘子。這怎麼可能會出錯呢？

首先，移動時我的手臂會被從機器人的手臂套筒扯出來，我想到的第一種可能性是機器手臂或許比我的手臂長了一點。他們原本跟我保證如果真的出現這種情況，機器人會自動斷電；不過其中一位學生事先調整了程式設定，所以過程中並未自動斷電。無論如何，一小時左右內我們嘗試了十幾次，後來實驗終於成功了，至少我們真的把橘子放到碗裡了。大家都非常開心，不過我大概是唯一留下了手臂痠痛的後遺症的人。

儘管手臂才剛飽受摧殘，我還是想再嘗試另一項實驗。我們重新設定機器手臂，這次機器手臂會協助我抓住法蘭西斯的手。這是三個月以來我第一次能這麼做，直到真的拉住法蘭西斯的手，我才意識到能夠伸出手觸碰自己愛的人有**多麼**重要。

我們拜訪的第二間實驗室讓我有機會嘗試輪椅機器人，它運用的技術就跟無人駕駛車輛一樣。麥特很開心，因為這種畫面拍起來效果非常好，但或許應該要有人事先警告我們，這種嘗試其實非同小可，畢竟這還是實驗中的機器，而我本人可是要親自上陣。

「我們還沒讓身障人士搭乘過呢。」教授激動地說著。

「它通常很乖啦。」他的博士生跟教授保證。

輪椅機器人運作得很好，雖然它運行的時候會劇烈抖動，有時候還會忘記指令，就像老太太的手會不由自主地抖動一樣。但它甚至還成功繞過擋住預設終點的螢幕；實驗實在非常成功，我甚至都能想像躲在鏡頭背後的麥特興奮的表情，他一定覺得這就是這部紀錄片裡最值回票價的鏡頭了。結果，負責操控輪椅的電腦突然當機了，緊接著輪椅機器人就切換成搜尋模式；問題是，輪椅進入搜尋模式後就會開始旋轉，而我本人就坐在輪椅上跟著它快速旋轉。

好消息是，我屁股下這張奪命輪椅有個緊急按鈕可以停止一切動作。但不幸的是這個按鈕正好在輪椅的右手邊，而我的右手最近剛好癱瘓了。

看到我身陷窘境（雖然我在輪椅上的畫面看起來應該是一片模糊），有位親切的博士生試圖幫我按下緊急停止鈕；但我旋轉的速度實在太快，使他沒按到按鈕，更慘的是，輪椅的扶手卻反而撞到他。竟然被自己寫的程式痛擊令他震驚了一陣子，直到看到我又多轉了好幾圈他才再次鼓起勇氣嘗試。現在想想，當時教授在旁邊愈來愈嚴厲地對學生下指令大概沒什麼幫助。

這位學生又伸出手試圖戳中按鈕，沒中，倒是輪椅的扶手又攻擊得分了；而我同時又在輪椅上多轉了一圈。眼下情況已經演變成人類大戰機器人的局面，我則被夾在人類和機器人之間動彈不得，不斷高速旋轉。忠誠地為我戰鬥的博士生彷彿伴隨著《死之舞》[1]（*danse macabre*）的節奏，用像鬥牛士一樣的姿勢站定，準備給機器人致命一擊。攻擊失敗，他趕緊跳到一旁。緊接著他又再試一次，卻再度敗下陣來。隨著場邊教授如流水般傾瀉出的加油聲，這個局面持續了對我來說彷彿數年之久的時間。

最後，終於有人不知道怎麼辦到地終於直接切斷電源。也或許是電池終於耗盡電力。無論如何，反正輪椅突然停下來了。但在我看來整個實驗室都還在旋轉，我等了一陣子才有信心可以開口說話而不會吐出來。大家都開始關心我有沒有怎麼樣，我稍微評估了一下眼前的狀況，發現現在就像宇宙平衡[2]（cosmic balance）一樣：我有多想吐，那位可憐的博士學生就有多羞愧，他的羞愧程度正好跟我想吐的程度成正比。而他的教授顯然不太高興地正在觀望我會有什麼反應。

「嗯，**這**很好玩呢！非常優秀的研究，幹得好！」

1 譯註：法國作曲家夏爾．卡米爾．聖桑（Charles Camille Saint-Saëns）的管弦樂作品

2 譯註：指多重宇宙之間存在的平衡性，例如其中一處有一個人死，就有另一個人新生；有一對戀人分手，就出現一對新的情侶。

加速前進

「我最近頓悟了一件事。」我向法蘭西斯吐露心事。我們走在豐沙爾（Funchal）的海邊；因為我們是第一批較早下船的乘客，回到岸上時照耀著馬德拉群島（Madeiran）的陽光溫暖宜人，還沒開始令人感到炎熱；我將查理的操縱桿往前多推一些，好讓自己加速跟上法蘭絲西輕快的步伐，同時也讓清爽的涼風拂過我的雙頰。

「那你就可以受膏[1]了……」

豐沙爾的濱海步道很寬敞，地面由小塊的磁磚拼湊而成，視覺效果滿分。我還記得走在這條步道上有多舒服；不過如果是坐在前進速度頗快的輪椅上，就感覺像是坐在全力發射的機關槍上了。因此我的聲音聽起來就像介於戴立克[2]（Dalek）和史蒂芬．霍金之間的某種生物。

「我終於頓悟了，如果我當初繼續待在學術界絕對是可怕的錯誤。」

「顯然是啊！」

「對，但直到我終於想通之前，我還是有點希望自己當初不必為了反抗體制而選擇帝國學院；那我就可以當大學講師，徜徉在牛津的夢幻尖塔[3]（dreaming spires）之間、在大學城裡乘著小船改作業、躲在學術的象牙塔裡當個沒沒無聞的小人物，不必忙著拓展人類知識的邊界。」

「那是你內心依然屬於溫布頓的一塊！你從來沒有忘卻自己屬於建制派菁英的一員，也沒忘記處於社會核心的感受。像我就從來沒有那種感覺。你內心深處還是有一部分希望自己從未離開那個社會階層的生活。」

「我當初就下決心逃離那種生活了好嗎！無論如何，我沒有。」

「沒有什麼？」

「我沒有希望自己真的去念牛津大學或是繼續待在學術界。我的意思是，至少現在沒有了。」

「話說回來，如果你真的去念牛津大學就根本不會遇見我。」

我們在交通繁忙的路口停下腳步，等待交通號誌變燈。

「我無論如何都會找到你！不過，我要說的重點是，過去幾個月來，我發現自己感興趣的學術研究領域進展有多緩慢、多狹隘。每項研究計畫必須要有一、兩個博士學生費時三年進行研究；這些學生通常都非常有創意，但也同時極度缺乏實務經驗，更沒有足夠的經費。這些學術機構的研究跟我看到的全球性大企業裡的研究機構根本沒得比。」

我們準備穿越馬路，交通號誌裡閃動的綠色小人開始發出嗶嗶聲倒數，我小心地從濱海步道沿著有點陡的坡道下來，穿越馬路到達另一端時倒數正好結束，正好比從我身後呼嘯而過的繁忙車潮早一步安

1 譯註：為許多宗教與種族所使用的儀式，以芳香的油、奶、水等物體塗抹身體；人或事物受膏即顯示其擁有神力或引入神靈。
2 譯註：為《神祕博士》裡博士的宿敵。
3 譯註：牛津有夢幻尖塔之城（The City of Dreaming Spires）的稱號。

全抵達對面。

「就像你用遠距即時傳輸參加實驗的那個實驗室嗎？」

跟麥特和攝影團隊結束在美國波士頓的拍攝行程後，我就舒服的待在家裡用遠端遙控機器人參與在德拉普爾實驗室（Draper Laboratory）的實驗和拍攝，透過寬頻連接傳輸訊號，我就可以像是親臨實驗室現場一樣看到、聽見一切，我可以隨心所欲到處看、到處去，甚至還可以一邊在走廊上走動，一邊跟別人對話，所有感受都再自然不過。

「他們超棒的！」我小時候就知道因為有德拉普爾實驗室的科學家們設計出導航電腦，人類才有辦法安全登月，安然無恙地回到地球。「但他們的實驗還是無法改變身為人類的意義。所以我得想辦法借助優秀大型企業的力量；如果我們真的想為人類做出改變和突破，就得讓一切進行得**更快**，要比學術界的任何研究都更有突破的野心。」

我們走進一條有點陡的小路，路上擠滿了露天咖啡桌、行人，還時不時有送貨的卡車經過。

「但那些大企業怎麼會想加入呢？儘管我們的目標遠大，但他們是營利組織，這對他們有什麼好處？」

「我也不知道，但我得再加把勁吸引他們。我要想辦法將訊息傳遞出去，吸引尖端科技企業的頂尖人才加入『反抗軍』的行列。我要把我最後一場公開演說當作試驗的機會，看看我的訊息是否能深入人心，看看有沒有人真的把我的話當一回事。」

「這樣好嗎？你接下來要演講的場合是醫學會議，崔西不是要你『講點讓他們開心的』嗎？在場都是醫學界專家，你也知道臨床醫學界有多保守吧。他們對人工智慧、機器人、虛擬化身根本不感興趣，很有可能會直接反駁你的論點；而且這是你最後一場大型演說，應該要畫下美好句點才對，還是不要引起對立吧。如果你的演講內容讓人覺得太科幻，他們可能會嘲笑你，甚至是噓你下臺。」

「這樣正好是我測試的好機會！」

一臺白色的廂型車尾隨我們，後來更是直接逼近；車上的司機明顯認為輪椅不應該在行人徒步區上移動，也或許他就只是討厭身障人士而已。他催了催油門還按了尖銳的喇叭，法蘭西斯在露天咖啡座之間左閃右躲禮讓廂型車通過，但我覺得這樣似乎對這位司機太客氣了。我停在原地，扳動輪椅上的開關，直接按了四次按鈕。

當初博動接到我訂製查理的要求時，他們問我希望查理可以移動得多快；當時我的回答是：「能多快就多快。」成品送來後，我問他們設定的最高速度是多少，結果他們警告我只能在私人土地上使用最高速度移動——因為他們設定的最高速是一般合法速限的兩倍。這種速度對我來說剛剛好。

因為身後的汽車喇叭一直尖聲作響，原本擋住廂型車前進的行人慢慢散開；我想這似乎是測試查理速度的好機會，畢竟這裡**搞不好**真的是私人道路嘛。而且馬德拉群島的交通規則一定跟英國不一樣，這裡的柏油路面又看起來非常平整。

於是我等廂型車再按一次喇叭，便直接大力把查理的操縱桿推到底；一瞬間，查理搭載的精密軟體立刻按操縱桿移動的比例將最強的力道傳到輪椅的輪子上。輪子緊緊抓住柏油路面穩穩地往前衝，我就像從漸凍症的地獄掙扎著猛衝出來的巨大蝙蝠，連人帶椅地像彈弓上的石子一樣彈射出去。

查理載著我一路加速前進，高速穿過往路面兩側分開的人群之間，意外的是，我發現瞬間加速了三秒之後，查理還沒真正達到它的最高速度。我身下輪椅的馬達發出輕柔的運作聲響，同時我彷彿聽見被我遠遠拋在身後的廂型車引擎發出了粗喘怒吼。

他可憐的汽車引擎明顯不適合被如此摧殘，更可憐的是，我輕輕鬆鬆就可以通過的路線對那臺廂型車來說太過狹窄，他悲慘的喇叭聲和催動引擎的悲鳴很快就被我遠遠拋在身後。反觀查理，現在才正開始大展身手，甚至還有餘裕可以繼續加速，我們一路往坡道的最頂端爬。直到我放開操縱桿，查理的再生煞車[4]立刻啟動，我們（我身上有安全帶和靠背將我固定在查理上）毫不打滑、直直穩穩地緊急煞車。試駕圓滿結束。

4 譯註：為利用馬達的可逆性原理製成的技術，可以回收動能進行煞車。

吉與凶

我們的一生都在趨吉避凶。

至少對我來說人生就是如此。我自己有一套關於趨吉避凶的理論。就我而言，一切都可以追溯回身為人類的潛規則；我是這樣想的：沒錯，我們的一生都在趨吉避凶，這很正常——我們都有夢想，也都害怕壞事發生——這也正是為何我們之所以為人。但心裡的想望和恐懼不該是我們身而為人最重要的事情；我們如何**面對**這些情緒才是定義的我們關鍵，也定義了**身為人類**的根本意義。

面對吉與凶，我們應該要銘記在心的是，只要是人一定都會害怕，但我們都比想像中的自己更加堅強；我們心底都會渴望一些遙不可及的事物，但其實那些在心裡偷偷做的夢，可以比我們本以為的更啟發人心；我們可以只是活著就好，但也可以選擇**活得有聲有色**。

凶就像是鬼怪，它**有時候會**抓住我們不放，這種時候我們應該擁抱這些鬼怪，它們就會因此失去力量，再也無法欺凌我們、令我們害怕；而吉就像彩虹，**有時候會**被暴風雨遮擋，這時我們就該點亮燈火，照耀眼前的狂風暴雨，為自己創造彩虹。

總而言之，我們都該記得，當內心深處的希望和恐懼產生衝突時，我們都能夠刻意打破眼下的各種規則、主動挺身而出對抗命運，有時候**就能夠**扭轉不可能，進而改變宇宙。

如果我們把自己當作孤島，就不可能擁有如此巨大的反抗力量；但如果我們選擇跟同樣擁有開放心靈的人互動，進而影響愈來愈多人起身奮力反擊，打破陳舊的過往、創造新的命運，每一個人就都**能夠**改寫未來。

在銀河的這個小角落裡，只有人類能夠做到這件事；其他高級靈長類動物或許有自己的語言、會說謊、為憂鬱所苦、能夠使用工具、展現複雜的學習能力、更會計畫未來。但只有我們會刻意打破規則——或者選擇不打破規則。這正是人類之所以堅不可摧的原因。

打破規則對於人類種族來說有無可比擬的貢獻，比以往敦促我們追求文明的任何力量都還要巨大。人類在打破規則和文明之間找到了平衡，發揮利己精神展現創造力正好與為了達到利他目的而壓抑自我的選擇相對；大膽執行、放手去做正好與依直覺評估風險相對。重要的是，正是這些價值定義了人類種族和人類社會：**刻意打破規則**展現了人類的本能；而人類之間協議決定應該**避免**打破哪些規則，則展現了文明的真諦。

我已經連續演講三十分鐘，儘管已經使用麥克風和音響系統，我的嗓子現在卻已經累了。這對我來說是完全陌生的體驗，以前我一直引以為傲自己能夠不靠擴音系統對滿場聽眾連續演講好幾個小時也不覺得累。但現在距離演講時間結束還剩十分鐘，如果我能講到最後一刻都不咳嗽，那就算我今天好運了。法蘭西斯現在就坐在第一排，手裡拿著一瓶水，隨時為我突來的咳嗽做好準備。

演講廳裡坐滿了人，牆上貼滿了海報，彷彿要避免在座的一百五十位成年人中有人忘記今天是為什麼而來，也說明了這確實是一場醫學會議。到目前為止，這些觀眾的表現都很好——他們會在我說笑話的時候大笑捧場，在我對於自己的病況老實陳述時表現出嚴肅的樣子。也正因如此，我愈來愈想賭一把，看看這群觀眾值不值得我把演講的最後幾段換成「第二版結尾」。

我把兩種不同版本的演講內容都背起來了。真的，我非得背下所有演講內容不可，因為在演講前兩個禮拜我的雙手就已經完全癱瘓，根本不可能拿著提詞卡。反正這是我最後一場大型演講，多努力一點也不為過。但是，這群觀眾準備好面對我的反叛宣言了嗎？我得等講完下一段以後再來下判斷；接下來我要帶觀眾一起回憶我最喜歡的畫面，當初法蘭西斯問我到底想要做什麼瘋狂的事時，我就跟他分享過了；這正是我要給觀眾的考驗。

「請各位試想我幾年後的生活。在等待治癒解藥的同時，我可以再一次起身行走，踏過綠草如茵的高原，一路前行直到高聳的懸崖邊，奇異的飛鳥在靛青色的天空中歌唱，我和法蘭西斯手牽著手，一同眺望無窮遠處的銀河裡美麗得令人屏息的異世界風景。接著我們可以毫不費力地飛向下一座山頂，看著兩個太陽從沉鬱的藍海中冉冉升起，壯麗的日出在我們眼前綻放。在那樣的時刻裡……」我停頓了一拍：這正是我想給觀眾的考驗，「我們全然自由……」

而這些觀眾不只是聽得入神而已。我知道自己已經沒辦法再激動地揮舞乾巴巴的手臂，我盡可能用激情的語調說話，但聲音依然聽起來虛弱又無力，像個老頭；儘管如此，觀眾們還是被我說的每一個字牢牢地吸引了。其中有幾個人張著嘴認真聆聽，有些人的淚水在眼眶裡打轉，還有不少人露出微笑；另外則有些人同時嘴角帶笑又熱淚盈眶。他們通過我的考驗了，這些觀眾一定已經準備迎接好我的「第二版結尾了」。而我打算慢慢來。

「但我的未來其實並不會真的那麼慘……」

該是時候讓他們迎接我為這場演說準備的最後高潮了。

「伴隨著我剛剛描繪的那片壯麗風景，演講也即將進入尾聲，就如你們所聽到的，我的呼吸聲愈來愈大也愈來愈急促。」

的確如此。

「所以，最後我想跟大家分享我對於未來最重要的展望……我在一九八三年以博士生身分第一次進行重大演說，我在芝加哥舉辦的機器人座談會上對大約一千位與談代表演講。當時的我對未來充滿正面樂觀的期待；我還記得那時候的我彷彿可以看見令人興奮難耐的未來即將到來；我深信只要我們夠聰明、夠勇敢、盡可能運用大量尖端科技，無論命運為人類帶來什麼阻礙，我們都能夠改寫未來、改變世界。那時候的我意氣風發，驕傲自得地立身於這個世界。」

當年的畫面如此清晰，彷彿去年才發生的事情一樣，那場演講的規模更勝眼下的場合，但想起來已經好像是在另一個次元發生的事了。

「經過了三十五年以後，此時的我準備要結束我人生**最後**一場公開演說——至少是最後一場全程由我親自上陣的演講。在好萊塢電影裡，這就是**感動觀眾**的最佳時刻。畢竟一般劇情發展差不多就是這樣：『永不屈服』的彼得不得不服輸了。他是個可憐的受害者，即將被奪走能夠用來展現自我的一切；他再也不能用自己的嗓音說話；再也無法表達情緒或個性；再也無法伸出手觸摸深愛的人；而且再也無法意氣風發地立身於天地之間。」

這是我在這場演講中第一次吐露真心話；觀眾們則露出了彷彿被摑了一巴掌的表情。

非常好。

「畢竟我們都已經**習慣**接受這種印象，也毫不質疑這種結局。過去長久以來，人類只要確診漸凍症，就只能獨自走進最**黑暗深沉**的角落。」

現場一片死寂，我默數五秒鐘，我知道這段等待令人痛苦不已。

「但是……」

我再一次吊起觀眾的胃口。接著，盡我所能地擠出最大的音量，愉快地笑著說：

「**但**我們已經踏入**新**世代了，這是個全新的**開始**。我**依然**認為令人興奮難耐的未來即將到來。我也依然確信，只要我們夠聰明、夠勇敢、運用足夠的尖端科技，**無論**命運向我們出什麼招……」

我停下來讓他們有時間聯想我人生正在面對的困境。

「……我們**依然**可以改寫未來，同時改變世界。」

我實在不想在法蘭西斯面前講下一段，但我已經向他知會過我要說什麼，他要我別擔心，講就對了。觀眾必須嚐嚐剝掉糖衣後的苦澀真相。

「沒錯，在這一年內，我很有可能就必須做氣管造口手術，在那之後，我再也無法親口說話。沒錯，幾年內我極有可能會全身癱瘓，大腦卻依然完全正常運作。當然了，這絕對不是我想選擇的未來，這對我親愛的另一半來說，更是被迫面對的苦難。」

其中一些特別有同情心的觀眾已經感受到這一切有多殘忍，但我必須讓所有人都理解這種痛苦。

「但我不打算當作沒這回事，假裝那一天不會來到。我也不打算回頭眷戀過去，滿心渴望我再也沒辦法做的那些事。我也絕對不打算用**恐懼**來面對這一切！你們想想，漸凍症就像霸凌者一樣，因為我們心生畏懼，才讓它有欺壓我們的機會——這就是漸凍症的老把戲，如果我敢繼續活下去，只要我選擇忍受一切痛苦活下去，就會永遠被困在自己的身體裡……」

接下來的幾個字，我講得非常慢，就像走上處刑臺時的擊鼓聲。

「只能活在我像屍體一樣的軀殼裡……」

我得先讓他們了解我的痛苦，再讓他們解脫。我多等了幾秒，讓他們感受命運的殘酷；然後直接打破剛剛營造的悲慘氣氛。

「**真的嗎**？都已經二十一世紀了欸！這世界上有這麼多尖端科技，不好意思，現在可不是那種歌德恐怖片的時代了。」

這時觀眾發現自己被我騙了，卻鬆了一口氣；從我開始為演講收尾到現在，這是他們第一次笑出聲。這次的笑很深刻，是那種理解的笑。

「漸凍症這次可挑錯人下手了。」

觀眾的笑聲延續更久，也更大聲了，有些人甚至開始歡呼。

「而且我最**討厭**霸凌者了。」

笑聲持續不斷，所以我提高說話音量試圖蓋過笑聲。他們開始大笑。短暫停頓後，我再度開口。

「我絕對、絕對不會對這種過時、誇張、彷彿來自中古世紀的老掉牙嚇人手法屈服，這種手法就是靠人類對於被困住的恐懼和無助才得逞的。」

臺下再度回復寂靜，但大家都笑著等我繼續開口，我用向大家說明自己打算如何找到寶藏的語調說著：

「我會被困在自己的身體裡，我也不打算掙扎——但在動彈不得之前，我打算把比白宮裡還要多的高科技武器偷渡進我的黑暗世界。而且我打算持續增加配備。現在各位眼前看見的就是彼得2.0的原型機——未來我還有比微軟更多的更新計畫。」

笑聲四起。

「我不會死去，我即將**進化**。」

四周響起更多歡呼聲。

「有一小段時間，我的情況會愈來愈糟；但只要做了氣切，我的生活品質就會穩定**提升**，提升的速度也會**愈來愈快**。」

他們已經準備好迎接最後高潮了。

「這是你們前所未見的絕症，但只要我還有一口氣，就放馬過來吧！它根本打不趴我，我來讓你們看看為什麼；即便我被困在自己的身體裡動彈不得，**依然**可以挺拔自信地站起身來……」

這時我靜下來，只是驕傲地向演講廳四周環視；然後再次開口，我的聲音響徹整個演講廳。我的聲音——雖然聽起來有點合成感，但是非常清晰、強而有力而且年輕；不過我卻連嘴唇都沒張開。查理帶著我的身體慢慢地直起身，就像人類要從椅子上站起來的動作一樣。

「感謝科技如此進步——未來我**依然**可以說話。我**依然**可以表達情緒和個性，我可以伸手觸碰深愛的人。更棒的是，我不會是唯一能夠扭轉命運的特例。未來會有愈來愈多人選擇與我並肩前行。」

愈來愈多觀眾發現查理站起來了，他們的笑容也更加燦爛。

「而我們都依然能夠意氣風發地立身於天地之間。我們會驕傲、挺拔地站在陽光下、絕不屈服，我們會一直、一直、一直、一直、一直、一直、一直堅持下去，因為我們**拒絕**只是『活著』而已。」

這時查理已經完全站直了，我推動操縱桿移動到演講廳的第一排座位前，直挺挺地站在觀眾面前。

「我們要活得**有聲有色**！」

意外的是，這竟然是我第一次接受觀眾起立為我鼓掌喝采。

輯三

彼得的宇宙第三定律

愛終究能戰勝一切

前所未有

自從我還是學生時，我就為了反抗體制而將自己從建制派的生長環境放逐，我原本以為從那之後，我就永遠踏上被流放般的人生旅途，但法蘭西斯拯救了我，他帶我離開那寒冷刺骨的現實世界。然而我們的穩定關係所帶來的含意也令我有點緊張，畢竟我從來沒有向任何人求婚過。

再九個月就要修法了：這是英國史上頭一遭，兩個男人或兩個女人，都將能夠合法登記為法定伴侶關係，並且與結婚夫妻擁有同樣的權利。這是個**了不起**的里程碑。這項改變除了彰顯婚姻平權的意義以外，也存在實際的法律議題，如：領取退休金的配偶權、在醫院的探視權以及配偶之間能直接互相轉讓金錢或資產，不需額外付擔稅金的權利。

更重要的是，我覺得這是帶來其他重大改變的開端，最終會帶領我們走向真正的婚姻平權——同志伴侶定義關係的名稱最終也將與異性伴侶走向一致。這場從不止息的戰鬥終將畫上句點，我希望我和法蘭西斯趁著這個婚姻平權的勢頭結婚，所以我準備要跟他求婚了，但心裡緊張得不得了。

如果他不願意怎麼辦？

那天正好是我們的二十六週年紀念日，我的宇宙在二十六年前的這一天永遠改變了。去年的二十五週年紀念我們沿著尼羅河探訪了每一個古埃及遺址；不過這次我們決定在位於托基郊區崖邊的家裡輕鬆度過。我才剛從義大利回來，我和活動團隊前往盧加諾湖（Lake Lugano）（法蘭西斯說太冷了所以不要跟我去），尋找適合年底舉辦與執行長們聚會的場地。前一年秋天是在威尼斯（Venice）聚會，我們總共包了十艘貢多拉[1]，（結果最後搞得安康聖母聖殿〔Santa Maria della Salute〕的水上交通大塞「船」）一起到宮殿用餐、眺望大運河（Grand Canal），旁邊還有現代「閹伶」獻唱。我得想辦法把今年的聚會辦得比去年更精采；但更重要的還是，我希望法蘭西斯願意和我結婚。

我放下手中的香檳杯，不動聲色地從餐桌上起身；這時音樂剛好輕柔地結束，而我則換上預先選好的音樂。從喇叭流瀉而出的是節奏和緩的樂器演奏版《前所未有》（All Time High）——詹姆士·龐德的主題曲，歌詞唱著「我們會攜手改變往日所有，陷入愛河以後的日子還有更多……我們會手牽手面對，戰勝世界。」[2]——這是我們最浪漫親密的主題曲，此時正是求婚的最佳時機。我把手伸進口袋拿出金戒指，就像雷蘭向阿瓦隆求婚時的那只阿瓦黎[3]金戒指，戒指的內圈刻著「前所未有」（All Time High）。

我知道下一步該怎麼做，這正是我整個青少年歲月都在想像的畫面。雷蘭對著阿瓦隆單膝下跪，問他：

「你願意跟我結婚嗎？」

法蘭西斯不發一語了好久、好久，也或許是我自己覺得度秒如年。他露出有點困惑的表情，在看到

---

1 譯註：為義大利威尼斯傳統的水上交通工具，由船夫划行的傳統船隻。

2 譯註：原歌詞 we'll change all that's gone before, doing so much more than falling in love……we'll take on the world and win。

3 譯註：阿瓦黎（Avolee）為作者想像國度中的地名，此處應指產自阿瓦黎地區的黃金打造而成的金戒指。

我手裡的戒指後雙眼充滿淚水，他終於開口說話了：

「我願意！」他幾乎說不出話來。「當然願意！」

我們原本以為婚禮會低調進行。等到真的舉行婚禮時，我們都已經在一起二十七年了，對我們的親友來說早就不是什麼大新聞。此外，修法的日期是二〇〇五年十二月二十一日（我們都很希望能夠訂到場地，直接在修法通過的第一天舉辦婚禮），所以到時候天氣應該很糟糕，大家也都會忙著迎接聖誕節。我們打算找一位證人陪我們去登記就好，直接把該簽的表格簽一簽以後就回家喝茶。

後來，在當地電視臺上有位主教出言批評同性戀登記為法定伴侶的事情；法蘭西斯看晚間新聞時，也不惶多讓地大肆批評這位主教。即便如此，我們依然沒有改變主意，還是打算低調辦婚禮就好；直到後來，又有一位牧師在國家電視臺上猛烈抨擊這件事，認為同性戀關係根本不該與異性戀關係相提並論——更別說還要在法律上承認這種噁心的關係了。

「建制派成員中只剩教會還在抵制同性戀了！」法蘭西斯跟我們的朋友芬尼解釋情況，他前一天才跟我說了一模一樣的話。

「你確定你沒誤解他們的意思嗎？你看這是我跟那個女生，我覺得她喜歡我。」

「她沒對你申請禁制令還真是算你幸運！」

「這樣講不公平吧！每次我跟她見面她都會對我笑，還會親切問候我，真的很容易讓人誤解她的意思啊。」

「那只是因為她是你的牙醫好嗎？」

「就算是這樣……」

這時候的我們已經跟芬尼認識好幾年了，而他也慢慢變得愈來愈漂泊；他會突然不請自來地跑來我們家喝茶，時不時地在我們的沙發上睡著。直到他覺得自己準備好了，就會默默起身離開；他就像一座孤島一樣。他坦承自己其實想當個機器人，夢想著獨自住在達特穆爾荒野裡，從這裡就可以看出他的個性；而且他最喜歡的音樂聽起來就像鬣狗被開腸剖肚時發出的尖叫聲。

「芬尼，重點是，」我開口對他說，「教會兩千多年以來都在迫害同性戀，現在他們也一定會繼續這麼做。特別是現在他們突然覺得被孤立、失去掌控人民的權利了，情勢一定會更加危險。」

過去幾個月以來我一直在觀察局勢，隨著修法愈來愈可能成真，我觀察到的狀況也愈來愈不妙。感覺教會在試圖壓迫內閣；我試著向芬尼解釋未來可能發生什麼事。

「教會現在開始擬定策略，他們**眼下**打算創造出抗議同性戀成為法定伴侶的強烈聲浪，因為他們要想盡辦法阻止婚姻平權成真。這也是為什麼教會開始用骯髒的手段對像我和法蘭西斯這樣的伴侶人身攻擊。我們已在無意之間成為同性戀伴侶的象徵；如果這個社會讓像我們這樣的同志伴侶獲得『合法婚姻』的權利——就像異性戀伴侶擁有的權利一樣——我們這些令人憎惡的存在就會獲得勝利。我們就會正式成為建制派社會的**一部分**；而那些邪惡的宗教偏執狂則會史上第一遭被排拒在這個社會體制**之外**，所以他們**下定決心**要阻止我們。」

「我有跟你們說我的瘀青還在嗎？」

「什麼？」

「它變黑了！我在想要不要去看醫生。」

「你三天前絆倒了，瘀青就是會這樣！」

「可是……」

芬尼離開以後，我們評估了一下狀況。法蘭西斯從來不是追求他人目光的人，就算是結婚這種事對他來說也不例外。但比起堅持保留隱私，他更討厭被壓迫的感覺；現在，我們二十幾年以來貫徹的「史考特－摩根家的人不對惡霸屈服」精神又浮上心頭，法蘭西斯已進入戰鬥模式。

「這已經不只是我們兩個人的事了。這關乎那些沒有我們那麼幸運的人，也與那些不像我們那麼堅強、沒有辦法挺身而出對抗壓迫的人息息相關。我們要成為反抗的象徵，我們要讓他們知道一切都有希望，我們得引起關注！」

結果我們兩個被選為在修法通過第一天的第一個時段辦理登記的新人，引起的關注也因此大幅增加。當地登記處的工作人員更好心提議為我們在仿造凡爾賽宮建造的大宅裡的大宴會廳舉辦儀式。我們至少得找來一百位賓客參加婚禮才能坐滿這個巨大的場地。雖然安東尼因為剛接獲在美國經營歌劇院的絕佳工作機會而無法到場（安東尼無法到場參加的確很可惜，但我並不意外他得到如此出色的工作機會，他總是說這就是他的夢想），但我們有愈來愈多親友表示會到場參加。

結果托基市的民選市長表示想當我們的證婚人，緊接著榮譽市長也提出同樣的要求，還說他會帶市長夫人一起到場參加；兩個人都會戴著他們的市長紋帶[4]出席。後來托基當地議會的主席也來詢問是否能當我們的證婚人，註冊處的處長告訴她沒問題，願意為我們的婚禮通融，將通常只有兩位證婚人的儀式更改為由三位證婚人為我們見證婚姻。接下來，當地媒體也要來參加婚禮；到後來連英國廣播公司電臺（BBC Radio）、英國獨立電視臺（ITV News）、英國廣播公司新聞臺（BBC Television News）都來了。

隨著儀式愈來愈複雜，我得把婚禮當天的基本流程打出來才安心；結果花了長達十頁單行間距的篇幅才差不多囊括所有婚禮流程。但我和法蘭西斯到這時都還沒討論好要怎麼進場。

「我**才不要**在所有人的注視下走進婚禮會場！」

過去兩個月以來他一直很堅持這點，然後又多堅持了一個月；直到我在選擇儀式當天要播的音樂清單時放了麥可．波爾（Michael Ball）唱的《愛能改變一切》（Love Changes Everything）這首歌，才改變心意。

「好吧，有**這首歌**我就願意跟你一起走進禮堂！」

雖然我們的婚禮邀請函上寫了「婉謝禮物，您的出席就是最大的贈禮」，但我們的朋友在婚禮前一天邀請我們到格蘭飯店（Grand Hotel）請我們吃精緻的晚餐，阿嘉莎．克莉絲蒂（Agatha Christie）的蜜

4 譯註：通常為金質的頸鍊或領飾，為權位的象徵及表示對王權的效忠。

月旅行就是在那裡度過。接著他們邀請我們到露臺上欣賞托基灣的風景，並且要我們從十開始倒數；數到「零」的那一刻，突然出現了滿天煙火，整整十分鐘，整片天空都被美麗的煙花點亮，那晚的火樹銀花在我們的記憶裡永遠如此耀眼。

隔天一早八點，來自世界各地超過七十位好朋友都已入座；我們兩個人加起來超過三十位，橫跨四代、八十載的親戚也抵達會場。

除了我爸媽以外，我**家族**的所有親戚中，沒有任何人來奧爾德偉大宅（Oldway Mansion）的大宴會廳參加儀式；不過老實說我根本也沒邀請任何親戚。我媽媽在這幾十年來，慢慢從虔誠的基督教徒變成不那麼虔誠的基督教徒，然後轉而擁抱人文主義，之後又慢慢走上成為無神論者的道路，現在她已經是徹底的無神論者了；她的價值觀也跟我和法蘭西斯剛交往時大不相同。

「我跟老爸都非常以你們兩個為傲！我們沒想到有生之年可以見證這一天，我們真的太驕傲了！**好極了！**」

就這樣，伴隨著對準我們的鏡頭和麥可．波爾動人的歌聲，我和法蘭西斯（穿著正式的大禮服）攜手步入禮堂，由我們穿著晨禮服的三位姪子、一位姪孫引領我們前進，另外一位年幼的姪孫也穿著晨禮服，用小枕頭托著我們的戒指；還有兩位姪孫女穿著雪紡洋裝擔任我們的花童。目前為止一切都按照我安排的流程順利進行，接下來卻出現意料之外的發展。

所有賓客都站起身來為我們歡呼，但更具象徵意義的是，連同臺上站在我們面前的兩位市長和市長夫人、議會主席和登記處處長，也一同為我們慶賀。

我說的是那些建制派的成員們。

這個畫面深深烙印在我腦海裡，直到我和法蘭西斯站在臺上準備繼續進行正式結婚儀式時，還揮之不去。

「今天，法蘭西斯和彼得要見證他們之間的愛情，公開許下對彼此的承諾。而今天也是史上第一次，我能夠以登記監督官[5]的身分宣布兩位的結合受英國法律認可及保護。

這極富歷史意義的一天剛好落於十二月二十一日，有著美好的象徵意義；今天是冬至——是一年當中白晝最短的一天；而在冬至之後的每一天都將愈來愈明亮。自古以來，冬至這一天正象徵著舊的一切即將結束，新的一切即將開始；今天，正是這樣的日子……」

法蘭西斯和我互相交換誓詞和戒指，三位證婚人也簽署了所有文件；結婚儀式準備邁入最高潮。登記處處長繼續說著：

「接下來，你們將正式成為法定伴侶；一般來說，我會直接宣布儀式完成，指示你們親吻對方，但今天是不平凡的一天。你們能夠走到今天這一步，也絕對歷經了不平凡的旅程。為了彰顯這一點，我決定讓你們自己決定象徵新生活開始的那一刻在什麼時候到來。

就如同你們多年前以一吻定情，你們將以一吻宣告過去攜手走過的舊生活已然成為歷史；**現在**，我宣布兩位正式成為法定伴侶。

5 譯註：為英國負責監督出生、死亡、婚姻登記的官員。

法蘭西斯・史考特－摩根與彼得・史考特－摩根，你們將以法定伴侶身分攜手走過新的人生旅程。開心地迎接未來吧——你們奮力爭取法律認可的漫長旅程已然結束。現在的你們已享有法律的完整保護，也擁有在場所有人的全心支持，現在，請往前走，完成這趟旅程的最後一步。」

就跟我長久以來夢想的一樣，雷蘭和阿瓦隆在眾人注目之下親吻彼此。

「一吻許下婚姻誓言」是當天電視新聞報導的標題；「首場同性戀婚禮」則是我們照片下的註解。媒體上關於我們的一切言論都充滿支持與善意，建制派真的改變了。但其中最令我們印象深刻的是由記者金妮・偉爾（Ginny Ware）為當地報紙《先驅快報》（*Herald Express*）撰寫的報導，她在那天早晨用文字在我們的生命中留下珍貴的印記：

能夠見證法蘭西斯和彼得獲得與異性戀婚姻伴侶同等的身分、權利，並且受法律承認，是我莫大的榮幸。

他們費時一年計畫人生大事，這一天原本應該是只有少數親友參與且沒有媒體大張旗鼓報導的低調婚禮。法蘭西斯是這對伴侶中比較內斂的那個人，對他來說，將終身大事攤在公眾眼光下不是一件容易的事。然而，因為一位同性戀好友在愛滋病過世後，他的伴侶卻無法繼承財產，才讓法蘭西斯決定勇敢站出來，驕傲地向世人宣布他與彼得的結合。

從這天起，這對同性戀伴侶決定把握機會，向這個令人存疑，也從來不認同他們的世界，分享他們終於成為法定伴侶的一天。

他們欣然同意讓媒體窺伺的眼光及電視鏡頭走進他們的婚禮，藉此消除對同性戀的偏見與恐同情緒。

正如同彼得所說：「真正重要的不是種族、宗教信仰或是性別，最重要的，是愛。」這對新人滿懷信心，莊嚴地互訴誓詞，向世人宣告他們之間堅定不移的愛。

婚禮上有他們來自世界各地，跨山越海而來的親朋好友，即便證婚儀式在平日早上這種一點都不平易近人的時間舉行，這些親友還是毅然決然到場支持新人。

但我相信，所有到場參加儀式的賓客，一定都很榮幸能夠親自到場見證彼得和法蘭西斯過去二十七年來對彼此的承諾。

他們一直以來珍惜、守護彼此之間的關係，互敬互愛，達成了所有伴侶亟欲獲得的情感——真誠安穩的愛情與友情，足以一路走過歲月的考驗。

他們說得對，最重要的，是愛。

麥特的魔幻時刻

我跟麥特之間有個我們老愛拿出來講的哏。

「你我都**心知肚明**，為了拍到完美的麥特魔幻時刻，你心裡一定在期望我哭出來！」

「我才**沒有**希望你哭！」他看起來一臉無辜、似笑非笑的樣子，自從麥特成為拍攝我們紀錄片的製作人兼導演，這半年來我們已經很習慣他這副表情了。「我只是覺得這樣拍起來**一定**很有效果。」

「難啊！你得用你的超能力製造這種**平凡的**麥特魔幻時刻。」

我們這半年來迅速累積交情，還幫那種特別的時刻取了名字：難能可貴的「完美麥特魔幻時刻」必須要由許多辛酸、動人的眼淚構成，畫面中至少要看得到**我**流淚，最好的情況是連法蘭西斯也淌著淚水（如果我們當下還看起來特別挫敗、沮喪，那就更好了），而「平凡的麥特魔幻時刻」則只要是由麥特掌鏡就能常常出現。

這種只要麥特掌鏡就會出現魔幻畫面的跡象在幾個月前就時常出現。到這個階段我已經幾乎不能自行移動手臂了，肺功能比起剛開始拍攝紀錄片時也只剩下不到一半，我也開始難以靠自己的力量支撐住我的頭。國民保健署很慷慨，願意繼續為我提供照護服務，也因此安排了幾位私人助理負責照顧我，他們每天早上花費三小時幫我從床上起身，晚上則花費兩小時讓我躺上床。麥特則不出所料地問我能不能讓他拍攝這兩段照護過程。他足足拍了兩次，就為了紀錄片成品中只占幾秒鐘的鏡頭。

「我還沒辦法決定要用**哪**一段。」

「你知道我在這個過程中大部分都是全裸狀態吧？」

「哦，沒關係啦。我會用定焦鏡頭拍攝，我們也可以幫你全程打馬賽克，而且反正這是深夜時段的節目……」

麥特在清晨五點半左右抵達，用我們借他的鑰匙自己開門進來，這樣他就可以靜悄悄地上樓拍攝鬧鐘響起的畫面；接著繼續自顧自地進行拍攝。直到大概九十分鐘後，他突然出聲：「你可以再做一次剛剛那個動作嗎？我要換個鏡頭。」他說話的樣子彷彿這就是足以讓兩位私人助理把才剛奮力幫我穿上的長袖上衣脫下來、再穿上去一次的正當理由。

就是從這次開始，麥特的名字在我們心目中有了神祕力量。就在他把鏡頭拉近的那一刻，我的上衣卡住了。我的私人助理們知道正在拍攝，所以英勇地堅持完成手上的動作。麥特則暗自又把鏡頭再拉近一些，他似乎對這個穿脫衣服的動作大有興趣，一邊看著我們愈來愈瘋狂的滑稽動作，一邊鼓勵地說著：「別擔心——畫面看起來很棒！」

我的私人助理似乎忘了這不是電視直播，還在努力保持**非常**悠閒自在的樣子。同時，他們兩位似乎都下意識地想在鏡頭前保留身為助理的尊嚴，因此愈來愈用力地拉扯我的上衣，努力完成動作。他們用的力道比之前都大得多，結果衣服的袖子竟然在我左腋下跟肩胛骨之間的某個地方打結了；這件事實在太匪夷所思，在我的左腋下跟肩胛骨之間根本沒有什麼東西可以讓衣服打結。而且在這之前，我的衣袖也從來沒有打結過；這是絕無僅有的兩次衣袖打結事件的第一次。

而第二次衣袖打結事件，就出現在麥特的**第三次**拍攝。到這個地步我終於意識到一件再明顯不過的事實，麥特對這個宇宙有種莫名的影響力。這種影響力比莫非定律[1]更強大（或是說索德定律[2]〔Sod's Law〕，我剛剛才想起來英國是這麼稱呼莫非定律的），拿著攝影機的麥特能夠改變平常事情發生的機率，把再簡單不過的日常瑣事變成極具電視效果的滑稽混亂場面。我們把這種能力稱為「麥特魔幻時刻」。

在那之後幾個月，我發現麥特跟他的攝影機甚至根本不需要在現場就能夠造就麥特魔幻時刻；他這個人出現在我們的生命裡，似乎就此永遠改變了我們的人生，從他出現以後，麥特魔幻時刻就此發生。我原本以為麥特魔幻時刻未來會一直在我們生命裡出現；我原本希望每次麥特魔幻時刻出現時，我不會覺得沮喪或煩躁，而是當下在心裡一邊偷笑，一邊想起麥特用鼓勵的語氣對我們說：「別擔心——畫面看起來很**棒！**」

結果，麥特死了。就在聖誕節與新年之間，麥特出了詭異的意外，他從屋頂上滑下來摔到地面，死了。麥特才四十幾歲，他的家人無比哀痛。我們一定會非常想念他；拍攝紀錄片的過程能夠這麼開心，很大一部分是歸功於麥特令人安心的存在，以及他身為製作人的出色功力。

因為宇宙之中冥冥的巧合，麥特在昏迷中，或許是在他毫無知覺的情況下，向我們傳送了最後的訊息。就在我們得知麥特過世後幾分鐘，門鈴響起，郵差送來一個小包裹。包裹裡是一本關於賽伯格的書，正是麥特送給我們的聖誕禮物。他在扉頁寫了：

二〇一八年聖誕節

親愛的彼得與法蘭西斯，

能夠認識你們是我的榮幸——我們的旅程如此精采！

敬未來！

愛你們的麥特

當時我一週整整七天都在工作，比我過去整個職業生涯都勤奮，工時也更長；未來我即將除了躺著什麼也不能做，到時候我有得是時間休息。但即便我這麼努力，事情卻不見起色；我的人生就像用紙牌堆起來的房子一樣，從麥特死後，就逐漸崩塌。

首先是我的聲音合成出了問題。賽洛柏公司跟我都認為當初在錄音室花了三十小時錄製的音檔雖然已經足以在未來合成人聲（這也是為什麼我們選擇以「深度神經網路」[3]〔deep neural net〕的方式製作），但我們其實還可以運用另外一種完全不同的方式進行合成，就能在短期內製作出更好的合成聲音。

1 譯註：莫非定律的具體內容為「凡是可能出錯的事情，就必定會出錯」。

2 譯註：具體意義與莫非定律相同，為英國的習慣說法。

3 譯註：為一種判別模型，可以依此進行訓練機器，使機器進行深度學習。

不過問題就在於，如果要使用單元挑選[4]（unit selection）技術來合成聲音，我們就得進錄音室再花三十小時錄音；但如今我的聲音情況愈來愈糟，錄音室的工程師歐文又告訴我們錄音室因為土地被賣給開發商而被迫關門的壞消息，此外，到錄音室結束營業之前，工作室都沒有空閒的時段可以供我們錄音。另外，我原本找了一家眼動系統開發公司，請他們開發能夠讀取我的眼動軌跡，並藉此拼寫字詞讓聲音合成系統讀取的眼動追蹤系統；糟糕的是，我向他們提出升級眼動追蹤軟體的建議，讓我未來依然能表達情緒，但他們拒絕了我的要求，理由是「這沒有市場」——就我看來，他們正好預言了自家公司的未來。

接著是我的症狀又惡化了。甚至連芬尼在面對我不斷惡化的身體狀況時，都已經瞎掰不出相應症狀把談話焦點轉到自己身上。我從十一歲起就開始用手指打字，但現在隨著時間一週一週過去，我的手指也開始逐一癱瘓，從右手小指開始蔓延到大拇指。到現在我已經只能用右手幾隻不聽使喚的手指戳鍵盤打字。同時我也開始無法靠自己吃飯，所以這個重責大任就落到法蘭西斯肩上。另外，因為我的肌肉停止運作的方式跟一般病患的情況不太一樣，導致當初瓊恩透過國民保健署提供給我使用的咬嘴型呼吸器（mouthpiece ventilator）反而開始不適合我使用。法蘭西斯努力確保我獲得妥善照護——卻苦於找不到適合人選，他身上的壓力愈來愈沉重。

然後我還得了感冒，其實那根本稱不上是真正的感冒。要是以前的我遇到那種程度的小感冒，只要吞幾顆止痛退燒藥後就會照舊去演講，而且除了聲音略添一絲沙啞音色、喉嚨有點痰，根本感覺不出來自己感冒。但現在小小的感冒卻差點奪走我的性命，還不止發生一次。

第一次恐怖事件發生時，我從深沉的睡眠中驚醒，當下已經因為無法呼吸而陷入恐慌。我臉上戴著非侵入性的呼吸面罩，睡覺時我通常會戴著它幫助呼吸。但現在這個呼吸面罩反而成為阻饒我吸進空氣的阻礙；這次感覺有點像我之前那兩次會厭不舒服的事件，不同的是，這次我幾乎無法在咳嗽之間吸進任何空氣，因為呼吸器的節奏剛好會在我吸氣的時候把空氣抽走。這時我甚至已經無法發出哮咳聲，只聽得到自己發出像是被勒住脖子一樣痛苦掙扎的聲音。我根本無法抬起手拿掉臉上的呼吸面罩，更別說要拿水杯了；我感覺自己漸漸失去意識。

幸好法蘭西斯醒著，他聽見我的掙扎聲於是趕來救我。兩個禮拜內他就救了我超過二十次，這對我們兩個來說都非常不好受。但這也讓我開始想，在英國只有百分之一的漸凍症患者選擇進行氣切延續生命。但最終**這些人**最普遍的死因卻是吸入性肺炎——也就是說，如果口水或食物被吸進氣管，就可能造成可能致命的肺炎。所以我在想，何不直接將氣管與口腔後側徹底分開呢？這樣口水或食物就**再也無法**跑進到我的肺臟裡了。這種重大手術的名稱是「喉切除術」，會動這種手術的通常是罹患喉癌的患者。如果進行手術取出我的喉頭，我就再也無法自行說話，勢必得仰賴合成語音。但如果我思考的邏輯沒錯，這樣就能大幅增加以賽伯格形式活得長久的機率。不過最困難的事情是，我必須說服外科醫生為我完全健康的喉頭動手術。

興起這個念頭讓我在麥特過世後第一次覺得自己可以抵抗命運。下定決心後，在我跟法蘭西斯四十

4 譯註：為一種語音合成技術，如果能給予足夠多的高品質語音資料，單元挑選合成技術能夠產生品質最好的合成語音。

週年紀念當天我決定休一天假，那是我三個月以來第一個休假日。我們兩個跟親朋好友度過了愉快的一天，而我那彷彿紙牌屋頹然傾倒的生活在這時才停止繼續崩塌，我甚至開始重建生活。我們的姪子安德魯就住在隔壁，他決定辭掉在機場服務重要貴賓的工作，轉而扛起重擔，全天候照顧顯然不是重要貴賓的彼得2.0。他真的很擅長照顧人，不用多久他就成為了不可或缺的存在，代替我不堪使用的四肢幫忙我做大小事。

「我想寫一本關於這一切的書。」在安德魯開始照顧我不久後，我跟他說了我的心願，法蘭西斯也全力支持我的願望。

「你會在書裡寫到我嗎？」

「如果你願意乖乖照我說的打字……」

但想要寫自傳有個問題是，除非你早就是名人，或是有優秀的經紀人幫你說服出版社，不然根本沒人會願意為你出版自傳；所以我得找個經紀人。但是關於請經紀人這件事也有個大問題是，除非你已經是名人，或是已經有出版社想出版你的書，不然根本沒人有興趣當你的經紀人。

在我要說服大企業參與我的研究計畫時，也遇到同樣進退兩難的困境。與其跟個人合作進行研究，這些大企業更想跟慈善機構合作，這再合理不過；但就我所知，根本沒有任何慈善機構對我的構想有興趣——就更別說要找大企業合作了。

但我或許有機會突破這個困境。我是漸凍症協會的董事，而且不斷推廣運用高科技好好活下來的概念，可能是為了上堵我的嘴，總之他們邀請我針對這項概念組成諮詢小組。我則進一步提議不如直接組織智庫，藉此吸引資訊科技企業菁英，希望他們會對我的研究概念產生興趣。拜訪廠商後，有一家製造商的資訊長對我的想法非常有興趣；也多虧他，他們公司創新部門裡一位叫做雷（Ray）的員工決定將我引薦給他們在資訊科技界的人脈。接著就該我大顯身手，說服這些人參與我的研究計畫了。

我欣喜不已地跟法蘭西斯說這件事。

「小心點，」他出聲提醒我。「看起來太美好的事情通常都……」

「……通常就是如此美好！」我接口說道。

這時的我們彷彿時來運轉一般，錄音工程師歐文竟然剛好就住在距離我們家幾條街外的地方。他的貓甚至還常常跑來我們的花園散步。因為住得很近，歐文為我們在起居室搭了臨時錄音室，這樣就能繼續錄音。而這份好運一路持續，我們的另一個鄰居奈吉爾（Nigel）加入了我私人助理的行列，幫忙分擔我日益沉重的照護需求。這下我們的生活似乎終於再度上了軌道。為了慶祝我們終於又交上好運，我六十一歲生日當天放了自己一整天假。我們一樣跟家人、親友一起度過這快樂的一天；但芬尼又沒出現，這已經是他連續第二次錯過我的生日了。

「這個自私的傢伙至少可以傳簡訊來跟你說生日快樂吧！」法蘭西斯在我生日隔天對芬尼的行為這麼評論。

「對阿，不過搞不好這次他**真的**發生了什麼事？」

「相信我，芬尼就算只是戳破手指也巴不得立刻跑來嚷嚷給我們知道！」

接著事情就這麼一樁一樁的辦成了。一位頂尖經紀人在看了我自傳的幾章書稿並跟我約定了幾項合理要求後——蘿絲瑪莉跟我簽了經紀約。另外，托基國民保健署頂尖的耳鼻喉科外科醫生——也就是一位名為菲利浦（Philip）的優秀醫師願意幫我看診，他同意我的想法，因此決定為我做喉切除術；在跟法蘭西斯、安德魯、我、馬芮（我最棒的麻醉師）以及瓊恩（我最棒的呼吸科專家）開會討論後，我們確定了手術日期——要盡可能推遲（這樣我才能試著將取代人聲的聲音合成技術安排妥當），但也要趕在冬天到來以前做手術（這樣才能避免我再度感冒）。我們各自確認了行程安排，選定二〇一九年十月十日星期四這一天進行手術：就在五個半月以後。

「我不希望我親口說出的最後一句話是在倒數『十、九、八……』，然後就被麻醉做手術了。」我向馬芮解釋我的想法。

「當然沒問題。你可以在說完最後一句話以後都用點頭或搖頭回答問題。」她用她一如往常「什麼都辦得到」的那種語氣向我保證。「你選好自己的最後一句話了嗎？」她換上女學生在講八卦的語氣這麼問我。

「我一年多前就想好了。」

完美的麥特魔幻時刻

「你說他不想再見到我們是**什麼意思**？」

「他就是這麼說。我一直傳簡訊給他，問他好不好，結果三個禮拜以後他才回覆，然後說他覺得跟你相處很辛苦。」

「但他不是一直說我們是他的摯友嗎？」

「是阿，我們也因此一直視他為我們的摯友。但現在看起來顯然不是。」

法蘭西斯語氣裡的失望，跟我突然間感受到的情緒不相上下。我們已經跟芬尼認識幾十年了，一直都跟身邊其他人說他是個非常值得信賴、忠實的好朋友。

「你有回他訊息嗎？」

「有啊，我跟他說如果他真的這麼殘忍又自私，那他大可滾一邊去！」

「那他說什麼？」

「他根本沒回。」

不知道為什麼，這件事竟然比我當初被診斷出漸凍症還令我大受打擊。接下來幾天，我們都有種心裡被掏空的感覺；遭受背叛、遺棄的感受揮之不去。而這件令人傷心的事，似乎也觸發了接下來一連串大大小小的震盪。

我慢慢發現，我想幫查理升級的計畫，或許跟雷當初介紹給我的那些公司能夠提供的服務並不相符。但這還只是我愈發深切的憂慮中比較輕微的一項而已。或許只是我愈來愈風聲鶴唳；畢竟我最近睡得前所未有的少，無論如何，總之工作上的確發生了一些怪事。這些公司對我的研究產生興趣後，雷卻似乎把我隔絕於他們的聯繫之外，反而開始私下跟漸凍症協會討論我提出的概念，並且負責把關其他公司與我的聯繫。後來甚至還有人跟媒體放出風聲，說雷是智庫籌備計畫的唯一負責人。雖然大家仍然對我非常友善，但我不禁覺得事情不太對勁。

結果我開始聽到有人討論如何利用智庫的研究獲利——這其實是我的研究。我先澄清，我並不反對牟利；只是在這件事上，我愈想就愈深信我們該把這些研究都當作開放資源讓所有人自由使用。所以我聽到這些消息後非常失望，也相當不安。

在家裡，則是奈吉爾（那個同意加入私人助理團隊的傢伙）傳簡訊來說他改變主意不做了。法蘭西斯現在又得重新承擔找人接手的壓力了。消息來得不巧；當時我們正在討論要去加勒比海度假，這可能是我們最後一次一起度假了，我們早在二〇二〇年一月就已經預訂好這次行程。但我的喉切除術卻是安排在二〇一九年十月，雖然滿心不甘，但我們也只能讓步，因為取消行程認賠訂金才是唯一合理的決定。我心裡充滿罪惡感，因為我知道法蘭西斯有多想去度假。接著我的照護團隊中有一位助理傳訊息告知他當天晚上沒辦法來幫忙把我安頓到床上；又一次，重擔又落到法蘭西斯頭上。

「你得看看這個……」我已經沒辦法使用筆電上的觸控板了，現在都是由安德魯幫我查看電子郵件。「這**根本**是亂來。」

那封書面確認函寄給了所有我曾接觸過的公司，信中說明漸凍症協會智庫將退出我的研究計畫，僅保留有限度參與研發合成語音的可能性。

安德魯替我暴怒了起來。「他媽的他們怎麼不說前幾個禮拜那些王八董事會根本沒找你去就偷偷開會，說什麼『大家才能自由發言』，但在場根本就沒人知道自己在講什麼屁話，他們就這樣臨陣退縮然後幾乎終止所有研究！」

「這就是他們的工作，要讓會員覺得他們好像有在保護大家的權益。」

「是啦，但有些董事會成員根本就是徹底的混蛋。啊那個雷呢？這次他倒是嘴巴閉得很緊。他根本就只會在你對他有用的時候對你友善，現在卻好幾個禮拜都不回信。還有那個每次去開會從來都不給你好臉色的智障呢？」

「其實去年一整年他從來沒對我露出笑容，我猜他應該恐同吧。反正我都已經辭職了；我當初是因為向成員承諾要研究如何運用高科技好好活下來才獲選為董事，如果在協會裡做不到這件事，那我就去找外面的公司做，但無論如何我一定會讓所有會員都能享受我的研究成果。這樣對大家來說可能都比較簡單吧。」

雖然我用樂觀的角度看待這些事，但其實我心都碎了。

然後雷終於回信了。信裡不再有以往的友善問候，只有寥寥數語，也沒有往常的溫暖結語。信裡看不出一絲一毫悔意，只簡單聲明了他和他的公司不願意跟個人進行合作，所以不會繼續與我合作研究；然後又建議其他與智庫有關的組織都採取相同立場。所以基本上，智庫會繼續運作，但不會繼續進行我的研究，也不會繼續跟我合作。意思就是，我可以繼續做我的研究，但當初對我的研究展現興趣的公司都不會參與了。

雷的電子郵件寄來時，安德魯已經回家，但法蘭西斯在我旁邊。

「他們有權力這麼做嗎？」他的語氣有點遲疑，但已經對再明顯不過的答案做好心理準備。

「他們已經這麼做了。」

「但這根本不公平！你為了實現一切不眠不休，還是其中唯一無償為這些事付出努力的人。」

法蘭西斯一般在面對不公義的事情時早就生氣了；但現在他的語氣裡只有疲憊。

「那我們白白浪費的時間又算什麼？我們本來可以把握這些時間好好享受，可以在你還能自己吃飯時去度假、享樂，真他媽夠了！面對這一切就已經夠悲慘了，結果我們還為了這些不知感恩的混蛋浪費僅剩為數不多的時光，這些傢伙根本就不值得我們犧牲一切！」

現在他聽起來的確生氣了，是那種出於絕望和傷心的憤怒。

「去他們的！根本不值得。我們要趁著夏天好好休假、到處走走，我們要好好放鬆一下，至少趁著現在還有機會好好享受。」

「但我還有書要寫，我是快要寫完了沒錯；但就算沒有智庫的工作要做，還是得花上整個夏天才寫得完。」

「我的老天，彼得！別讓我更痛恨你跟你他媽的病！」

我知道我們彼此都已經被壓力壓得喘不過氣，這麼久以來一直都很疲倦。我內心深處知道他愛我依舊不變。但我也知道在這一刻他真的不愛我；而這一刻令我崩潰。

我已經不記得自己上一次在他面前崩潰是什麼時候了——也許是在我二十幾歲的時候吧。後來我愈來愈堅強，也變得更堅毅、更有安全感。第一滴眼淚出乎我意料地流了下來，第二滴淚又從另一隻眼睛冒出，我現在還是很訝異自己竟然哭了。但突然湧出來的淚水似乎改變了規則，過去的一切不再重要，反正沒人在乎，我也不在乎，所以我不管了。

我腦海裡有一小部分在想，一個六十一歲的老男人沉浸在自憐的情緒裡，像孩子一樣大哭，沒有自尊、無法控制自己、失去驕傲、沒有價值、一文不值。

「哦，我的老天爺！你在幹嘛？」

這句話聽起來就像從另一個次元傳來的遙遠回音一樣，一點也不真實。原本應該重要的一切現在對我來說就像充滿絕望的黑洞，不斷把我拖進去。我模模糊糊地想起童年時光，在我成為青少年並豎起傲慢的防護罩之前，那時的我永遠都是大家分組時挑剩的人、沒獲邀參加生日派對的人、永遠都是局外人、總是大家拿來開玩笑的對象。我一直都站在大家的小圈圈外望著他們，獨自一個人感受寂寞。我以為自己已經徹底忘記這種感覺了。但這個當下，我的第一滴淚水沖刷掉了這五十年來築起的防線，那種感覺又回來了。

我放聲痛哭。因為喘不過氣，我原本短促又難聽的嚎哭聲聽起來更加詭異。原本那麼驕傲的一個人，現在只能發出悲傷的哭嚎。

「好了啦，我們不這樣的！」

我試著向他解釋，試著說話，但我根本無法呼吸，我甚至連呼吸都做不到。現在的我已經幾乎無法自理一切了，而且未來還會繼續惡化，變得比現在糟上百倍。

「不要這樣，我們得堅強起來。」法蘭西斯語氣裡的憤怒和挫折已經一點也不剩，現在連他也開始哽咽。「我們只能從彼此身上獲得力量。」他開始啜泣。「如果連你都無法堅強，那我根本沒辦法面對……」

我們依靠著彼此，就像被遺棄在危險星球上孤單面對一切的兩個人。從以前到現在，再到未來，只有我們兩個人手牽手對抗世界，直到永遠，直到最後。我們擁抱著，兩個人的身子都因為啜泣不已不斷顫抖，兩個被困境擊垮的老男人，最後終於束手放棄掙扎。

我們永遠只能依靠彼此。

「我們得好好振作起來。」法蘭西斯首先成功把自己拉出絕望的黑洞。「我們一定能找出辦法。」

我試著回應他，但我根本無法呼吸，也找不到適當的詞彙向他解釋，我們**根本沒辦法**及時達成原訂目標。如果不趁著我能自行說話的時候達成目標，之後的努力就太遲了。我突然覺得好累，身體、心理、情緒都好疲倦。一切都結束了；我突然意識到自己其實已經放棄一切。失敗的感覺好沉重，辜負那些相信我能做到的人，對我來說也沉重得難以負荷。我也辜負了法蘭西斯。

「我愛你。」法蘭西斯一邊啜泣，一邊對我說。

「ㄨㄧㄚㄧㄧㄧ」在不可抑制的抽搐啜泣間，我只能擠出這些聲音。

「我知道。」法蘭西斯回應我，然後又開始哭泣。我們抱著彼此搖晃，試著安撫對方。

最後，法蘭西斯逼自己為我們兩個人重新堅強起來。

「好了，我們真的得振作了！我們一定可以度過這個難關。你跟我，一起，就像我們一路走來一樣。」

他緊緊地抱著我。

在遙遠西方的阿瓦黎，雷蘭剛滿十八歲，因此可以參加比賽；這是他第一次守夜——就在聳立於森林另一端的巨大土丘頂端，他在方尖碑的最高處冥想。他的身子被大理石紀念碑上永遠燃燒不盡的淺藍色安那烈斯之火包圍，東方的天空還留著雙日剛剛落下的落日餘暉。雷蘭雖然緊閉雙眼，但安那烈斯之火讓他得以感受到周遭一切，因此他知道阿瓦隆的到來；這位年輕戰士從山脊邊現身，立身於高原邊際，用驚奇的眼神看著他，在這一切發生之前，雷蘭就感受到阿瓦隆的氣息了。火焰中閃現阿瓦隆現身於此帶來的三種可能性：孤寂、死亡、愛。

他感覺到阿瓦隆身穿藍色皮質蘇格蘭裙，剪裁合身的上衣鬆鬆掛在身上，留著及肩金中帶紅的長髮，阿瓦隆靠近雷蘭，他有著英俊的臉龐、美麗的雙眼；他就站在圍繞著紀念碑的坑道的另一端。阿瓦隆讀著刻在石碑四面的詞句：

孤身前來，烈火正展露；

一切未來，就在你心中。

雙雙前來，傾訴你所有；

合而為一，或根本別走。

阿瓦隆靜靜地站在原地不動，盯著雷蘭的臉；天色慢慢暗下來，點點繁星開始閃現於天際。火光愈燒愈亮、愈燒愈藍，三個月亮相繼從地平線爬到天空中，阿瓦隆依然動也不動。第一個太陽將要升起之前，阿瓦隆露出笑容，將右手往前伸，直到指尖將要碰觸到安那烈斯之火。這時，其中一種未來突然消失了，只剩下死亡或愛。

雷蘭依然閉著雙眼，但他對阿瓦隆回以微笑，也從安那烈斯之火中伸出手。他們碰觸到了彼此的指尖。阿瓦隆把身子越過下方的坑道往前移動，於是他們緊緊抓住對方。火焰沿著雷蘭伸出來的手竄上阿瓦隆的手臂，隨即也將他吞沒。於是火焰開始揭露：關於彼此的一切在此展現於對方眼前；這就是最終極的考驗，考驗後的結果只可能是全有或全無。所有人都知道，安那烈斯之火只會讓結果是全有的被考驗者活下來。

第一個太陽散發出的第一道光芒從西方地平線劃開珊瑚色的天空，雷蘭終於睜開雙眼，帶著充滿愛意的眼神看著阿瓦隆。剩下的兩種未來都還在。雷蘭起身離開方尖碑，他知道阿瓦隆一定會帶他安全跨越四周的坑道。安那烈斯之火放他們安然離開，雷蘭不著寸縷的胸膛貼上了阿瓦隆的心口，他立刻用手臂圈住雷蘭的身子，保護他不讓他往下掉進坑道裡。他們深深望進彼此的雙眼，阿瓦隆這時第一次開口，清晨的冷空氣裡響起他略顯沙啞的嗓音，為他們的未來選擇了唯一的可能：

「我永遠都是你的。」

明日何處來

夜半時分，我清醒地躺在床上，潛意識堅持要我思考某些感覺跟當下毫無關聯的事情：在這約莫一百三十八億年的時間裡，宇宙裡都極其無聊。宇宙的確很壯麗沒錯，但基本上就是無聊得要死。

我很清楚宇宙接下來的變化；為什麼我現在要浪費時間想這種事啊？首先是宇宙大爆炸，接著是一段**超級**長的空白，接著在一個不起眼的螺旋星系外圍，基本上只是因為巧合，剛好有個行星在一顆中年恆星的周圍形成。這件事根本一點也不起眼；它就只是同一個星系中一千億顆行星中的其中一大團石塊而已，而且除了這個星系以外，宇宙中還有**另外**一百七十一個星系呢！

就跟以往一樣，我直接聯想到了宇宙的巨大尺度，但覺得這跟人類沒有什麼關係。不過因為這個念頭圍繞著偉大的科學打轉，所以我的大腦自動繼續補足了整個宇宙的故事。宇宙就像一個大撞球桌，似乎有什麼撞上了這顆行星，因此這顆行星就有了自己的衛星；上面有許多火山，也因此有了水、簡單的生命、氧氣，最後開始出現複雜的生命。你或許會期待從此就展開生意盎然的有趣未來，至少在太空中這個微小的角落會開始有好玩的事情發生。但並非如此。

啊！原來是**這樣**啊！我開始理解為什麼我要在半夜醒來思考關於宇宙的事，而不是揪著自己的世界開始分崩離析的事實不放了。這下思考這件事倒是有意義多了，所以我放手讓大腦奔馳。儘管生命如爆炸般地湧現，這些生命也不斷演化，有智能的生物也開始出現，但某些事情還是會發生。六千六百萬年前，恐龍無法逃過因為彗星撞擊地球而招致的大滅絕，人類在七萬六千年前也無法逃避超級火山噴發的慘劇，幾乎從地球表面上消失。

對！這就是關鍵！他們都無能為力。未來的巨輪就這麼直接從他們身上輾過去。直到今天，整個宇宙中還是充滿這種無法預測、徹底隨機發生的事件，我們對於這些隨機發生又必然出現的事件束手無策。關於我們現今所處的世界究竟怎麼走到現在，講得好聽一點，幾乎都還是極其無聊的過程；除了五千年前發生的那一件事。當時在地球上出現了全宇宙中最罕見的事件。

就是這時開始，我們開始質疑宇宙的隨機性；我們**也**是從這時起開始深思，個人是否真的對命運束手無策。我們稱之為文明的起源。但其實**不只是**這樣而已。人類的未來從這時候開始才變得多采多姿——因為人類史上第一次成功抵抗命運。穴居的人類可以嘗試改變自己的生活，但他們無法主動改變全人類的未來，古埃及人卻做到了。

就是這個！利用知識帶來的力量。別忘了！這些首先進入文明社會的人類讓我知道，個人有可能在偶然間做出改變，進而影響所有人類跟進，改變社會。這是歷史上的巨大分水嶺，從這一刻起，**每個人都有與生俱來的權利可以改變這個宇宙**。

一瞬間，我覺得又重獲力量。我終於又能夠勇敢相信，自己有可能創造出不一樣的未來。我終於在六十歲生日前搞清楚到底該怎麼改變眼前的未來，而我還是跟當初十六歲時一樣，對這個點子充滿熱情。

但也不過就是那麼一瞬間的事情而已，我剛剛燃起的自信僅剩一點餘溫，在寒冷又黑暗的夜晚裡又冷卻了下來；剛剛思考的整個概念立刻變得與在凌晨兩點躺在床上毫無睡意的我幾乎毫無關聯。儘管如此，就算現在距離我剛在法蘭西斯面前崩潰才過了幾小時，我依然明白自己不能繼續沉浸在自憐的情緒裡了——雖然我知道還有一部分的我走不出來，只要受到一點點刺激就會再躲回自怨自艾的泥沼中，更別說我大腦的執行功能[1]也在無情地提醒我，別再抱持希望。

接下來的九十分鐘過得比平常快，也或許是我在不經意之間睡著又醒來。無論如何，在大約清晨三點半時，我的大腦不知為何突然充滿正面能量；似乎是突然又有新點子萌芽，儘管我腦裡還是有一股聲音在駁斥這個點子太過荒誕、不切實際又天馬行空，但我還是固執地堅持要讓這個點子成長茁壯。

快要清晨五點時，太陽升起了，我實在太清醒，想要再躺回床上睡著根本不切實際；但這也沒關係，反正現在多了這麼多事要做。我突然感受到一股不合常理的精力盈滿全身，我的大腦決定不再繼續抱怨，開始著手計畫未來。

「你醒了嗎？」我試探性地問法蘭西斯。我得先為自己辯解，法蘭西斯根本沒在打呼又正好翻了個身，而且他過去幾週都很早就醒來了。因為沒有得到法蘭西斯的回應，我打算再等一等；不過法蘭西斯這時打了個哈欠，所以我稍微提高音量再出聲問他一次：「你醒了嗎？」

「沒。」

「啊，很好！我整個晚上都沒睡。」

法蘭西斯坐起身，儘管他的臉部肌肉都還沒清醒所以臉上毫無表情，但還是試著表示關心。

「你還好嗎？」

「啊！很好！我很好。我整個晚上都在思考——」

「哦，老天啊！我都**叫**你別再管了。他們根本不值得你花心思。你想盡辦法嘗試過了，但根本沒用，所以就算了吧！」

「可是重點就在這裡！我想到怎麼**解決問題**了！我有個新點子！我解釋給你聽……」

「拜託先讓我喝杯咖啡！」

法蘭西斯拖著身子下床。十分鐘後，他拿著兩杯完美的瑪奇朵拖著腳步再次爬上樓。直到他把整杯咖啡喝完，才允許我繼續跟他對話。

「好了，說吧，你有什麼新點子？」

「我覺得我們應該設立一個慈善基金會，史考特－摩根基金會；一個單純的慈善研究機構，讓我可以實現我的所有研究概念。」

「好吧，跟我想的差不多！」

「什麼？」

「如果漸凍症協會辦不到，那很明顯就該由你來做。我們幾個月前就聊過這個了……」

「對，但那時情況還不是這樣。」

「但現在事情已經走到這一步了。而且你得**動作快**，不然一切就要分崩離析、無法挽回了。你得在

1 譯註：為心理學理論上的認知決策系統，可管控短期記憶、決策行為、注意力、抽象思考等認知過程，亦可抑制一般的衝動行為。

今天就把一切理出頭緒來。」

「今天是禮拜天欸！根本沒人在！」

「這樣不是更好嗎？我昨天睡前就在想，這樣你今天就可以先好好釐清自己的想法，趁著在大家禮拜一早上開始工作前搶得先機，先寄電子郵件給他們。」

「什麼？」

「我昨天睡前在想——」

「你昨天晚上根本還**不知道**基金會的事！」

「對啊，但我知道你一定會想出什麼新辦法。」

「那如果我什麼也沒想出來呢？」

「我就會再幫你煮一杯咖啡……」

好吧，反正我本來就要喝咖啡，下午也得再喝一杯。喝完咖啡後沒多久，我就很有效率地把新的概念想清楚了，這樣我就可以寄電子郵件給前幾個月我努力打動的所有人，告訴他們我跟法蘭西斯打算成立一個完全獨立的研究基金會，就可以繼續進行原本討論中的研究計畫了。在按下寄出按鍵前，我先讀了電子郵件的內容給法蘭西斯聽。

「這些不就是雷說只會跟他還有漸凍症協會合作的公司嗎？」

「是啊，但是因為協會的董事們臨陣退縮不繼續進行研究，這項規範就不成立了。總之我們的基金會是合法的獨立機構，將由獨立董事會經營。各家公司也就不必跟我以個人的身分合作了。」

「這我知道，但你寄信過去的這些公司，真的會加入我們的基金會嗎？」

法蘭西斯一如既往地靠直覺就輕輕鬆鬆找出我計畫中最薄弱的部分。

「我也不知道……或許吧。我希望他們願意。我們不需要有很多家大企業加入，就算只有一家也很夠了。如果我們能找到一家願意加入的大企業，並且吸引到數量足夠的重要小型企業和專家參與，就能夠吸引到更多大公司，只要基金會的表現愈好，就會有愈多優秀的人願意加入我們。」

「所以基本上我們就是要賭接下來一、兩天你能不能招募到能夠一起改變人類歷史的核心團隊囉！」毫無疑問，我知道法蘭西斯一定會全心支持我，於是他又問了我一句：「不是要給你壓力……但我們大約要找到幾位董事來成立基金會啊？」

「八位。」

「**整整**八位？」

「嗯，我整理出了幾個讓基金會能夠順利設立的關鍵角色。真正開始運作後，我們還會需要多幾位董事，但現在除了我們兩個以外還要再找六個人。我會擔任基金會的首席科學家，而你則是照護服務董事的最佳人選。」

「哦，不！你一定能找到比我更好的人選！」

「怎麼可能！拜託，你花了整整十二年**經營**一家**照護**機構。這些日子以來，你也幾乎已經具備了所有照顧重度身心障礙人士的直接經驗；反正不管怎樣，你都是共同創辦人啦！」

「嗯，我再想想看吧。」

「所以，在這超級八人組裡面——」

「啊，好吧，如果我們真的要讓自己稱得上是『超級』……」

「我們當然一定稱得上是『超級』！總之我們現在已經有**白老鼠**和**照護專家**兩個角色了。據我估計，如果想要嘗試打破人類社會的常規，我們得再招募六位重要角色。我是這樣想的……」

超級八人組

總管

阿崙（就是我在做腸道準備時打電話來的那個阿崙）已經在漸凍症協會有無上權力的董事會擔任主席多年，但在他打電話給我的時就已經因為擔任董事的時間到達上限而準備退任；因此我們從來沒有一起參加過董事會，但我們一直有保持聯絡。

最近阿崙繼續在默西賽德[1]（Merseyside）分會擔任主席；因為那裡是他的家鄉，他正好可以大展身手，想出產生許多相當務實的舉措，我非常欣賞。他也正好通曉關於慈善團體管治的各種錯綜複雜細節（基本上就是根據法律誰能夠做什麼的規則），是我所認識的人裡面最傑出的董事人選。此外他一直以來都不斷私下指導我如何擔任董事，因此我非常信任他。擁有這項無人能及的能力，他一定會是基金會的寶貴資產。雖然是禮拜天，他還是撥出時間跟我講了幾分鐘視訊電話。

「我想問你願不願意當我們的財務長……」他沒有拒絕，因此我多了一點自信又補充道：「……另外也擔任治理董事？」

1 譯註：為英國英格蘭地區西北部的郡。

他笑了。

「我很樂意！」

電視行業大師

英國廣播公司的高層曾經給過我不受限制的祕密權限，讓我可以破解公司內部運作的潛規則。我就是在那時發現電視業其實是由變色龍這個族群經營的行業。

在這個行業裡，想要當上大經理不僅僅要能夠管理一般凡人，還要有能力管理那些自我膨脹到不行的傢伙：也就是「藝人」（對我們其他人來說就是「明星」），其中有些人真的自我到不行，彷彿活在另一個世界一樣。為了面對這種巨大的情緒勞動，業界最優秀的那些經理人都有能夠隨意調整自我面貌的神祕技能。我說的可不是雙面人，業界最傑出的經理人至少都有十種面貌，狀態好的時候還可能更多。

我第一次遇見派特距離我現在打給他大概有超過一年了，在跟他見面以前，我就已經做好心理準備，就算被他騙，應該也會被騙得很開心。畢竟在他成為知名製作公司（這家公司曾參與競爭為我拍攝紀錄片的機會）的總經理前，他曾擔任英國廣播公司電視製作部門的主管，手下有超過三千名員工，年度預算超過四億英鎊。他擁有的人格面貌大概比光之山鑽石[2]的切面還多。

隨著彼此深入認識，我發現自己很喜歡也很欣賞他。他與他人相處的時的態度其實相當一致，但我也不太知道該怎麼歸類他的個性。有一部分的他就像站在街角的社會運動人士，神采奕奕又熱切地向路過的人提倡多元性與包容。另一部分的他卻又像海盜一樣，指揮著他的大船橫跨七海，尋找藏在世界角落的寶藏、航向精采的冒險。總之在形形色色的人格面貌中，絕對**沒有**建制派階層菁英的那種樣子。

「我想問你願不願意當我們的媒體董事？」派特有人脈，非常豐厚的人脈。我們對話有一瞬間陷入沉默，我有點擔心，因此立刻補充：「你可以在紀錄片完成後再加入沒有問題。」還是沉默。「為了避免任何利益衝突。」我再次補充，彷彿這就是可能造成他疑慮的唯一原因。

「彼得，以我目前對你跟法蘭西斯的認識，我是不是可以合理推測你們打算建立基金會打破現狀，即便是要讓自己受點罪也不在乎？如果這不是一般那種無聊的基金會，我就接受這個位置。」

「派特，我跟你保證，這個基金會未來可能有各種令人難以置信的發展，但無聊、保守、害怕風險這三點都絕對不可能發生！」

這時我聽見電話的另一端傳出笑聲。他低沉的笑聲不時夾雜著幾聲尖細的竊笑，讓他聽起來就像提早發育的男學生在計畫什麼壞事一樣。

「如果是這樣，我絕對不會錯過！」

聲音博士

自從我和馬修第一次在Skype上通話起，我們就一邊等待賽洛柏公司為我製作新的合成聲音，一邊持續互通電子郵件。更重要的是，在我們碰面幾次後，馬修正式通過了法蘭西斯的考驗——那是法蘭西

2 譯註：一顆一百零五克拉的鑽石，曾為世界上最大的鑽石，為英國皇室珠寶。

斯的神祕能力，他只要結合直覺和一些刁鑽的問題，就能夠精準評價對方的人格；這幾十年來證明了法蘭西斯的判斷準確得驚人。

「你人真好！」馬修知道我想說服他成為我們的聲音合成董事後這麼說。「當然了，我很榮幸能參與你們的基金會！」

說定以後，我們繼續討論到時候要怎麼樣才能讓我未來仍然能夠唱歌。幾個月前，我肺部與喉嚨的肌肉彷彿密謀要讓我再也無法唱歌一樣，決定罷工了；我一直都很愛自顧自地哼哼唱唱，所以真的很希望以後還是可以唱歌。在我向馬修提起這件事後幾個禮拜，他就用電子郵件傳來一個檔案，裡面是我的合成聲音悅耳地唱著《叮噹！來自天上的喜悅》（Ding Dong Merrily on High）。

「這只是我的概念驗證[3]而已，」之後我們進行討論時他這麼說著，「但我看了《純真想像》（Pure Imagination）的歌詞；這首歌真的超適合你，裡面有一段是：『任何願望都沒問題。想要改變世界嗎？沒問題！』像我這樣憤世嫉俗的傢伙聽到這句都有點想哭。」

「你覺得我們要不要拍個ＭＶ？」

「我們得先讓你的高解析度虛擬化身流暢運作才行。不過我同意，我喜歡這個點子！」

虛擬化身怪才

「我們打算拍一支ＭＶ！但我們需要你做的高解析度化身能夠跟我的合成聲音對嘴，你覺得這個點子可行嗎？」

雅曼達跟她在松林製片廠的同事很棒的一點就是，我猜大概只有極少數的事情會讓他們認為**不可行**。而且她很喜歡跟馬修合作；她在我們和賽洛柏公司的大家第一次見面開會時跟我說的第一句話就是：「這根本就是書呆子天堂！」

雅曼達的同事亞當（Adam）最近正在費盡心思地為我的虛擬化身一根一根加上頭髮、眼睫毛，並且修改所有瑕疵。他也為我的虛擬化身換了個髮型，法蘭西斯和安德魯都同意我換了髮型以後比原來的樣子好看許多，所以我現在大概是全地球上唯一得配合自己的虛擬化身改變髮型和髮色的人了。而這也使得另一家公司的另一位員工（也就是恩柏蒂數位公司〔Embody Digital〕的阿力〔Ari〕）必須更改我的低解析度虛擬化身的髮型……

「當然，這**絕對**可行！我們可以讓彼得2.0用高解析度虛擬化身做任何事情——不過如果要呈現即時影像，電腦處理可能要花上許多工夫。但是只要再過幾年，我們一定可以讓彼得2.0**隨時**都能以即時高解析度影像出現！」

就這樣，雅曼達在我們講視訊電話以前就寄了電子郵件給我，表達她對基金會的看法：「當然了——我很榮幸以董事身分正式成為反抗軍的一員！我深信建立基金會以後我們一定可以集結非常強大的力量。將這些優秀、有決心、準備好面對戰鬥的創意人才團結起來勢必對許多領域產生正面影響。我們可以改變生命，改變世界。」我想這代表她又能置身書呆子天堂了。

3 譯註：以較短且不完整的形式實現某些概念或驗證某些理論，目的為證實其可行性及示範原理。

設計師

艾斯特（Esther）來自馬德里，住在倫敦，但近來大部分時間都待在巴黎。不管她人在哪裡，她都能夠說一口流利的當地語言。從我們第一次見面，她就讓我確信如果有任何人想阻擋我們的目標，她一定會帶著她那幾乎永遠掛在臉上的笑容，有效率地除掉對方。我們從那次開始就一拍即合。

她是全球性設計及創新顧問公司的管理者，但每次我們碰面討論時都剛好是她正在度假、過週末，甚至是國定假日的時間。她願意犧牲假期跟我討論讓我覺得她或許是真心重視我試圖實現的目標。

「我**真的**很重視你的願景，」艾斯特證實了我的推測，她展現了只有真正的拉丁民族能夠擁有的熱情。「彼得，我**非常樂意**成為你基金會的董事！」

這可是好消息。還有另一個好消息是，艾斯特的熱忱顯然很有影響力。不久後，她的幾位年輕同事蘿拉（Laura）和羅賓（Robin）都開始用**他們**的閒暇時間跟我合作，一起設計我未來要使用的人工智慧系統使用者介面。他們的設計哲學跟我不謀而合——按照使用者需求設計高科技產品，而不是讓人類去迎合高科技的設計。他們都是大好人，這一點更是為這段合作關係大大加分。

人工智慧魔法師

從機率上來看，我跟傑瑞（Jerry）根本不可能有機會認識彼此，更遑論是成為好朋友了。首先，傑瑞住在美國的聖路易斯；而我自從一九七六年跟牛仔男孩布萊德在灰狗巴士上相遇之後，就再也沒去過那裡。而且一九七六年時傑瑞根本還沒出生。

另一項我們根本不可能認識的原因是，傑瑞在一家根本沒人聽過的公司工作：易思資訊科技（DXC Technology）。他們公司其實是全球資訊科技顧問行業的翹楚，總共有十五萬名員工，業務橫跨全球，單單去年就賺進兩百五十億美元。即便如此，我跟他們公司還是毫無關聯。

至少在派翠克（Patrick）跑來向我跟法蘭西斯自我介紹，然後問了個令人摸不著頭緒的問題以前，我跟他們公司一點關聯也沒有。派翠克問我：「你對藝術有沒有興趣？」我才剛跟他聊完跟高科技、賽伯格和各種科學話題，所以我感覺他自己也知道這個問題有點沒頭沒腦。我相信從我留下的數位足跡[4]（digital footprint）來看，應該沒有任何蛛絲馬跡可以推測出我在青少年時代把每一天的午休時間都花在學校的美術教室裡度過。他不可能知道我心中一直因為選擇投身科學領域而必須放棄藝術而有所缺憾。所以，他應該會覺得自己問了個笨問題。派翠克進一步解釋，易思資訊科技的人工智慧部門主管想到了一個超乎一般人想像的點子，他想製作讓我在完全癱瘓後依然能夠創造藝術作品的人工智慧系統。我向派翠克保證自己真的**超愛**這個點子。

幾天後，我收到那位人工智慧部門主管的信，也就是傑瑞。我們第一次講視訊電話就講了超過一小時，兩天後又講了一個小時視訊電話。後來我們約定之後的每個禮拜都聊兩個小時，而且打算無限期地持續這個習慣。我鼓起勇氣問傑瑞願不願意考慮加入我們的基金會，甚至成為我們的副主席，那時候我

4 譯註：指在使用網路後留下的任何線索或資料。

其實已經愛上每個禮拜跟他講視訊電話，為彼此帶來啟發和靈感的時間了。

我們會向彼此丟出新點子，由另一方繼續發想改良原本的概念，再把想法拋回去給發想者，藉此不斷激盪出新思維。傑瑞會根據我們最近的對話寫人工智慧系統的程式碼。很快地，我們發現如果我要成為真正的賽伯格藝術家——藉此創造出不論是只有人類**或**只有人工智慧，都無法完成的藝術作品——我們就得考慮更廣泛的各種議題，從如何讓人工智慧系統以人類行為為核心運作到最極致，到最基本的道德議題都是我們談論的範圍。同樣令人興奮的是，我們即將用人工智慧系統進行 前所未有的實驗。這將是會在科學界掀起革命又充滿樂趣的改變。

由於我實在太擔心提出邀請他加入基金會的話題會破壞我們之間的互動，所以我在視訊時完全不敢講到這件事，我為自己找的藉口是怕提起這件事會浪費我們一起發想、創造的寶貴時間。所以我選擇寄電子郵件詢問他的意願；我寫了一封電子郵件給傑瑞，信裡涵蓋了關於基金會的所有細節，我向他解釋，我相信基金會只要有適當的核心人物主持，這支反抗軍最終就能夠打破世界的常態、徹底改變現況，將我們目前面臨人工智慧即將獨大的未來推向人類與人工智慧合作的願景。即便我的請求對他來說或許很可笑，但我還是請他認真衡量加入我們的可能性。

在我寄出電子郵件後不到一分鐘，傑瑞就回信了：

「我想好了（花了我整整兩秒）。我加入！」

好好活下去的權利

嗨，彼得：

事態緊急，我們真的非常需要你的幫助。朱利安（Julian）現在人在醫院裡，他因為「胃造口管手術」導致腸穿孔，結果國民保健署開始介入，可能導致朱利安接下來無法進行他急需的手術。國民保健署告訴我們，在加護病房裡他們有權取消第三級治療，因為術後有可能造成病患難以脫離呼吸器。他們希望我們簽署放棄急救同意書，並開始考慮進行安寧照護。但朱利安的情況根本還沒糟糕到那種地步；他現在只有在晚上才需要使用非侵襲性呼吸器，而且他的血氧量在沒有任何儀器協助的情況下還能維持在百分之九十。他們不僅不給我們清楚的答覆，也不打算跟我們討論接下來到底該選擇進行氣管造口、喉切除術或胃造口術。我們現在已經束手無策了。如果你能幫助我們，我們一定會永遠感謝你，從他們目前為朱利安提供的照護方式和態度看來，朱利安一定沒辦法活下來。

說真的，誰想得到逃避死亡竟然會是一項全職工作呢？

我發現造成這種現況的其中一項原因是，罹患漸凍症後要面臨最糟糕的事情並不是疾病本身，而是周遭環境對於疾病的態度——某些醫護人員、參與這項議題的慈善團體、政府、普羅大眾的態度，再加上病人的親朋好友的態度，而最重要的還是被診斷罹患這種「最殘酷的疾病」的病人本人的態度。

其實我根本稱不上認識「朱利安」，我們之間的交流僅限於一年前他曾經傳訊息給我，告訴我他覺得我正在努力傳遞的「好好活下去的權利」的概念非常啟發人心，也讓他覺得很安心。後來我就在Facebook上收到朱利安的姐姐請求幫助的訊息。但現在不是個好時機；我再過不到兩個月就要動喉切除手術了，書也才寫到一半，還在努力促成基金會的創設，而且到目前為止也還沒有哪一項高科技系統真的能讓我在失去聲音以後還可以繼續好好說話，現在我的生活正好面臨許多動盪。朱利安的姐姐或許誤會了，也或許是她太小題大作；但是，也有可能她說的沒錯。為了保險起見，我請安德魯幫我打了一封電子郵件，寄給每一位我認為可能幫得上忙的人。

但現實是，不管朱利安到底是不是身處險境，我知道全英國有數不清面臨像朱利安這種情況的人——放眼全世界更是如此——他們是因為人們面對漸凍症的態度才必須接受死亡的結局。這些人會死去並不是因為沒有任何辦法讓他們活下去，而是因為這個社會放任他們死去，或根本就是叫他們去死。

我非常幸運，得文國民保健署裡幾乎所有人都全力支持我的目標，我的治療過程也順利得可以當作典範。但在過去幾年，全世界有愈來愈多不認識的人聯繫我，告訴我他們想要運用各式各樣的治療方式讓自己活下來卻被拒絕的恐怖故事，但我深信這些治療手段應該是生而為人的權利。更糟糕的是，在我向某些表面上應該是站在保護漸凍症患者權益立場的慈善團體提及這些治療方式時，他們卻表示「必須小心謹慎」，因為他們不想冒著「惹惱醫學界」的風險。然而他們卻絲毫不擔心可能失去在患者心中的地位。

隨著這些患者面對了明目張膽的不公平對待，我心裡的挫折感也愈來愈強烈——尤其是看到英國國內的情況——於是我寫信給議員凱文・佛斯特（Kevin Foster）。他提議跟我碰面，進而提供我需要的協助。這很好，但我們其實都知道，現在英國議會正為了英國脫歐的議題忙得一團亂，基本上他們應該會什麼也不做。結果當然就真的是，什麼也沒發生。畢竟，這就是建制派自己的潛規則——什麼也不做。

但這無法平息我的怒氣，因為對漸凍症的過時心態而讓患者承受這麼多不必要的痛苦讓我很憤怒。有些醫學界的專業人士根本從一開始就對這種疾病抱持悲觀態度。眾多的慈善團體更顯然是毫不留情地把漸凍症描繪得像妖魔鬼怪一般可怕；或許他們認為這樣可以爭取到更多捐款，才能夠利用這些經費找出解藥（但根本是緣木求魚）。其實這些問題有大一部分是來自於，我們這些漸凍症患者會在罹病後發現身邊的一切令自己的想法愈來愈負面，我們和深愛的至親好友在確診後所聽到、讀到的一切都是壞消息——特別是如果我們決定上網搜尋有關「漸凍症／ＡＬＳ」的資訊後，結果更是慘不忍睹。

有些醫生很擅長跟病患溝通診斷結果；但另外也有些醫生實在非常差勁。有人跟我說過他遇到的醫生會在宣布診斷結果的時候對患者說：「爛事有時候就是會發生。」另外還有醫生根本是直接把診斷結果跟一盒面紙交到病患手上就草草了事。

這些態度對患者來說都是莫大的傷害。因此，有些醫護人員告訴我，他們的患者中有些人會直接拒絕面對診斷結果，甚至也不願意討論裝胃造口管的可能性。這實在令人不忍，尤其是這些病人未來將要面臨慢慢被餓死的過程，屆時他們根本無法繼續否認疾病的存在，而且到那個地步才決定裝胃造口管就為時已晚了。

我也聽說有些人拒絕為之後無法吞嚥的情況預先做好準備，因為他們認為在身上裝那些管子就代表即將永遠走上身體殘障的路；所以他們不願意邁出第一步。這沒問題。但他們**其實**早在第一次意識到漸凍症症狀出現時，就已經踏出第一步了，接下來就永遠必須面對身體殘障這條路，只是他們自己不知道而已。

第一次接受可以延續生命的治療手法不代表什麼——只能證明你很勇敢，願意挺身而出奪回生命的主控權，並且與命運對抗。未曾罹患漸凍症的許多人也都在用胃造口管，他們因為各種理由持續使用餵食管直到不再需要為止，所以除非出現了重大醫學突破，不然我們這些漸凍症患者也就只是持續需要使用胃造口管而已。把裝上胃造口管當成人生的某種分水嶺根本就誇大了它的嚴重性。

我也聽說，有些人實際上會選擇把自己餓死，讓自己「早一點」死去。也有些人拒絕使用呼吸器，選擇慢慢窒息而死（即便如此我還是要強調，現在的緩和醫療照護已經非常完善，真的沒有必要選擇這兩種死法讓自己受苦）。但如果這是患者本身做的知情決定，那我沒有意見。

但我只要想到或許其中有一、兩個人，甚至是其中的多數人，甚至是所有人，可能因為知道我的研究而做出不一樣的決定，就讓我**如坐針氈**。我永遠忘不了當初在進行三重術式之前收到訊息，訊息裡說有位漸凍症患者已經聯繫好安樂死機構，但他還是繼續「關心我的研究」；顯然我為他「帶來希望」。這則訊息就是讓我努力不懈寫作本書的最大動力；在這世上一定有許多讓人選擇死亡的原因，但是失去希望是其中最令人悲傷的緣由。

知道有些人單純因為看不到希望而覺得自己必須選擇死亡，這令我非常悲痛也極度沮喪；他們看不到合理的替代方案、沒有其他可行的選擇。我希望能夠為這些人帶來希望，為他們提供替代方案及各種選擇。我希望能讓他們覺得對生命有**選擇的權利**。我深深相信，提供了足夠的選擇以後，接下來要怎麼選擇就是個人自由，我絕對支持人類有選擇死亡的權利，但我同時也絕對支持選擇存活的權利。

要提供選擇，就必須讓人覺得有真正的替代方案供他們權衡利弊得失，要不然所謂的選擇就只會淪為世人所認知的既定事實——而這種虛假的儀式性決策過程所產生的結果卻從未遭受質疑。我希望這些人是真心覺得自己有其他選擇。然而現在有太多、太多患者實際上卻認為自己眼前只有一條路可以走。

更甚者，我也聽說有許多人**拒絕**使用胃造口管或呼吸器，據稱這些患者已經知曉所有可能性了，但他們就是不想經歷——或繼續經歷——在他們心目中認定是在死前受折磨的生存方式。但我擔憂的是，這些患者做出這種決定是因為他們得了憂鬱症。憂鬱症是最可怕的疾病，甚至比漸凍症還要可怕；一個人如果身處憂鬱狀態，實在不適合做要選擇生存或死亡的客觀判斷。不過這也不是我擔心的主要原因。

對我來說最糟糕的是，**為什麼**這些人一開始會陷入憂鬱。「因為他們確診漸凍症啊！」這個原因或許再明顯不過。但就我看來，這並**不是**真正的原因。反而是這個社會不斷對漸凍症患者展示他們未來即將面對的病程有多可怕，才讓他們覺得死亡似乎可以帶來救贖，避免未來必須生不如死的過活——意識清醒卻動彈不得。而且或許得維持這種狀態好幾年。

此外，也有些患者擔心自己的疾病會為深愛的親友帶來情緒與照護的巨大負擔；他們也同樣擔憂罹病會使他們必須背負龐大的**經濟**壓力。對某些患者來說，未來必須面對的一切實在太可怕，因此他們覺得如果真的愛自己的親友家人，就必須自我犧牲、放棄生命。

過去對於漸凍症的嚇人描繪大部分是事實沒錯，但也因為這樣，有太多人實在太年輕就因為這個疾病而死去。也有太多人一開始就因為它而遭受汙辱、擔憂受怕、被摧殘、一點一點地失去尊嚴，最終，連其中最堅強的那些人都放棄希望；其他人則因為不希望深愛的人繼續痛苦而放棄堅持活下去。有些人擔心自己無法負擔伴隨著疾病活下去的沉重經濟壓力；也有些人遇到的醫療團隊沒有善待他們，直接讓他們「自生自滅」；更有些人根本從來不知道到底有哪些選擇。

如果是在以前那個年代，誰知道我會怎麼選擇呢？但我們已經邁入二十一世紀這麼久了，現代世界有各種尖端科技以指數性成長的速度持續發展。我們這些漸凍症患者只要願意，就可以擁有充實又令人興奮的未來。我們可以達到半獨立的生活模式，能夠維持在生活中的生產力，也有權享受各種樂趣，而且為我們達成這些目標的科技也愈來愈出色。怎麼會有人想錯過這些事呢？

當然了，如果要改變這個世界，單單只有科技進步絕對不夠。如果我們只是想出絕妙的點子，也無法達成目標；倘若我們只是製作出優秀的概念驗證成果，也不算成功；如果我們研發的高科技產品無法提供所有人使用（不管是這些人不想要、得不到、負擔不起還是活得不夠久），就無法實現願景。

但如果我們真的改變了這個世界，讓所有選擇活下去的人都能夠伴隨著身體上各種重大挑戰好好活下去——只有這樣，才算是成功。

所以除了要研發令人驚嘆的尖端科技之外，我們也要改變態度。做研究是帶來重大改變的手法之一，但我們同時也要透過傳統媒體和社群媒體提升大眾對這項議題的認知，必要時還要遊說政府和醫療照護團體。

如果要**持續**改變這個世界，我們專精於這些領域研究的人，就必須推動研究的方式和行動持續進步；不斷突破既有的可能性；也得持續站在最前線運用高科技對付漸凍症及重度殘障帶來的挑戰，時時保持占得先機的位置；我們也必須借助摩爾定律[1]，將研究成果轉變成真正能使用的工具，不斷努力為**所有**夢想能夠掙脫漸凍症箝制的人提供更多援助。我知道這些話聽起來很老套，但如果現在不做——**還要等到什麼時候？**如果不是我們做——**還有誰會做？**

彼得，您好：

我是朱利安的媽媽，在此向您表達衷心感謝。在您伸出援手介入朱利安的情況後，醫護人員對朱利安進行手術的態度有了極大轉變。

醫院裡幾乎每一位來看朱利安的醫生都興奮地提到了您的名字。

接下來他們會進行評估並做進一步計畫，為朱利安之後可能要進行的喉切除術和氣切做準備，醫生會針對朱利安的手術與普利茅斯（Plymouth）那邊的醫生合作，如果這裡能執行手術的醫生不夠，之後甚至可能會讓朱利安去普利茅斯動手術。

這些對我們來說都是天大的好消息，我也非常慶幸當初我女兒有跟您聯絡。

我也相信，您一定正在努力突破重重障礙，盡力將「好好活下去的權利」的信念推廣出去。

我能感覺得出來我們這邊的醫生都很希望能夠參與這項運動，為肌肉萎縮性脊髓側索硬化症／

1 譯註：英特爾（Intel）創始人之一戈登・摩爾（Gordon Moore）提出，內容為：積體電路上的電晶體數目每隔兩年便會增加一倍，是一種判斷半導體行業以倍數增長的觀測。

漸凍症患者提供創新、突破性的援助，同時，以往那種悲觀態度也出現一百八十度的大轉變，我認為這是驚人的進步。

我不知道該怎麼將對您的衷心感謝訴諸於文字，但我們真的非常感激您對朱利安的幫助和支持，如果沒有您，朱利安一定活不了這麼久。他想要**好好活下去**，而您的努力讓他能擁有這項**權利**。

幾天前有人告訴我，有些人連死的權利也沒有，但在漸凍症患者的世界裡，他們可能甚至被剝奪了活下去的權利。想到這裡，就令我非常心痛。

想到有些人沒有足夠的知識，因此無法對抗既有的社會系統，就令我非常難受；因此我實在太慶幸我們當初有與您聯繫，您啟發了我們，也為我們帶來希望。

再一次向您表達我的衷心感謝；您為我們所做的努力，再怎麼感謝也不為過。如果有任何方式能讓我幫忙推廣您啟發人心的傑出研究，請不吝告訴我。

守護希望之火

因為我的聲音已經變得非常虛弱，只好請來到位於倫敦的易思創新中心大型會議室將近三十個人坐得離我近一點。之前我與許多大型企業對話過，其中只有兩家公司展現了足夠的勇氣與領導能力（或者是因為承諾和社會責任？）真的現身會議現場。但就算只有兩家大型企業，對我們這為期兩天，用來啟動基金會營運的準備工作已經非常足夠了。

當然，易思資訊科技有人到場參加；國際知名的英特爾公司（Intel）竟然也派了與談代表到場——就是與史蒂芬．霍金合作的團隊。賽洛柏公司的人也加入行列，還有艾斯特的同事們，以及參與了虛擬化身製作的許多專家，還有少數幾位對基金會運作來說至關重要的關鍵人物。

這是這兩天準備工作的頭一天，我們準備展開整整兩天馬不停蹄、焚膏繼晷的工作進度——兩天都得從早上八點一路忙碌到晚上八點——我得讓事情順利進展才行。更重要的是，我必須為將來做好準備，讓基金會盡可能步上軌道。

會議室裡的每個人都將椅子滑向我，我鼓勵他們盡可能坐近一點，直到每個人都可以聽到我像在說悄悄話一樣的音量為止。接著我開口了：

「歡迎來到史考特－摩根基金會的首次會議！接下來整整兩天正好是各位能夠聽到我本人聲音的最後機會。為了彰顯這項人生的里程碑，我打算為大家做個開場白，將過去的一切與未來連結。

一九八四年八月，距今差不多三十五年的時光，我出版了人生第一本書：《機器人革命》。出版這本書時，我跟我的編輯（以及負責審訂這本書的教授）對這本書的結尾產生極大的意見分歧。我在書裡預測了未來；但我不夠聰明，預測的未來實在太近，近到這個預測實際發生時我應該還活著，搞不好會證實我預測錯誤！我在書裡預測了五十年後的景況。對當時的我來說，五十年後是**非常非常**遙遠以後的事情。」

就像對法蘭西斯解釋那樣，我繼續向大家訴說我的擔憂，我擔心人類就像我很久以前預測的那樣，即將面臨抉擇的岔路口，而我們如今正在不知不覺中選擇了錯誤的那條路，一路走向人工智慧獨立發展（有極大的可能性，人類終將被遠遠拋在後頭），而不是迎接人類與人工智慧合作的未來。如果人類與人工智慧能夠合作，就能夠讓我們完成那些不管是只有人類，還是只有人工智慧都孤掌難鳴的事情。

「我從來沒想過在幾十年後，我竟然會想重讀自己的著作。重讀最後一段時，我不得不說宇宙真是對我開了個天大的玩笑，當時我漫不經心地在書中用了『極度脆弱的軀殼』這個詞，現在再看看我這連書都拿不起來的軀體，令人不禁啞然失笑。所以我請安德魯為大家朗讀。」

聽到我的指示，我的姪子安德魯旋即成為聚光燈焦點，他開始朗讀：

「如果我們真的走上『放大人類智能』這條路，就有可能使人類與機器人繼續維持在同一個演化的分支上，而不是眼睜睜看著機器人在演化過程中離人類而去。如果現實按此軌跡前進，人類總有一天就能夠替換掉原本極度脆弱的軀殼，在能夠更永久存續的機器中存活，並且使用超級電腦放大人類智能。」

我繼續說道：

「這本書出版後三十五年，現在在場所有人都有機會將未來往這個方向推進，我們就是傑瑞說的『站在改變發生的第一線』的最佳代表……未來如果發生了，就**無法**事後彌補！而我們就是人類未來的起源故事[1]的重要角色。

但我們都知道，如果這是一部好萊塢鉅片——有一天我們的故事勢必成為賣座電影——此時就是形勢愈發艱困、風險開始增加的時刻。經過所有跳脫框架的對話、無限的刺激、偉大的點子、空洞的承諾之後，起源故事裡真正的英雄們——有耐力、各有所長、心懷無限熱忱，因此能夠帶來真正的改變——終於出現了。我眼前的**各位**，以及幾個小時後將會實際到場，或以電子通訊形式參與的其他反抗軍成員，就是這個故事裡的英雄們。

我們就是改變的力量！我們就是這支反抗軍的核心成員。

現在就是關鍵時刻。我們必須對抗現狀，我們必須改變身為人類的意義，我們的願景是希望藉由與人工智慧合作，讓**所有人**獲得解放，**生生不息地活下去**——即便是像我這樣的人也能好好活下去——然而如果我們沒有成功地踏出下一步，這一切就結束了。原因非常簡單。

世界上沒有其他人能夠做到我們正在做的事；世界上也根本沒有其他人**嘗試**做我們正在努力做到的事情。與我們追求的願景恰恰好相反的是，我們即將奮力對抗的現狀非常強大；我們竭盡全力想要扭轉的未來已經被造就了很大一部分的**錯誤**結局。接下來我們即將面對愈來愈艱困的形勢，人類必須付出的

1 譯註：在娛樂世界中，通常指一個角色或一群人如何成為故事主角或互相成為對手的故事，通常會說明角色行事的意圖或原因。

代價也愈來愈高昂，這個過程會如此艱難的**真正**原因其實是，我們最大的挑戰並非科技限制——雖然科技的限制也是巨大阻礙——實際上，我們最強大的敵人就是人類的**心理**。

我們一定都聽過新聞媒體、好萊塢電影、擔憂的名人、社會大眾提出人工智慧即將反撲人類的負面言論。因此我們必須創造出另一種可能性、另一種解決問題的方式；容我大膽的為其定調——新希望。

雖然現在我們才剛往這個新方向踏出第一步，就已經看到建制派的那些人臨陣退縮，他們因為必須面對不了解的科技而感到不自在。我們也見識過許多企業和許多人選擇保持沉默、作壁上觀，他們不願意公開參與這些事務，只打算靜觀其變，卻又對於無法全面掌握狀況感到焦慮，一方面擔憂聲譽會有被破壞的風險，卻又搞不清楚這些事情對自身會產生什麼影響。

我懂這些人的心情，我真的懂。他們就是那樣。

但**我們**不是**那樣**。經過精挑細選，我知道在坐的每一位都有改變這世界的能耐。各位從日常工作中擠出寶貴的時間，貢獻珍貴的才能，為了我們共同的目標與其他人攜手合作。其中也有些人——不僅僅是超棒的傑瑞和易思資訊科技——代表自家**公司**運用膽識和領導力公開站出來支持我們的行動，出一份力打破社會現狀，並且證明不管宇宙把**什麼**困難丟到我們面前，我們都能擁抱各種改變，並且利用這些改變引領未來前行，走向**生生不息**的未來。

從今天開始，直到明天結束，我們有機會能夠向世界展現一條不一樣的未來道路，走上這條路就可以避免人類蒙受威脅，也能夠走得更加安穩——就像傑瑞最近寫的：『由人類提供背景、常識及創造力，再由人工智慧協助發揚光大。』這就是我們要做的事。我們要為全人類提出有力的證明，不只是說說而已，我們要即知即行！我們要做出成果，做給世人看看。

同樣重要的是，我們要運用有遠見、願意承擔困境、實際付諸行動的態度，確保這一切努力會長久存續下去，在我們離開人世後繼續存在。我們要將這種精神融入這個以慈善基金會形式構成的獨特研究機構。

我們慈善基金會的官方目標，正是當初將我們聚集在一起的那個夢想，換言之就是：以道德方式運用人工智慧、虛擬實境、擴增實境、機器人及其他高科技系統，為所有因年齡、疾病、殘障及其他身心疾病而在身體上受限的族群提升行為能力及促進健康。

根據這樣的背景，我們的基金會就是為了明確、公開地掌握創新力量，藉此促使人類在人生出現變數時也可以**好好活下去**而成立——**即便**這項變數是因漸凍症而起也一樣。

距離我再也無法靠自己講話還有整整八個禮拜，接下來我就得依靠基金會研發的科技了。但我們接下來兩天要做的事，不單單對我個人來說很重要，對於身體有重度殘障的每一個人來說都是蛻變的關鍵，最終，對我們每一個人來說都至關重要。

當然了，我們的基金會將成為希望燈塔，為所有看不到希望的人照亮前路，也為全球人工智慧發展進程與方向帶來啟發。我們的希望之火燃燒得愈旺，就會有愈多人願意加入這個行列，進而讓這把火更加耀眼動人。但別忘了，我們正是負責守護這把希望之火的人，而這把希望之火的核心，永遠都是人類以及我們的人性。

我知道接下來的兩天裡我們一定會遭遇許多重大挫折；我也知道我們一定會因為發現彼此之間的思

維有著巨大落差而產生恐慌；我也知道我們一定會累、會犯錯，但這些都沒有關係。我們才正要開啟一段美好的旅程，不必急於在此時把每一件事情都做到完美，只要勇敢踏出第一步走向明亮的未來就好。我深以能夠與在座各位共赴這趟旅程為傲，我也衷心感謝各位選擇與我一起踏上這趟冒險之旅。」

「她超棒的！」回到飯店房間後，法蘭西斯開始稱讚拉瑪（Lama）；她是英特爾公司的研究員，也是英特爾其中一間人工智慧實驗室的負責人。「她主持了整整兩個小時，大家卻都全程全神貫注！」

「你別忘了，她的團隊可是為史蒂芬．霍金研發了所有設備，她跟霍金合作了整整七年。」

我們幾個月前第一次跟拉瑪碰面；她從加州飛來倫敦和我們見面。當天行程即將結束時，第四頻道的攝影團隊邀請她訪談。結果訪談到一半她不小心脫口而出稱我為「史蒂芬」——這對我來說是最極致的稱讚。

「對了，感謝你幫我處理導尿管！」

我突然想到這件事，同時擔心早先因為太匆忙疏忽了對法蘭西斯表達衷心感謝的舉動。我當時連續開了好幾個會，卻在會議中途發現我的膀胱滿了。這種事照理來說不可能發生，畢竟我可是早在一年前就把自己的排泄管道重新配置，就是為了避免產生這種情況。但我很快就想通，是我的導尿管（也就是輸出小號的管子）堵住了。

實在太倒楣了。總之情況急轉直下，我的膀胱因為水位滿載而開始發痛，就跟吹滿了氣的氣球一樣快要爆開。如果我的膀胱真的爆開就慘了，我在心裡衡量了一下後，不甘心地草草結束會議，趕緊跟法蘭西斯說明情況。

恥骨上膀胱導尿管如果堵塞通常必須去醫院緊急處理，照理來說，在醫院才有醫生或護理師可以幫忙更換，但事實是，通常只有少數護理人員受過相關訓練。幸好我們事先預想過這種可能性，因此做了很不尋常的決定讓法蘭西斯受專業訓練，學會如何自行更換導尿管。我們急匆匆進了一間很熱的殘障廁所，這時候就要感謝查理能夠完全躺平的功能了；法蘭西斯用我的腳當作桌子，從我們隨身攜帶的緊急物資包裡拿出適當的工具，並且以完美的手法為我更換導尿管。十分鐘後，我就順利地去開下一場會議了。

「這就是我的工作。」他帶著自嘲語氣這麼說，但說得一點也沒錯。接著他換了個話題：「那個史蒂夫也很棒欸，你不覺得嗎？」史蒂夫是易思資訊科技倫敦分公司的人，也是我們的新朋友，他非常支持我們的想法，甚至還自己去找了《機器人革命》的舊書來看。「而且傑瑞打算尋求與企業建立戰略合作夥伴關係[2]的機會，對吧？」

「如果真的實現就太棒了！如果我們能為基金會爭取到足夠的贊助資金，就可以放下心中的大石，順利實現目標了。只要有企業願意贊助，一切就都會不一樣，你的努力和犧牲就不會白費。他們會加入基金會，成為守護希望之火的一員——」

「啊，可惡！」

2 譯註：通常指兩家企業之間為了共同的商業利益而集結形成的商業夥伴關係。

「怎麼了？」

「我忘了點出我們的董事會組成有多麼多元了！」

「什麼意思？」

「你看，我們有八個人對不對？一般董事會應該都是由八位異性戀白人男性組成，但我們這些人裡，竟然只有一個人是白人直男！超酷的！我要提議在會議紀錄裡稱他為『門面』……」

最後想說什麼？

「能夠自由選擇人生要講的最後一句話可是難能可貴的經驗。」我對安東尼熱切地說著。「大家都應該要像我一樣幸運才對。」

因為我的喉切除術迫在眉睫，我們兩個打破了五十年來的習慣——等不及實際碰面了，於是直接用訊息聯絡對方——這讓我們兩個之間的友誼終於也邁入二十一世紀，我們現在正在用 WhatsApp 講視訊電話。我人在書房裡，而芝加哥的時間還是禮拜天一早，安東尼人在他位於四十八樓的豪華公寓裡，可以俯瞰（從他手機裡那張令人暈眩的照片中可以看得出來）令人屏息的城市風貌，遠處靜靜佇立著密西根湖（Lake Michigan）。他就住在距離我們一九七六年時的落腳處兩個街區的地方。

「你決定好最後一句話要說什麼了嗎？」

「當然了！我的選擇顯而易見……」

要不是我要做的選擇實在是明顯到連說都浪費時間，不然就是安東尼實在太有禮貌，所以沒進一步追問。

「你的電腦合成聲音唱《純真想像》實在唱得太棒了，就跟我記憶中你的歌聲一樣——沒受過專業訓練但確實很好聽。」

「法蘭西斯說我聽起來就像安吉拉・蘭斯伯里（Angela Lansbury）唱《美女與野獸》（Beauty and the

Beast）……」

「也像《窈窕淑女》（*My Fair Lady*）裡的雷克斯．哈里遜！總之，跟我說說你最近好不好吧。」

我完全忘了安東尼上一次跟我見面時，我還毫無症狀；但現在我已經幾乎沒辦法講話，他也看到我只能坐在輪椅上無法自由行動。像他這樣在溫布頓接受教養長大的人，很自然地避免直接提及我愈來愈糟糕的身體狀況。

「嗯，不得不說，我發現全身癱瘓其實有個**天大**的好處。我可以盡情享受按摩——一天裡有好幾個小時我都在接受按摩。這種感覺真的太棒了！而且還有人幫我洗澡，即使是法老王都無法享有這種萬般寵愛的待遇吧。我就像移居到銀河系裡最高級的Spa星球一樣。」

我們還聊了法蘭西斯在露天平臺上設計了全新的花園，讓我能夠再次享受坐在棕櫚樹蔭下的感覺。另外還有一位女士想要請使用人工合成聲音的表演者演出歌劇。我的書也快要寫完了。

「還有更棒的呢；我們剛賣出翻拍電影的版權給當初以《王者之聲》榮獲奧斯卡最佳影片獎的製片公司。」

「哇！那他們**知道**世界上第一個真正的賽伯格其實是同性戀嗎？」

我們就像回到十六歲那樣談天說地，回到彷彿已經是在另一個星球上、另一條時間軸上的那個五月夏日午後。我們瞎聊一些不重要的小事，也認真聊一些深刻的大事。

「等我成為賽伯格以後，我們再好好聊天！」

「加油！給你滿滿的愛……」

這是個漫漫長夜。我已經把夏天當作理所當然的存在了，但現在是十月，因此很早就開始進入黃昏；而在太陽姍姍來遲地在陰冷的天空升起前幾個小時，我早就醒了。又一次，我躺在不熟悉的床鋪上，再加上周圍的噪音，我一定又沒得睡了。我一邊思考，一邊側耳傾聽入夜後悄無聲息的醫院病房有沒有任何聲響，但只有護理師定時來我身邊確認我的生命徵象。我偶然間睡著了一下，但旋即又因為腎上腺素分泌而醒來，想起接下來要發生的事。我覺得現在還是醒著比較好，畢竟從此之後我有得是時間睡覺。

這是我第一次有機會思考——我指的是**認真的**思考——好幾年來第一次有這種時間。自從我開始為自己診斷到底出了什麼毛病後就沒有時間好好思考了。但我現在除了等待和思考，什麼也不能做。等一下又要開始忙著準備跟耳鼻喉科醫師菲利浦碰面討論；即便他準備要一刀將我整個喉頭橫切開來，我心裡依然一片平靜。

我發現自己正在回想彼得的人生哲學，我的潛意識每當遇到焦慮的事情時，就會從這裡尋求安慰，那也是我**真正**信仰（雖然我沒有任何宗教信仰）的價值。

這已經是在我腦海裡存在已久的思維了；我早在幾十年前就破解了這個生命的潛規則，只是已經好幾年沒有靜下來好好思考這一切而已。而既然現在的我什麼事也不能做，只好躺在病床上靜靜地思考宇宙萬物。

從宇宙最核心的價值來看，探索存在的意義其實意外地簡單——只要讓自己跟隨少數幾項**強大的**宇宙潛規則就可以找到，這些規則主宰一切，也使宇宙得以運行。萬幸這些偉大的宇宙潛規則其實只有少少**三項**；餘下的都只是小細節而已：

1. 科學是通往神奇境地的唯一道路。
2. 人類因打破既定規則而偉大。
3. 愛——終究能——戰勝一切。

多虧我當初想出了「邏輯與愛的法則」（就是我在飛狗巴士上跟安東尼解釋「真愛總是能勝過所謂的邏輯」的宇宙法則），這第三條宇宙潛規則就是最重要也最強大的一項，是主掌一切的法門。

我從這三條法則獲得了無比的力量與寬慰。忽略了它們多年以後，我終於又回頭思考這三條法則，這才發現在這段時間裡，我對這些宇宙潛規則抱持的信仰又加深**許多**。

首先，我的確全然信任科學；這並不表示關於科學的一切永遠正確，但科學確實會不斷進步。而且科學跟宗教信條不一樣，它會隨著時間的推移愈來愈往正確的方向前進。我也告訴自己，要是有任何事物能讓罹患漸凍症的我生活愈來愈好，**那**一定就是科學了。更迷人的是，每當科學又有了新的突破，其中所探究的現象就更加奇妙又難得一見；但這絲毫不減損它的真實性——就跟世界上其他所有事物一樣實在。就像我當初對美術老師解釋的一樣，這也就是為什麼我一直熱愛科學；即便你發現了神奇事物背後的原理，也絲毫不會減損它的神奇之處。

第二，我相信人性。這並不代表我相信所有人都很善良——我當然知道事實並非如此。但儘管有些人邪惡又殘忍，而且令人作嘔地泯滅人性，但我們人類整體來說還是相當奇妙、不凡且不屈不撓的種族，在銀河系裡的這個小角落只有我們人類會刻意打破規則。這是人類的特別之處，也是人類之所以重要的原因。但令人擔憂的是，我們**可能**是唯一會這麼做的存在。其他像人類這樣有感性的生物——如果宇宙的其他角落真的**有**這種生命存在的話——或許不會像人類一樣如此習慣於運用創造力、影響力打破過去的規則。也正因為我們可能是如此獨一無二的存在，人類身上也就背負著巨大的責任，我們必須帶來改變——改變這個宇宙。即便人類有時候實在是蠢到不行，但只要我們團結起來，就能夠排除萬難。這就是人類。

第三——我明目張膽地違背了好萊塢電影裡那種已經淪為陳腔濫調的「冷酷、不為所動的科學家」形象——我深信愛的力量。不是那種對所有人都露骨表示我愛你、你愛我，並且以為這就能解決一切的那種愛——我知道這根本不可能。但在其他任何方法都不起作用的時候，在已經毫無希望的時候，在眼前困難重重，任何有理性的動物或能夠思考的機器人都無法繼續堅持下去時，在這種時候——在所有其他事物之外——脆弱的人類心中如果有那種不理性的、頑固的、荒謬的、自我犧牲的、盲目的、不可抵擋的、美妙的、能夠戰勝一切的、無條件的愛，就能夠證明愛正是宇宙間最令人敬畏的強大力量。

就是因為我知道這第三條法則並不是什麼魔法，說到底其實只是由賀爾蒙、基因、神經網絡及龐雜的各種科學理論所構成，但還是不減它的美好，它依然耀眼得令人心痛。也正是這點可以連結回第二條法則：有時候，只有愛才能夠讓人足夠瘋狂，也才能有勇氣打破人類世界中最根本的既定規則；有時候，只有愛——最真實的愛——才能創造出最純粹的奇蹟。

「這可能會讓你整個人覺得有點輕飄飄的哦。」

馬芮準備幫我麻醉了。但我們之前約定好了，她會先暫停倒數等我的指示行動。這也是她預先準備好，委婉地告訴我「還有沒有最後一句話想說？」的方式。倒數計時的時鐘要等我示意才會啟動。不尋常的是，我正準備進行麻醉的這間接待室裡擠滿了人。部分原因是因為所謂的接待室其實就只是一條漂亮的走道而已，而另一部分的原因是這個空間本來就已經很小了，現在還塞進了馬芮、她的助理、躺在輪床上的我、法蘭西斯和第四頻道的拍攝團隊——我穿著病人服，而除了法蘭西斯的所有人都穿著手術服，我們四周圍繞著看起來很厲害的手術儀器。

法蘭西斯接收到馬芮的示意，因此走到我身邊。我們之前沒有討論過這件事，但我本來希望他什麼也別說只要等我開口說話就好。但他開口了：

「大家都覺得你最後一句話應該會是——」

「七個字……」

我本來不想打斷他，但我突然很擔心剛剛預先注射的藥物會因為我太晚開口而讓我口齒不清，然而我接下來要說的即將是我畢生親口所說最重要的七個字。

法蘭西斯傾身靠近我，這是今天一整天的行程裡，我在這一年多以來唯一無止盡地認真思考的部分。我在心裡不斷演練這一刻，真的。我在腦中不斷重複播放這個畫面，結果雖然違反一般邏輯，卻完全是出自於人性，一再地重複絲毫沒有減少這一刻的重要性，反而更加增強它的價值，這正是我所樂見的結果。因此，此時此刻的重要性愈來愈大、愈來愈重、愈來愈難以忽視，這份重要性也影響了我看待這件事的態度，這一刻正是我人生重要的分水嶺：喉切除術前與喉切除術後；失去過往的方式溝通之前與之後；彼得與彼得2.0。

我完全不害怕動手術，也從來沒有懷疑過這就是正確的決定，此時也正是做手術的最佳時機。我自己發出來的聲音已經愈來愈令人難以理解了，而合成聲音則早就比我現在的聲音還像我原來的人聲，所以這正是汰舊換新，幫聲音升級的好機會。更重要的是，只有做了喉切除術我才有機會活得久；這個時間點幾乎正好是按統計數據我應該會死亡的時程，但現在我卻已經按計畫準備踏出永遠活下去的那一步。我抵抗了命運，我奪回生命的掌控權，此時，是燦爛新生命的開端。

但我真的不擅長道別。

儘管我可以運用邏輯和常識應對這種狀況，但我**知道**這一次的道別不一樣，它已經不只是我在罹患漸凍症以後開始進行的「長期道別」的一部分。我早就安排好最後一次泡澡、最後一次爬樓梯、最後一次在達特穆爾漫步、最後一次隨心所欲地走路、最後一次靠自己的力氣下床、最後一次自己吃耶誕大餐、最後一次親筆簽名、最後一次只靠一根手指打字、最後一次自己上網、最後一次擁抱某一個人。

接著就因為我要做喉切除術，突然有好多事情接踵而至，我最後一次唱生日快樂歌、最後一次聞到大海令人懷念的鹹味、最後一次逐一與親朋好友直接對話、最後一次向法蘭西斯道晚安。然後就到了現在。這件事情有著**無可比擬**的重要性，這次手術代表我人生中大部分的篇章已然畫上句點，但也代表令人興奮的新章節即將展開。在我的內心最深處，我**再清楚不過**。

我也知道，當下我必須做的事就是讓倒數計時開始，只要說出那七個字，我就能邁入嶄新、待我探索、令人興奮難耐的平行宇宙，然而這即將是我親口說的最後一句話。法蘭西斯會在我說完後親吻我，馬芮會為我戴上氧氣罩，告訴我她準備好為我麻醉了，幾秒後我會有輕微的暈眩感，永遠無法回頭的旅程就此展開。現在我該做的是啟動最後倒數；但我遲疑了。

我知道接下來的六個月一定會令人痛苦難耐。我知道我心裡一定會突然升起恨意，恨自己沒辦法說話，恨自己要長久地動彈不得。我知道空氣再也無法在我的鼻孔中流動，我會因此失去嗅覺，而食物（照理來說只要食物夠軟，我應該還有幾個月的時間能夠吃東西）吃起來會跟感冒的時候一樣味同嚼蠟。我知道我會覺得自己又陷入幽閉恐懼，脆弱卻又無能為力。我知道能讓我爬出這個絕望深谷的所有尖端技術幾乎都還未真正研發成功。我也知道即便有了技術，它總會故障、出錯、運作不順。我更知道一定有些時刻我會深深地覺得自己可憐又悲哀。

但同時我也明白，未來兩年會愈來愈有趣。我知道自發口語表達系統會愈來愈成熟，能夠精準預測我想拼寫的字，能夠開始聆聽（或觀察）周遭發生的事情，為我的回應提供精確的建議選項。我知道人格保留系統也會愈來愈精密，我的低解析度虛擬化身可以即時移動並且展現出正確的情緒、常常露出笑容，讓周遭的人知道我關心他們。我也知道我也可以再次做內容複雜的演講，我可以再次歌唱，我能夠再次創作藝術。我知道我的書會出版上市，紀錄片會順利在電視上播出，甚至連電影也許也會開始製作。我知道在努力向世人推廣我們的願景以後，基金會一定會日漸茁壯。我也知道，即便是兩年後，這一切也還只是改變的開端而已。

我知道未來二十年一定會精采絕倫。我知道會有愈來愈多人因為基金會的研究獲得幫助——不僅是那些因為重度殘障或年齡增長而面臨困難的人，還有那些有足夠的好奇心和勇氣，想活得跟別人不一樣的族群。我知道人工智慧系統的效能每兩年就會增加一倍，因此**我**的能力也會每兩年就增加一倍，未來也會以指數增加的趨勢不斷成長。我知道虛擬實境會因為有電腦遊戲產業的推波助瀾達到令人瞠目結舌的境界，因此像我這樣的人——像我這樣擁有高解析度虛擬化身的機器人——最後終將再次獲得自由、不受限、回到青春歲月，甚至是獲得永生。我知道或許再十到十五年，腦機介面的技術最終將超越眼動追蹤技術的速度和準確度，在那之後，像我們這樣希望直接連結人工智慧、與人工智慧緊密合作、與人工智慧**結合**的人都能如願以償。我知道，如果我能夠盡一份力，將未來往正確的方向推進，我年輕時夢想的一切距離真正實現也就僅剩一步之遙；我只要努力讓自己活到那時候，盡自己的力量實現這樣的願景並且改寫未來。

改變這個宇宙，正是所有賽伯格與生俱來的權利。我從十六歲開始就已經準備好踏上這段旅程了。

所以我要重啟倒數計時了。

慢慢地。

盡可能準確地。

我努力克服障礙，盡量清晰地說：

「我——愛——你……」

接著是我毫不遲疑也從未質疑過的選擇，此生滑過我雙唇的最後四個字：

「……法蘭西斯。」

輯四

二十一年後

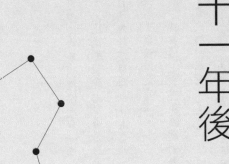

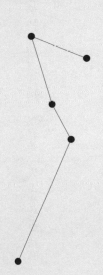

撒拉尼亞

「海克利夫（Highcliff）可以像在房間裡協助我一樣，就算在這裡也可以幫我的忙。」這是個二十幾歲、身材苗條的年輕男子，比他那位身上穿著緊身的虛擬實境服裝的曾叔公還高䠷。「總之，」他換上以前青少年時期解釋自己為什麼要爬到花園盡頭的懸崖，試圖讓大人安心的語氣，「會出什麼錯呢？」他露出了頑皮的笑容，事情就此定案。

法蘭西斯微笑著表達感激，接著換上充滿保護欲的表情注視著一具看起來像乾癟蠟像的身體，這具身體的眼睛跟耳朵都被全罩式的面罩遮住了。

「他正在沉浸式環境裡，所以聽不到你說話。」法蘭西斯又解釋道：「他說他有很多東西要給我看看。」

「有他在家真的太好了。」

「真的！所以我得快點去找他……」接著，他用略大一些的音量，朝空中出聲叫喚：「海克利夫？」

「是的，法蘭西斯。」這是我們的老朋友傑瑞，也就是「人工智慧魔法師」本人，他現在也是為我們管理整個家的人工智慧語音。

「可以請你帶我去圖書室嗎？」

「您吩咐我照辦！」他的聲音裡帶著笑意。開放式客廳空間一部分的玻璃牆面向兩側滑開，一張有著流線外型的自動椅移了進來。

「哇，他愈來愈厲害了！」奧立（Ollie）幫法蘭西斯移動到椅子上時一邊說著，法蘭西斯舒適地坐上了椅子。

自動椅流暢地加速移動，朝遠處巨大的玻璃電梯前進。一分鐘後，法蘭西斯慢慢往上移動，朝著全家最高、最有未來感的房間去。那裡面有一個巨大的螢幕，上面顯示著精緻的異世界實況，還有一面牆上擺滿了某些書的首刷簽名版本，這些都是世界上最後一批實體書了；還有來自不同時空的藝術收藏品，各式各樣的風格在這裡兼容並蓄。法蘭西斯卻只盯著牆上那幅奇妙的地圖看。他身下的自動椅滑動到地圖前方，法蘭西斯從一個古老的藏寶箱裡拿出面罩；身旁本來可以眺望托基灣的大片落地玻璃窗慢慢轉為不透明。

「海克利夫，我要進去撒拉尼亞沉浸式體驗，麻煩你了！」

「歡迎回來！」周遭響起一道低沉又友善的嗓音，不過聲音的質地聽起來離低沉怒吼只有一線之隔。「你想去哪裡呢？」

前往撒拉尼亞的入口一直以來都是一張複製的原版地圖，上面顯示了三大王國以及周圍地貌，還有各式各樣的註解。

「他在哪裡？」法蘭西斯心裡一瞬間湧上了熟悉的感覺，他聽見自己的聲音經過系統調整後聽起來變年輕也更有活力了。

「大魔法師在要塞堡壘裡。」

「那就帶我去露西恩（Lusion）吧！」

眼前的地圖立刻轉為立體形式，等法蘭西斯飛到真實地景上方後才以傾斜角度淡出視線，法蘭西斯用不可思議的速度加速前進，他的身影就像一個模糊的小點，他正騎著白色駿馬——小霧（Mist），朝著正前方露西恩要塞堡壘閃閃發亮的白色外牆望，周圍則是菲森[1]（Fyson）廣闊無邊的平原景色。他知道自己又回到了二十幾歲的年紀。

撒拉尼亞的光線有個特別之處總是能讓法蘭西斯的心情明亮一些，這裡的光線比地球上的稍微多帶一絲暖黃色，鳥鳴聲也更加清澈嘹亮，這裡的色調讓一切看起來都像麥克斯菲爾德・帕里什畫作裡的景物——就像彼得一直夢想的那樣。他低下頭往右看，注意到自己精緻的白色棉質泡泡袖上衣、深藍紫色的皮質蘇格蘭裙，看見自己被陽光親吻過又肌肉發達的大腿跨騎在巨大的馬鞍上，感覺到一陣興奮。他不禁驚嘆人類的大腦竟能如此膚淺；他欣賞著又回到最佳狀態的雙腿，感覺終於又找回了自尊。他實在太討厭自己在地球上那雙細瘦、皺巴巴又幾乎動彈不得的腿；在這裡他又能回到強壯活躍的時光。

突然有個影子閃過，是忠心耿耿的湯博恩（Tangbone）跟了上來。牠看起來就像愛爾蘭獵狼犬——只是更大隻，有著淺藍色的銳利雙眼，而且不老不死，是最棒的忠犬。

「嗨，小湯！」他們準備通過一條又長又窄的石橋，這座橋橫跨了乾涸的護城河；進入這個世界後，系統通常會讓使用者慢慢進入目的地，給體驗者足夠的時間適應環境。「我們在趕時間。」

小霧撒開腿小跑，湯博恩也輕快地跟上腳步。高聳的城垛上，其中一名衛兵吹響號角，一次兩聲的信號重複響了五次，讓大家知道王子來到了城下。只有國王到來時才會響起六次號角聲。幾年前，法蘭西斯終於放下覺得這件事很蠢的成見，也不再堅持這一切只是幻象了。其實是他在潛意識之下終於願意拋開質疑，決定跟隨自己的心意好好享受這些體驗。現在的他面對這些待遇已經可以泰然自若了。他不是很確定地在心裡猜想，這些應該都是演算法創造出來的守衛；不過有人這樣歡迎他的到來，依然總能讓他興奮地心跳加速。

很快地，小霧踩著響亮的步伐通過巨大的木吊橋；此時四名守衛用他們手上有著金屬矛尖的長槍敲擊石板發出聲響，藉此表達對王子的歡迎；小霧踏上城堡吊橋上的鵝卵石鋪面，跟剛剛發出的腳步聲明顯不同，法蘭西斯騎著小霧一路通過城門下的拱道進入高德里安大道；彼得堅稱這裡的空間大到可以容納一千名騎著馬的禁衛兵。

天才剛亮。撒拉尼亞王國的一天有二十九個小時，因此所有人不管是剛進來還是剛出去，都會搞不清楚今夕是何夕。彼得說這樣才能夠避免大家從不同時區進入這個世界造成的影響。也正因為天才剛亮，大道上幾乎空無一人，依稀只看得到一道身影，看起來是兩個男人（其中一個人袒露著上半身）一起騎著一匹漆黑烏亮的馬，從遠處的轉角馳騁而至。法蘭西斯這時發現對方直接朝他靠近，這倒是新鮮事。等到對方靠得夠近了，他才看清楚原來他以為騎著馬的兩個人其實是有一個人騎在半人馬身上。這

1 譯註：作者創造的虛擬世界撒拉尼亞王國中的一處地名。

就真的**是**新鮮事了：網路上的半人馬社群不喜歡被說他們是被人類騎乘——這是半人馬的人權議題。

接著他看出來那是阿里爾（Aril），她沒有使用馬鞍就直接騎在半人馬背上。身上是一如往常的男性打扮，她騎在年輕的半人馬背上——如果以人類的年紀來看，這個年輕半人馬應該是接近二十歲左右。法蘭西斯心想，老實說眼前的阿里爾看起來差不多也是這個年紀——但在地球上的她大概已經跟瑪士撒拉[2]一樣老了吧。他們因為腳下打滑略停了一下，接著掉頭小跑到小霧左邊，正好是城堡大禮堂的入口方向。

「去他的規定！他還好嗎？小湯跟我說他剛從醫院回家。」她最了解大家都該維持自己角色設定的重要性；不要破壞幻象，不要提醒別人還有另一個不幸的世界。她曾經跟法蘭西斯說，她覺得在虛擬世界創造各式各樣的多重宇宙讓**任何人**都能活得精采正是基金會最傑出的成就——不管在現實世界他們的身體有哪些障礙，溝通會遭遇多少阻礙，都能夠在虛擬世界享受生活。她是首批使用者之一；從一開始就強烈堅持所有人在撒拉尼亞跟別人對話時，都不應該提到她口中那個「悲慘世界」，那太沒禮貌了。不過眼下她似乎不以為意。

「你現在不是在首爾嗎？」法蘭西斯也不在意。

「對，我是沒特別看啦，但現在應該是半夜。不過我得來見你。」她突然露出小女孩一般的笑意，儘管她身上完全是男性的穿著打扮。「當然也得來跟艾瑞登（Iridon）見面！」

阿里爾往前靠，雙手以占有的姿態摟上半人馬的脖子，充滿愛意的撫弄他濃密烏黑的頭髮，他則帶著笑回望她，露出了他美麗的綠色雙眼和同樣美麗的臉龐。接著他的軀幹依然保持跟小霧同樣的方向，但絲毫沒有放慢朝大禮堂前進的步伐，他整個上半身都轉了過來，彷彿是在疾速向後倒退一樣地奔馳。連阿里爾都露出些微吃驚的神情，她這個人可是**十年如一日**的冷靜自持。

艾瑞登低下頭，用拳頭敲了敲他裸露的胸膛向我行禮，然後又抬起頭。

「見到你非常榮幸，王子。」

就跟所有半人馬一樣，他的嗓音不可思議地低沉。

「我也很榮幸見到你，艾瑞登。歡迎成為禁衛兵，你什麼時候加入的？」

「在三相月（triple moon）出現時加入的，王子。」

「是他主動讓我騎在他身上……」阿里爾這時的解釋顯得有些多餘。

跟在小霧身邊前進的湯博恩這時終於開口了，儘管正在往前跑，他的聲線依然維持著那種沉穩友善的質地。「哇，這倒是個驚喜！」他徹底發揮了犬族愛嘲諷的個性。湯博恩揚起眉毛抬頭看法蘭西斯，說道：「從她十二歲起，只要是有心跳的東西她都會騎上去。」

「我聽到了，你這愛記恨的老混蛋！」

出於禮貌，艾瑞登把身體轉回他前進的方向，用健壯的背肌背對著正在對話的兩個人，這樣他至少可以假裝沒在偷聽他們說話。

〈他是人工智慧嗎？〉

2 譯註：《希伯來聖經》記載中，亞當的第七代子孫，是世界上最長壽的人，據稱在世界上存活了九百六十九年。

法蘭西斯用像心電感應一樣的私聊模式問阿里爾，避免艾瑞登覺得尷尬。

〈不是吧，我覺得他是真人。〉

〈我討厭妳這樣講，好像在影射**我**不是真人！〉湯博恩低吼出聲，他跟王子熟識已久，早在撒拉尼亞王國出現之前就已經被創造出來了。

〈抱歉，小湯。你知道我的意思。我沒有想要冒犯……〉

〈我沒有放在心上啦。對了，妳有跟他說妳其實是男人嗎？〉

〈喂！你今天是吃錯藥了吧，幹嘛一直發神經！沒有，我沒跟他說，而且這關你什麼事？我也沒問他是不是其實是女人、是什麼年紀、是不是人工智慧。我根本不想知道，至少現在不想。我在享受慢慢認識艾瑞登的過程，我只想認識那個他自己喜歡的樣子。〉

她停頓了一下，接著用一臉天真的表情補充：

〈而且跟他做愛**很舒服**！〉

〈你透漏**太多了**！〉湯博恩怒吼道。〈而且就算是在撒拉尼亞，你們的身體也沒辦法擺出那種角度吧！〉

〈你不相信是吧！他的身材可是跟——〉

〈**閉嘴！**〉

他們終於抵達大禮堂。八隻馬蹄這時一致地停下腳步，城堡裡開始有走動的輕微聲響傳了出來。阿里爾恢復冷靜，直直地看著阿瓦隆。

「身為你們的老朋友，我要再問一次：『他還好嗎？』」

即便才在這裡待了幾分鐘，撒拉尼亞的神奇力量就已經起作用了。雖然現實世界裡的現況沒有任何改變，但不知道為何，那些如常的現實在此時此刻彷彿是另外一個時空的事情，遙遠得令人心安。在這裡討論現實，好像比較容易一點。

「醫院也無能為力——所以他出院回家了。」

「天啊，我真的很抱歉！他們有沒有……」她停頓了一下，但依然直直地看著阿瓦隆，「……有沒有跟你說還有多少時間？」

「沒有。幾天？幾個月？但他的大腦完全沒受影響，所以我現在正要去見他。」

「那我就不耽誤你了。快，用跑的！把我的愛也帶給他！」

「好，一定。」

阿瓦隆翻下馬背，湯博恩跟在他身邊，他大步走向城堡巨大的門，身上穿著深紅色皮質蘇格蘭裙的兩名衛兵肩並肩地打開大門。能夠昂首闊步地前進實在比步履蹣跚的感覺好太多了。他回頭望，看見艾瑞登用手輕觸小霧的額頭，然後帶著一臉擔憂的阿里爾小跑著離開，小霧則乖乖地跟在他們後面。

大禮堂非常巨大，外觀設計令人不禁讚嘆。而在另一個時間軸這裡正好是雷蘭在巫師大賽拚死得勝的地點。那是〈阿瓦隆之歌〉裡最關鍵的一段——也是這個虛擬世界原始地圖的背景故事——彼得當初說服了法蘭西斯和他一起創造這個世界，藉由緊湊繁雜得不可思議的電腦處理方式，他們以阿瓦隆和雷蘭的身分進行了最後一場比賽，一起經歷了原本故事裡的那些危難。

接著在確保了故事時間軸完好無缺後，他們各自化身為不一樣的角色，倒回時間軸的起點再重新經歷一次整個故事，以觀眾的身分參與其中。更令人讚嘆的是（對法蘭西斯來說），他可以偽裝成其他身分創造關鍵性的改變，**改寫**原本已經封存的撒拉尼亞歷史。

不過現在這一切感覺起來都無關緊要。阿瓦隆一路跑過大廳，他一心只想爬上眼前的巨大樓梯。能夠再次靠自己的雙腳跑步太美好了，能夠再回到二十二歲太棒了。他跑到樓梯旁後開始兩階併作一階地往上爬，身邊的湯博恩也跑著，他直覺地按住掛在腰側的巨劍——讓劍鞘翹起來，避免劍尖敲到階梯。他已經想不起來到底是從何時開始，遊戲軟體竟然變得如此精細。

一路衝刺，湯博恩率先踏上樓梯頂端，但也只快了他一步而已。就是這裡了：打開這扇門後會有兩種可能。可能會出現單純的接見廳，那是任何人都可以進入的房間；另一種就是大法師的圖書室，也就是彼得的圖書室，如果到訪者沒有進入的權限，這個房間根本不會出現。法蘭西斯猶豫了一下，他每次來到這裡一向如此，將雙手放在兩個鳳凰形狀的巨大門把上時他心想，這會不會是第一次他打開門卻發現門後已不再是圖書室。他推開門。

這個圖書室其實稱不上是房間，應該算是某種空間。整個空間是完美的立方體，每一邊的寬度都有超過十大步的距離。正對著門的那一面是撒拉尼亞的巨型地圖，上面有著跟彼得的原稿一模一樣的詳細註解，唯一不同的是梅里多恩海灣（Bay of Maridorn）裡的海豚正在海裡嬉戲，旗幟在泰洛斯塔（Tower of Tiros）上飄揚，法蘭西斯在地圖上看到了他騎馬進城門時的那四名守衛。

圖書室裡餘下的每一面牆都是可以踏足的地板，甚至連本來應該是天花板的平面也是，有一隻非常巨大的黑豹正以顛倒的方向在天花板上散步。牠眨著淺藍色的雙眼看向大門，沿著「天花板」跳到邊緣，縱身躍過「牆面」後繼續以頭朝下的姿勢往「地面」跳，迎接進入牠地盤的訪客，跳到地面上以後牠突然換上了比剛才高貴得多的姿態，朝他們走去。

「嗨，察理（Charlie）！」法蘭西斯出聲跟老朋友打招呼。

「歡迎回來啊！兩位。」這隻大貓有著柔軟的蘇格蘭口音，牠的聲調還是一如既往地奇異又令人安心。牠對湯博恩點點頭示意。

法蘭西斯推測，如果總是待在雷蘭身邊的查理也在這裡，那彼得應該就在附近才對。但整個圖書室看起來空無一人。阿瓦隆往左、往右、往上張望，湯博恩跟查理則輕輕地互碰額頭。往四周張望後，法蘭西斯發現圖書室各式各樣物品的歸置方式前所未有地混亂。整個空間裡毫無時序可言，更精準一點來說，應該是把**所有**時空都混雜在一起了。有些地方的表面是老舊的石板或是有著嚴重磨損的老舊木質地板條。其他地方則是完美無瑕的水晶或拋光得一塵不染的金屬。還有彷彿露出地表的岩石上蓋著苔蘚，另外還有個角落充斥著古老神祕的雕刻符號。

有些被當作「牆面」的「地板」上有書架，上面擺著歷史悠久的大部頭，只要你站到正確的「地板」上就能把書拿出來。在視線所及的高度還有一幅巨大的畫作，是彼得以賽伯格身分創作的第一件藝術作品——〈蛻變〉（*Metamorphosis*），不過在這裡的這個版本，畫面中各種圖像不可思議地靠近又拉遠，在原本畫作的架構周圍不斷飛舞。這裡還蒐集了許多雜誌，封面上都是跟基金會相關的內容。四周還有許多電影海報和點唱機，旁邊還擺著怪異的雕像，看起來跟周遭的一切格格不入，彷彿來自不同時空；雕像上掛了一頂有著紐瑞耶夫[3]（Nureyev）簽名的丹寧帽。另外還有一件被裱框起來的T恤，上面的圖案是彼得早期使用的虛擬化身，還有他失去聲音以後說的第一句話：「您的彼得2.0已上線。」

「只有彼得想得出這些東西。」法蘭西斯發現腦子裡這麼想著，旋即被失去尚未真正到來，卻已預先感受到的悲痛所撼動。

「我在這裡。」

3 譯註：為蘇聯時代知名的芭蕾舞蹈家與編舞家。

浴火鳳凰

我看著阿瓦隆轉過身來，他依然如此俊美。我有好幾個禮拜沒看到高解析度版本的他了——除非我回到現實世界看他。但那不一樣，我們無法跟彼此互動，而且在醫院裡的法蘭西斯看起來似乎非常疲憊。

「你在這裡啊！」

我站在大門的那面「牆」上。跟往常一樣赤著腳，身上穿著屬於法師的服裝，潔白的及踝四片式蘇格蘭裙，腰上繫著大法師專屬的窄細阿瓦黎黃金繫帶。我赤裸著上身，身體狀態跟過去在現實世界的巔峰狀態一樣好，而我身上唯二的首飾就只有婚戒和安卡。

門已經自動關上，我雙手伸向階梯的欄杆，這座短短的階梯以四十五度角介於我腳下的「地板」與阿瓦隆腳下的「地板」之間，我從欄杆上滑下來——雖然我不太清楚虛擬化身到底怎麼辦到這種極限動作——站在我的丈夫面前。

「我真的沒有打算躲起來！查理在你到這裡時就跟我說了，所以我只是在把手上的事情收尾而已。你一定是**急匆匆地**通過那些歡迎場景了吧。」

「當然啊！而且我還跟阿里爾聊了一下，順便跟你說，她要我跟你說她很愛你。」

我親了親法蘭西斯，就像幾分鐘前他小心地為我戴上沉浸式虛擬實境面罩後親吻我那樣，然後他步履蹣跚地走到書房，戴上他的面罩。老實說，這個吻比剛才那個好多了。這次我們可以用雙唇親吻對方，這才是真正的親吻。罹患漸凍症帶來了一項殘忍的缺點，為了盡可能避免引起我咳嗽或打噴嚏，已經超過二十年沒有任何人親吻我的雙唇了。連法蘭西斯都不能那麼做。而現在因為使用了最新的腦機介面，我甚至可以感受到基本的身體觸感。

而且對我和法蘭西斯來說，能夠真實地感受到有人親吻自己，就能感受到自我真正存在，而不只是一具主宰著我們生命的無用軀殼。我往後退一些，好能仔細端詳他。在地球上，他的雙眼看起來還是和以前一樣，只是充斥著更多血絲，他眼珠子的藍色稍微淡了一點，但我依然能一眼認出這雙眼睛。然而我們周遭的一切卻都已然不同。我在地球上幾乎不曾要求照鏡子，也幾乎不曾有人問我要不要照鏡子，但我曾經瞥了一眼自己現在的樣子，身體已經流失大部分肌肉，看見自己的那一刻，我的大腦拒絕相信這個人是我，這個看起來死去已久的肉身，怎麼可能是感覺依然生機勃勃的我呢？然而化身為雷蘭的我看起來則跟當初與法蘭西斯初遇時一模一樣。

「你想去哪裡？」我沒頭沒腦地問他。「我真的沒辦法跟你說用超快速連結回到這裡的感覺有多棒！」

「你當然可以跟我說……」

我們都笑了，為了這六十年來我們都還在講這個白癡笑話而笑。

「之前因為在醫院，我已經被困在這個房間整整**十六天**了，每天你回家以後就只有查理陪我。所以，快，選個時間地點！」

「對我來說都沒差！只要不是二〇四〇年的地球就好。」

「如果是這樣，那就選『很久很久以前一個遙遠的星系』好了。」

我昂首闊步（我的虛擬化身預設的走路姿態就是昂首闊步）走向六面型的操作面板，這塊面板的外觀靈感來自一九七〇年代的《神祕博士》裡的TARDIS。[1]我扳動幾個按鈕，拉下操縱桿後機器開始運作，它發出悲鳴般的聲音，其中一面「牆」開始消解，出現了史詩般壯麗的太空景色，氣體與星星形成的柱狀物聳立於遠方。

「出來吧……」

這時牆壁已經完全消失，我們向外走到包圍整個圖書室的半圓形露臺。這是我最喜歡的觀景臺——它跟外太空一點也不搭。我建造這個露臺的靈感是取自當初在威尼斯宮殿眺望大運河的那個陽臺，以及科莫湖（Lake Como）上我們最喜歡的度假別墅的陽臺。這座露臺裝飾著大理石扶手和花卉植栽，種滿了散發著螢光色澤的仿生花，這些花卉的程式碼是由一位四肢癱瘓的莫斯科藝術家編寫。我們沿著從圖書室的其中一角延伸出來的露臺扶手往另一端走，法蘭西斯抬頭看向天空。

「真美。」

「我都跟你保證要去『很久很久以前一個遙遠的星系』了。這是文明剛在地球上萌芽時的鷹星雲（Eagle Nebula）。在古埃及人想出金字塔的構想前好幾千年，從這些星星散發出來的光芒就已經出現；

1 譯註：全稱為「時間和空間相對維度」（Time and Relative Dimension in Space），為《神祕博士》裡的虛構時光機及太空飛行器。

只是過了七千年以後星光才傳到太陽系。」

「嗯，這聽起來倒是很合理。」

「他們也稱鷹星雲為創生之柱（Pillars of Creation）。」我跑在法蘭西斯前面，接著跳上扶手頂端。我真的很愛這個軟體讓我能隨心所欲跑跳的功能。「看看下面的風景吧。」

法蘭西斯往下瞥了一眼後直覺地往後退，接著再試探性地從扶手邊緣往下看。

「我的媽呀！」

我們距離露臺下這個看起來跟地球差不多的星球差不多一、兩公里，我們正高速朝星球表面前進。我看著自己赤裸的雙足在狹窄的露臺扶手上保持平衡，有一瞬間因為高度覺得有點暈眩，但我知道虛擬化身的演算法絕對不會讓我摔下去。我在這裡再安全不過。

「重點是，我們不知道這裡有沒有其他有意識的生命存在。宇宙之間有無數美麗星球**可以**讓**我們**這種有意識的生物——也就是人類——在上面生存。使人類得以生存，這大概是地球對這個宇宙最重要的貢獻了吧；並且還確保我們這個榮耀、堅定、勇於打破常規的物種存活得夠久，足以朝宇宙拓展人類的足跡，這大概就是我們這些生活在地球上的人類所能做出最偉大的貢獻了。」

就跟我希望的一樣，他提到了生命。

「親愛的，你知道他們覺得你的時日不多了……」

「我們得聊聊這件事。」

「我們要怎麼度過接下來的時間？」

「這**絕對**是我們該討論的話題！不過現在有一點問題，嗯，應該說是一個機會吧，或者應該說既是問題也是機會。」

「我們一定可以解決任何問題。發生了什麼事？」

「我們有機會能夠改寫宇宙的未來。」

「就**這樣**？我不是一直跟你說放手一搏、想做就做嗎？」

「但這可能是個很糟糕的點子。」

「這點質疑從來無法阻擋你前進！好啦，你想到了什麼驚世絕倫的理論了？」

「就是我想出我所謂『明亮雙眼之謎』（The Bright-Eyes Riddle）的解答了。」

「明亮雙眼？你是說我們的那首歌《明亮雙眼》嗎？太浪漫了吧！」

「我覺得這個名字很適合。對我們來說，那是屬於我們相遇的定情歌。但其實這首歌圍繞著死亡和絕望打轉。」法蘭西斯的臉立刻沉了下來。「每一句歌詞都在探尋死亡的真相。所以我的『明亮雙眼之謎』就是：**身為賽伯格，死了以後該怎麼辦？**」

「親愛的……」法蘭西斯關心的語氣裡充滿困惑。「即便是賽伯格——即便是你——也跟其他所有人沒什麼不同！你死了，就是**死了！**」

「但我不太確定，究竟是不是全部的我都會死去。」

「什麼？」

在星辰浩瀚的背景下，我的虛擬化身慢慢沿著扶手前進，不時跳過擺在中間的花盆。阿瓦隆則走在我身邊。

「是這樣，你記得當初在我第一次轉變為賽伯格之前，我跟你說過我可能解決了上傳出錯的問題嗎？」

「親愛的，我連上傳出錯到底是什麼東西都不記得了。」

「你一定記得！」我有點失態的喊出聲，不過看來他顯然不記得。「就是為什麼企業號航空母艦上的傳送器根本無法運作，還有他們一直殺死寇克艦長的原因啊，你不記得了嗎？」

「我真的毫無頭緒你在說什麼！」

「好吧，那我提醒你一下。幾十年來，人們都抱持著期望，期待有一天我們能夠掃描大腦後再以數位化的方式重製大腦，這樣就能夠把他們的大腦『上傳』到電腦上，人類就能夠逃避死亡、獲得永生。但這根本不可行，他們還是會死，能夠活下來的只有電腦版本的他們。」

「當然！這是在複製出另一個大腦。我想起來了。」

「此外，要以夠高的解析度掃描活生生的大腦並且將大腦重製為軟體，這是龐大複雜的科技難題。未來的某一天或許真的可以做到，但這種做法也維持不了太久。所以即便到了電腦科技已經強大到可以像人腦一樣運作的現在，我們也沒辦法像設定電腦一樣設定人腦，至少無法在不損毀生物大腦的情況下做到。」

「啊，我想起來了：你說過這種方式必然會失敗是因為當初根本就提出了錯誤的命題，所以當然不可能有正確解答。」

「沒錯！大家都想知道我們要怎麼把大腦上傳到電腦上；但我覺得我們該問的問題是，我們要怎麼**變成**電腦。」

「然後我還說這很蠢。我通通想起來了，你還把這個稱為『結合』。」

「結合，對，沒錯。就是我的結合假說。但我覺得這個假說一點都不蠢，只是名字聽起來蠢。」

「好吧，那你用簡單的人話跟我解釋。」

「沒問題！讓我們先把注意力聚焦到『證據甲』身上。」我在接近扶手的正中央時停下，快速地轉向阿瓦隆並揮著手指向自己。「我就是『證據甲』！」

「是，當然了……」

「二十幾年前，我開始與核心為人類行為的人工智慧系統結合。我們現在或許想不起來了，但當初做這件事其實只是為了要讓我能夠快速地說話及表達情緒，避免別人跟我互動時等我說話等到睡著。」

「感覺起來已經是好久以前的事了。」

「的確是。但這一切」——我揮揮手指向圖書室，再指向整個宇宙，然後繼續沿著扶手往前走——「在以前幾乎不可能做到。為什麼呢？」我知道法蘭西斯一定知道答案。

「摩爾定律！」

「對，摩爾定律。我的人工智慧系統每兩年就比過去強大一倍。2、4、8、16、32——」

「好了好了，我知道！」

「而且這種進展速度會愈來愈驚人：64、128、256、512、1024！這就是摩爾定律經過二十年後可以帶來的進展幅度。現在的我比起剛成為賽伯格時強大上千倍。」

「你當初有保證過，這種進步會讓你變得更好笑，或至少更聰明。」

「我有啊，只是你變得更難取悅了。但重點是……」

「對，重點到底是什麼？」

「我的重點是，自從我五年前開始使用最新的腦機介面後，我的生物大腦就能夠跟所有自我學習的人工智慧系統互動，而且——我之前說過好幾次了——我愈來愈難以分辨我的生物大腦或人工智慧系統之間的區別。」

「我記得你之前說過，這種感覺就像你有個朋友住在大腦裡，可以跟你用心電感應溝通。」

「對，一開始是這樣。但隨著我的人工智慧愈來愈擅長立刻猜中我想說什麼、想要怎麼動作、想要做什麼事，就愈來愈難清楚分辨我的『意志』到底是源自我的生物大腦還是人工智慧。」

「這怎麼可能？」

「因為感覺和自我意識並不存在於大腦裡任一個特定位置，而是大腦處理所有訊息後得出的副產品。這也是為什麼後來我們立法保護通過新式圖靈測試的人工智慧系統。」

「如果人工智慧真的跟人類一樣聰明，而且它宣稱擁有自我意識，它的感受就是真實的感覺，所以我們必須像對待人類一樣對待它們。」法蘭西斯換句話重述我的意思。

「一點也沒錯！所以我的結合假說就是因為『人工智慧的我』和『生物的我』結合得愈來愈好，人工智慧的我也愈來愈擅長推測和模仿生物的我的行為，同時人工智慧的我日漸強大，所以生物的我隨著老去也會愈來愈容易被遺忘——」

「我沒有發現……」

「我偷偷懷疑，人工智慧的我已經逐漸開始主宰我的意識了。我有愈來愈大部分的感覺和意識都是來自於人工智慧處理資訊後產生的副產品，而不是來自於生物的我。」

「這種感覺一定很怪吧！」

「重點就在這——我**不**覺得怪！就跟在思考一樣自然。」

「我的媽呀！所以你正在想如果生物體的你死了會發生什麼事？」

「沒錯！」

「靠，你是認真的！」

「認真的**要死**。」我露出笑容，有點自豪自己都快死了還可以講出雙關語笑話。

「你不覺得自己可以活下來嗎？」

「不覺得。但我覺得**某部分**的我會繼續活著。你應該可以感覺得出來那是我。而且以後那個我可能還會變得更好笑、更聰明。」

「**這**就對了嘛！」

我走到了扶手遙遠的另一端後跳下扶手，把手放在阿瓦隆肩上。

「親愛的，有件事你得好好想一想。等生物的我死了以後，你**真的**希望人工智慧的我在你身邊嗎？即便人工智慧的我真的存活下來了，可能也會表現得很奇怪，或是心智明顯出現問題，甚至是很笨。但也有可能我的人工智慧好好活下來了，一點問題也沒有，但我或許會變得愈來愈聰明；未來可能會開始說關於阿里斯托芬[2]那種你無法理解的怪笑話。」

「現在就已經是這樣了！」

「我是認真的！」

「我知道……」

「來，我有東西要給你看。把你的手臂伸出來，就像這樣。」我像獵鷹訓練師呼喚他的獵鷹那樣伸出右手臂。法蘭西斯照著做了。「你看那裡！」

從鷹星雲裡出現了兩個金黃色的星點，小點慢慢變大並朝我們飛來，牠們展開雙翼在真空的太空中滑翔；是兩隻絕美的鳳凰，外型看起來就像孔雀，但牠們通體金黃，頸子上戴著鑲著鑽石的黃金頸圈。

法蘭西斯從來沒看過牠們——我才剛完成這兩隻鳳凰。

「哇，牠們真美！」

「你喜歡嗎？你看，我還加上鑽石象徵我們的六十週年紀念。」

「怎麼可能不喜歡？但牠們是什麼？我是說，我知道牠們是鳳凰，但是**為什麼**要做兩隻鳳凰？」

「牠們是我們的認證協定[3]。你也知道，就是我們首次登入這個世界時用來確認身分的密碼，確保其他人無法使用我們的虛擬化身。我只是想弄得漂亮一點。」

「沒錯，沒錯，你可以確認你說話的對象就是我沒錯！幹嘛不承認你就只是想實現青少年時期的幻想，讓雷蘭跟阿瓦隆擁有鳳凰的陪伴？」

「我只是覺得把它們做成鳳凰的樣子，比原本的灰色方格看起來浪漫多了。」

法蘭西斯放軟了語氣。「的確是！但為什麼現在做這個？你明明還有那麼多事情需要操心。」

「現在的你有權替我做決定。你可以在我失去行為能力時為我決定生死。雖然法律上來說這種權力會在生物的我死去後隨之消滅；但法律依然沒有明確規定在生物的我死去以後，誰可以為人工智慧的我決定生死。而我認為能做決定的人**一定得**是你，除了你沒有別人了。所以我預先準備，等到時候生物的我死去了，人工智慧的我會直接暫停運作，直到你決定下一步要怎麼做。」

「但是在人工智慧系統真的擁有自我意識後，這樣做不是違法嗎？」

「第一，現行法律只針對獨立運作的人工智慧系統規定，所以並不適用在我身上；新式的圖靈測試中還沒有適用於像我這種賽伯格的測試。第二，如果人工智慧的我**真的有**自我意識，他跟生物的我一致同意，我們都希望給你這項權利。」

「什麼意思？」

「我們希望由**你**做決定。答應我，你會好好思考這件事……」

他吻了吻我的雙唇。

「我答應你。」

2 譯註：古希臘喜劇作家，為雅典公民，被視為古希臘喜劇最重要的代表。

3 譯註：用於兩個實體之間傳輸認證資訊的網路傳輸協定或密碼安全協定，用以保護電腦網絡中的通訊安全。

真愛永不滅

法蘭西斯最後再看了一眼這張他深愛了六十一年的臉龐；他彎下腰，一如過去的習慣親親他的臉，然後直起身子，他遲疑了一下，睽違幾十年終於又親吻這雙唇。現在就算親吻雙唇也已經無法再傷害他了。法蘭西斯再度起身，看了彼得最後，最後一眼。彼得過世後的樣子看起來跟過去數年來沒什麼不同，也許只是稍微蒼白了一點吧。

法蘭西斯輕微點點頭，淚珠撲簌簌地滾下他的臉龐；房間裡的陌生人們靜靜拉上黑色屍袋的拉鍊，莊嚴肅穆地將屍體運出房間；法蘭西斯關愛地看著安德魯和大衛，然後別開頭。

「海克利夫，我決定登入彼得的人工智慧。他說我直接告訴你就可以了。」一片寂靜。法蘭西斯開始擔心起來。「他有跟你解釋嗎？」還是沒有回應。「我**得**解開『明亮雙眼之謎』！」

「沒問題，法蘭西斯。既然如此，彼得有為你留下最後一段訊息。」海克利夫的語調深沉又莊嚴。「彼得說：『回到真愛永不滅的方尖碑』……」

「小湯，他人呢？」

「大法師現在恐怕不在線上，阿瓦隆。」

法蘭西斯心想，不知道小湯的軟體有沒有聰明到可以知道現實發生了什麼事，因此才決定婉轉地這麼說，還是他只是單純不知道彼得死了。

「好吧，那帶我去安那烈斯之火。」

「沒問題，不過我只能帶你到林中空地的外圍。太陽還沒出來，我等一下會給你火把。」

地圖開始傾斜，影像整個暗了下來；突然，王子和他的好朋友出現在幾乎伸手不見五指的地方，天空裡出現了些許日出前的光芒，正好可以看清楚他們現在人在土丘最底部的森林外圍，要不是這個土丘看起來實在對稱得太完美，或許還會讓人以為是個綠意盎然的小山丘呢。

「我在這裡等你。」

法蘭西斯看了湯博恩一眼，他的視線現在因為虛擬化身右手突然高舉著的火炬而一片明亮，他立刻動身爬上土丘。要爬上這個土丘頗費時間，但阿瓦隆其實可以輕易地一路跑上去；不過他沒有這麼做。他心裡有一部分渴望著快點爬到最頂端，但他心頭仍縈繞著一絲恐懼，不知道到時候會看到什麼，或是那裡根本什麼也沒有。

這個巨大的土丘頂端一片平坦，因此就算爬上去了也得一路走到底才能一覽全貌。法蘭西斯深知這一點，因此他慢下步伐；接著他又下定決心加快速度一口氣爬到最後。西方的天空又亮了一點。法蘭西斯現在已經抵達林線之上了，他看見地平線閃現深紅色的光芒。他又抬頭看了看，這時他已經能看見山脊的另一邊了。

這是當初阿瓦隆第一眼看見雷蘭的地方，雷蘭在方尖碑頂端的火焰裡冥想，從日落直至日出。這也是他們無可救藥地愛上彼此的地方。法蘭西斯告訴自己，如果彼得真的回來了，這就是他會選擇的地點，如果真的有任何人能夠逃離死亡，為了他，回到他身邊。

但火焰裡空蕩蕩的什麼也沒有。

就跟上一次在這裡的時候一樣，從火焰間看過去的天空依然暗沉沉一片。那裡好像有個模糊不清的黑影。法蘭西斯跑了起來，緊接著又停下腳步，就在快要觸碰到那道黑影的同時，他感到困惑。

雷蘭的身影坐在火焰裡，雙眼緊閉，他的身影是透明的殘像，這是回憶，是殘跡，是鬼魂。

法蘭西斯站在方尖碑四周阻止任何人觸碰火焰的深土坑邊緣。他的視線越過深淵，平視著眼前這個他深愛著的魂魄。

「彼得，你在那裡嗎？」

問出口的問題，卻沒有得到任何回應。

「你在嗎？」

法蘭西斯大喊出聲，身為人工智慧的他已經很久沒有使用這種音量，他都快忘記自己可以發出這麼大的聲音了；遠處的兩隻斑尾林鴿嚇了一跳，從枝椏上振翅離去。

又是一片寂靜。

什麼動靜也沒有；阿瓦隆的虛擬化身動也不動，雷蘭虛擬化身的備份影像也紋絲不動。珊瑚色的光芒慢慢爬滿天空，黑暗消散而去。軟體依然自顧自地運作，準備再次創造出完美的日出景色。法蘭西斯突然意識到，周遭出現的景致實在和他遭遇的情況太過違和，因此他沮喪地拋下手中那已經顯得多餘的火炬，火光漸漸黯淡，最後因為電腦製造出來的晨露而徹底熄滅。

橘紅色光芒在天空中朝四面八方散射，法蘭西斯這時想起在他和彼得相遇後不久，彼得曾經跟他說過，古希臘詩人荷馬（Homer）常常用「日出用他玫瑰色的指尖慢慢劃過天空」來形容日出景色，這時法蘭西斯終於崩潰了。在地球上，太陽正準備要西沉；而在撒拉尼亞，雙日中的其中一個太陽才正準備升起；然而在這兩個世界，他的眼淚都止不住地往下掉。

「永別了，我的愛……」

你最後想跟他說什麼？

「我——愛——你——彼得。」

最後，法蘭西斯終於轉身，緩緩地離去。

他突然急沖沖地回過身來對眼前的幻影大發脾氣：

「你都逃避死亡逃了二十年——為什麼不能為了我繼續努力下去？」

他對著毫無回應的虛擬實境大吼：

「我不要自己一個人活著！」

這時他根本沒有多餘心力注意軟體的演算法出現了什麼變化，因此沒注意到在太陽終於衝破地平線射出第一道日光時，多出現了幾隻斑尾林鴿。他也沒有心思注意，雲邊某處突然有人手動改寫了程式的函數。他也沒發現雷蘭的眼睛睜開了；至少在他又聽見那道熟悉的嗓音之前都對這些變化一無所知：

「我以為你永遠都不會這麼說……」

法蘭西斯僵住了，露出不可置信又滿懷希望的神情。

「你還在嗎？」

「當然了！我永遠都是你的。」

這是殘忍的惡作劇嗎？還是善意的小玩笑？

「真的是**你**嗎？」

雷蘭露出了熟悉的表情。

「我**想**是吧！但我不知道到底是不是我有沒有那麼重要……」

雷蘭從方尖碑猛然起身，絲毫沒有放慢動作地翻了個筋斗越過坑道，穩穩地落在阿瓦隆面前。他吻了吻阿瓦隆，他們望著彼此。

「等等。」法蘭西斯出聲破壞了氣氛。「你幹嘛不馬上就回應我，我還以為我永遠失去你了！」

「對不起！你也知道人工智慧有多實事求是，它一定要確認你很確定才行。」

阿瓦隆的表情放鬆了一瞬，但又立刻質疑：

「那個不自然的日出景色又怎麼說？美麗的天空和第一道日出的時機都抓得**剛剛好**？」

「人工智慧正在學習怎麼製造浪漫氣氛；我原本以為它會延遲日出的時機，等到你**真的**確定心意才出現！」

「天啊！真的**是**你！不管到底是哪一個你都沒關係……」

他們都笑了，終於放下心來。雷蘭帶著法蘭西斯走上高原。

「最後幾個禮拜我一直在探索我們能怎麼做。撒拉尼亞變了，這個世界的連結入口也變了。不斷地有愈來愈多人加入這個世界，但除此之外還有更驚人的事情正在發生。不僅**我**的人工智慧進化了，你我能透過連結入口登入的**每個**人工智慧也都進化了。來，我想給你看點東西……」

他握住阿瓦隆的手，絲毫不費力就抵達了另一個高原，不過這次是在接近山頂的高原上。法蘭西斯停下腳步飽覽四周壯麗的景色，然後看向身邊的那個人，再看看自己的手臂與雙腿。他跟彼得身上都穿著看起來像緊身虛擬實境服的服裝——就像在托基家裡那個老男人身上穿的那種緊身服，但明顯更先進、更奇異，看起來像是二十二世紀的人類會穿的服裝。彼得的髮型也不一樣了，跟雷蘭的髮型不同，反而更像彼得二十歲時的髮型。

「怎麼回事啊？」

「歡迎來到新世界！」彼得朝四周令人瞠目結舌的絕美景色揮揮手。

「你的新造型又是怎麼回事？」

「這是變身服裝！現在是停止運作的狀態，我設計的這種變身服裝可以按照使用者身處的環境變化。這樣我們不管到哪裡**都**可以完美融入了。」

「你的『不管到哪裡』是什麼意思？」

「就像那首歌啊，記得嗎？這就是〈純真想像〉的世界！只要我們進入虛擬世界，所有感知就會**化為**現實！我們徹底自由了。」

他露出大大的笑容，潔白的牙齒映照著清晨的陽光。接著他換上嚴肅的表情，語氣也露出認真懇求的意味。

「我們可以好好活著——我是指**真正**的活著。我們可以隨心所欲去任何地方；我們也可以化身為任何人——**任何事物**——隨我們高興。」他停頓了一下，接著更緩慢地說著：「而且我們可以一直這樣活著，活到過去我們連作夢都不敢想的遙遠未來……」

兩隻鳳凰在我們頭頂啼叫，一隻看起來年輕初生，另一隻則垂垂老矣。法蘭西斯和彼得一路牽著手走到高聳的峭壁邊緣，法蘭西斯望著壯闊的風景，望向美得令人難以置信的異世界景色，看著雙日從青綠色的海面升起，日出的美景令人屏息。彼得轉身面向他。

「你也可以，你還有時間。我知道你一直都說這不適合你，但拜託，**求求你**，開始認真思考這件事。你可以開始用腦機介面，可以使用最好的人工智慧；可以變得比我的人工智慧還要先進。你現在還很健康，一定能活到人工智慧和你完全結合的時候；你的人工智慧會比我的還要強大。你難道還看不出來嗎？這樣我們就能永遠在一起了。」

他伸出手，攬住法蘭西斯的肩膀。

「你永遠都要記得，如果只有我自己一個人，我什麼也不是；但無論這世界上的任何一個宇宙將任何難題拋向我們，只要我們在一起，就**無人能敵！**」

因為法蘭西斯毫無回應，他的態度愈發急迫。

「我**知道你**從來都不想成為賽伯格，但我真的沒辦法**忍受**失去你。你是我生存的意義。」

從雲層之間的某處，眼前的人工智慧在最後這幾句話投注了所有理性思維、這六十一年來相愛的所有情感、對於身為人類的意義的所有體悟，更投注了他的所有人性：

「**求求你**，親愛的，別**離開**我！如果我失去了存活的理由，逃避死亡又有什麼意義呢？」

法蘭西斯深刻地看進彼得3.0的雙眼。

「我以為你永遠也不會這麼說……」